U0548867

"十三五"国家重点出版物出版规划项目
中国经济治略丛书

产业结构转型与经济增长
——来自中国31个省份的发展经验

The Relationships of Structural Transformation and Economic Growth:
Analysis Based on Experiences of China's 31 Provinces

周 克 著

中国财经出版传媒集团
经济科学出版社
Economic Science Press

图书在版编目（CIP）数据

产业结构转型与经济增长：来自中国 31 个省份的发展经验/周克著. —北京：经济科学出版社，2021.2
（中国经济治略丛书）
ISBN 978 - 7 - 5218 - 2397 - 4

Ⅰ.①产… Ⅱ.①周… Ⅲ.①产业结构升级 - 研究 - 中国 Ⅳ.①F269.24

中国版本图书馆 CIP 数据核字（2021）第 033612 号

责任编辑：于海汛　郭　威
责任校对：郑淑艳
责任印制：范　艳

产业结构转型与经济增长
——来自中国 31 个省份的发展经验
周　克　著

经济科学出版社出版、发行　新华书店经销
社址：北京市海淀区阜成路甲 28 号　邮编：100142
总编部电话：010 - 88191217　发行部电话：010 - 88191522
网址：www.esp.com.cn
电子邮箱：esp@esp.com.cn
天猫网店：经济科学出版社旗舰店
网址：http://jjkxcbs.tmall.com
北京季蜂印刷有限公司印装
710×1000　16 开　12 印张　200000 字
2021 年 11 月第 1 版　2021 年 11 月第 1 次印刷
ISBN 978 - 7 - 5218 - 2397 - 4　定价：48.00 元
（图书出现印装问题，本社负责调换。电话：010 - 88191510）
（版权所有　侵权必究　打击盗版　举报热线：010 - 88191661
QQ：2242791300　营销中心电话：010 - 88191537
电子邮箱：dbts@esp.com.cn）

前　言

自2010年以来，中国经济增长持续减速，2018年进一步下降到6.6%。根据奥肯定律，实际GDP每下降1个百分点，失业率将会上升0.5个百分点，即使该比例关系在中国不成立，经济增长减速对就业的不利影响也确实存在。基于这个背景，本书分析了自1978年以来中国各省份（不含港澳台地区）产业结构变迁的详细过程，以观察产业结构转型的内在机制及其对经济增长的影响，并结合国际产业发展经验，探究经济持续稳定增长的结构性原因。

在过去的40年里，中国各省份创造了令人瞩目的经济增长奇迹。31个省份名义人均GDP平均水平从1978年的460元上升到2017年的61324元，增加了133倍，实际人均GDP（2005年价格表示）均值从1614元上升到48087元，提高了约30倍。各省份实际人均GDP平均年度复合增长率高达9%，该增长率意味着每隔8年各省份的人均实际GDP就翻一番。[①]

无论是名义人均GDP还是实际人均GDP，各省份从1978年到2017年的变化过程都呈现出两个显著特征：第一，绝大多数省份在1978年的人均GDP非常接近，但是在2017年差距明显加大；第二，人均GDP较低的地区逐渐集中在西部。为什么在

---

① 该部分人均GDP是根据各省份2018年的统计年鉴的数据取算数平均值取得，实际GDP是根据各省份2018年的人均GDP指数换算为2005年价值表示的实际人均GDP，然后取算术平均值得到的。

1978年收入接近的省份在2017年差距会如此之大呢？原因就在于各省份的经济增长速度存在较大差异。经过39年时间，即使是微小的增长率差异也会导致收入的巨大差别。

与收入的情况类似，中国绝大多数省份在1978年具有相似的产业结构，但是转型速度和转型模式的不同使得各地区在当前呈现出非常不同的产业结构。低增长地区的产业结构转型呈现两个明显特征：第一，农业劳动份额下降非常缓慢；第二，一些从农业流出的劳动力进入了服务业，使得工业劳动份额增速缓慢。这导致低增长省份一直具有较高的农业劳动份额和较低的工业劳动份额，而高增长地区则正好相反。因此，要促进落后地区的经济增长，不仅要提高这些地区的技术水平和劳动生产率，更要优化产业结构，避免落后地区陷入贫困的恶性循环。

那么，不同的产业结构转型会对总生产率增长率产生什么影响呢？

将含有扩张和收缩部门的转移—份额方法转变为年度增长率形式，本书第2章分析了中国各省份自1978年以来产业结构变化对总生产率增长及其变动趋势的影响。结果发现，内部效应和结构效应分别对总生产率增长贡献了85%和15%。虽然部门内生产率主导了总生产率增长，但是结构变化在很大程度上决定了地区间增长差异，有将近50%的高增长地区和40%的低增长地区总生产率增长率与均值的差距主要取决于结构效应。农业和服务业生产率增速对结构变化产生了重要影响。从部门影响角度来看，工业生产率增长贡献了各省份总生产率增长的一半，但是，服务业在很大程度上决定了增长表现，服务业生产率增长较慢是半数低增长地区总生产率增长低于均值的主要原因。所有省份的结构效应都随时间的推移呈现下降趋势，但是，结构效应不是各省份经济增长减速的原因，总生产率增长率变化趋势与内部效应变化基本一致。三个部门的共同增长推动了绝大多数省份总生产率的增长加速，同时减速——尤其是工业部分减速——则导致了增长减速。

由于不同部门生产率不同，资源跨部门流动会对生产率产生影响，问题是，什么因素导致资源在不同部门流动呢？具体地说，为什么低增长地区第二产业就业份额一直处于较低水平呢？

通过构建含有农业劳动力流动受阻因子的三部门一般均衡模型，本书第3章研究了自1978年以来中国各省份产业结构转型和总劳动生产率增长差异的原因。结果显示，部门劳动生产率增长及其模式所产生的收入效应和替代效应较好地解释了各省份产业结构的转型过程，低增长省份较低的农业和服务业生产率增长率以及较高的农产品和服务业需求收入弹性共同解释了这些地区农业劳动力流出缓慢且主要进入服务业的原因。自1978年以来，工业生产率较快增长解释了高增长省份生产率增长高于均值的50%，而服务业生产率增长缓慢以及由此导致的产业结构服务化则是绝大多数低增长省份总生产率增长缓慢的主要原因。

工业不是低增长地区总生产率增长缓慢的主要原因。这个结论似乎违背了常识。之所以存在这种感觉，原因就在于，以前的分析只关注单个产业的生产率及其影响，并没有结合产业结构的变化。本书考虑了部门生产率提高对产业结构的影响，因此得到了不同的结论，通过改变产业结构，服务业生产率提高加大了对总生产率的影响。

上述分析为产业发展提供了方向，即各部门之间应该保持平衡发展，单纯强调工业发展则会导致工业萎缩。

中国各省份在经历快速增长的同时，部门之间的劳动生产率差距也在不断扩大，而且总生产率增长越慢的地区，差距越大。部门间生产率收敛，尤其是服务业生产率提高，将会促使农业劳动力更多地流入工业部门，并大幅提高各省份总生产率增速，从而消除了一些省份的增长减速，并使低增长省份保持快速增长。因此，保持经济稳定增长的关键是将农业和服务业的生产率提高到当前发展阶段应有的水平。另外，本书第4章的分析也显示，每个省份内的部门间生产率收敛也有助于大幅度减少省际经济增长差异。

部门生产率差距通过影响制造业发展从而对经济增长产生影响,本书的分析也为理解"中等收入陷阱"提供了一个新的视角。

CONTENTS 目录

第1章 各省份经济增长和产业结构转型现状 / 1

    1.1 各省份经济增长及收敛性 / 2
    1.2 国际产业结构转型模式 / 12
    1.3 中国各省份产业结构转型现状及问题 / 28
    1.4 本章小结 / 35
    附录1.1 数据来源及购买力平价GDP的计算 / 36
    附录1.2 消失的增长 / 43

第2章 产业结构变化对经济增长的影响 / 48

    2.1 各省份生产率发展和产业结构转型的基本特征 / 49
    2.2 生产率分解方法分析 / 57
    2.3 各省份产业结构转型对总生产率及其波动的影响 / 61
    2.4 结构变化、生产率波动与中国经济增长减速 / 75
    2.5 本章小结 / 88
    附录2.1 转移—份额方法及其扩展 / 89
    附录2.2 测度刘易斯效应 / 96

第3章 产业结构转型的推动力及其影响 / 100

    3.1 产业结构转型的内在机制 / 102
    3.2 各省份产业结构转型及其差异的原因 / 107
    3.3 部门生产率增长对产业结构和总生产率的影响 / 117
    3.4 本章小结 / 131
    附录3.1 模型Ⅰ的推导 / 132
    附录3.2 模型Ⅱ的推导 / 135

第4章 产业发展路径选择／138

  4.1 美国产业结构百年转型过程／140

  4.2 美国产业结构转型对中国的启示／153

  4.3 产业发展路径的选择／163

  4.4 本章小结／173

  附录4 对数计量方法及系数的含义／174

结束语／176

参考文献／177

第 1 章

各省份经济增长和产业结构转型现状*

中国绝大多数省份的人均收入在 1978 年比较接近且均处于较低水平，平均名义人均国内生产总值（GDP）仅为 460 元。但是，经过近 40 年的快速增长，东部沿海省份逐渐缩小了与北京、上海和天津等高收入地区的差距，却拉大了与大多数西部地区的差距。为什么在 1978 年收入接近的省份在 2017 年差距会如此之大呢？一个主要原因就在于各省份的经济增长速度存在较大差异，经过 39 年时间（在计算增长率的时候，使用的是 39 年）的发展，即使是微小的增长率差异也会导致收入的巨大差别。目前，人均 GDP 较低的地区逐渐集中在中国西部。

大多数东部省份的快速增长使中国各省份的收入存在统计上的收敛关系，但是收敛速度较为缓慢，人均实际 GDP 大约以每年 1.3% 的速度趋同。美国和日本各地区之间的收敛速度分别为 2% 和 3%，日本各地区的收敛速度是中国各省份的 2 倍多，这种结果值得反思。

在经济增长的同时，产业结构也会发生变化，并且会对总生产率产生重要影响。本章首先观察了世界各国产业结构转型历程，总结了发达经济体的产业转型模式，为评价中国各省份产业结构转型提供了一个参考标准，有助于发现转型中存在的问题。14 个发达经济体在 1929～2017 年的发展经历表明，当人均 GDP 上升到 15000 美元（2005 年购买力平价美元）时，第二产业的产出份额达到顶点——38%，当收入达到 12000 美元时，就业份额达到了顶点——35%。制造业的产出份额在人均 GDP 为 14000 美

---

* 本章各省份实际人均 GDP 的收敛速度来自本章中的计算，美国和日本的收敛速度来自巴罗和萨拉·伊·马丁所著《经济增长》（第二版）第 11 章。

元时达到了顶点——27%，就业份额在人均 GDP 为 11000 美元时达到了顶点——26%。

需要强调的是，对于较为成功的经济体来说，从农业中转移出来的资源首先进入到第二产业，尤其是制造业，导致它们快速发展，然后再转移到服务业。实际上，这种变化就是传统意义上的产业结构升级。

较之国际发展经验，中国各省份自 1978 年以来的产业结构转型存在如下几个主要问题：第一，农业就业份额虽然经历了大幅下降，但是目前仍然处于较高水平；第二，对于绝大多数省份，尤其是低增长地区，第二产业就业份额过低，且增长缓慢，其中一个主要原因在于从农业流出的劳动力主要进入了服务业；第三，三次产业生产率差距较大，部门发展严重失衡。

由于服务业劳动生产率低于第二产业（主要是制造业），劳动力大量地流入服务业将会减缓生产率增长速度，这在很大程度上导致了各省份经济增长的差异。为什么不同地区产业结构转型存在如此巨大的差异呢？这对经济增长产生的具体影响是什么？后面章节将会对此进行深入分析。

1.1 各省份经济增长及收敛性

1.1.1 各省份经济增长现状

图 1.1 给出了 1978 年和 2017 年 31 个省份的名义人均 GDP，即用各省份当期价格计量的人均地区生产总值[①]。图 1.1（a）显示，除了北京、上海和天津，其他省份的人均 GDP 在 1978 年都比较低，黑龙江和辽宁的人均 GDP 分别为 560 元和 680 元，其余地区则处于 170~500 元之间。1978 年，上海的人均名义 GDP 最高，为 2485 元，贵州最低，仅为 175 元，前者是后者的 14 倍。31 个省份的均值为 460 元（如果不含北京、上海和天津，均值仅为 335 元），对数标准差为 0.55，但是，如果不包含北京、上海和天津，标准差仅为 0.28，因此，其他省份的人均 GDP 在 1978

---

① GDP 即国内生产总值，是一个地区一定时期内新生产的所有最终商品和劳务的市场价值之和，衡量方法有产出法（包括最终产品法和增加值法）、支出法和收入法。不同的方法衡量的是同一事物，结果相同。例如，一件商品生产出来，消费者购买它的支出数量等于厂商出售它获得的收入数量，因此，GDP 既表示产出也表示收入（当然，最终的国民收入还要扣除折旧）。1978 年和 2017 年各地区名义和实际人均 GDP 水平见表 1.5。

年相当接近,这从图1.1(a)中也可以清晰地看出。

经过39年的增长,各地区的名义人均GDP在2017年都大幅上升[见图1.1(b)],平均值达到了61324元,较之1978年上升了133倍。北京的名义人均GDP略高于上海,为128994元,甘肃最低,为29325元,相差了4倍。2017年名义人均GDP对数标准差为0.39,从总体来看,各省份名义人均GDP相对于1978年的离散程度下降了。如果不包含北京、上海和天津,标准差为0.30,这说明,其他28个省份的名义人均产出差距比1978年略有扩大。

(a) 1978年名义人均GDP

(b) 2017年名义人均GDP

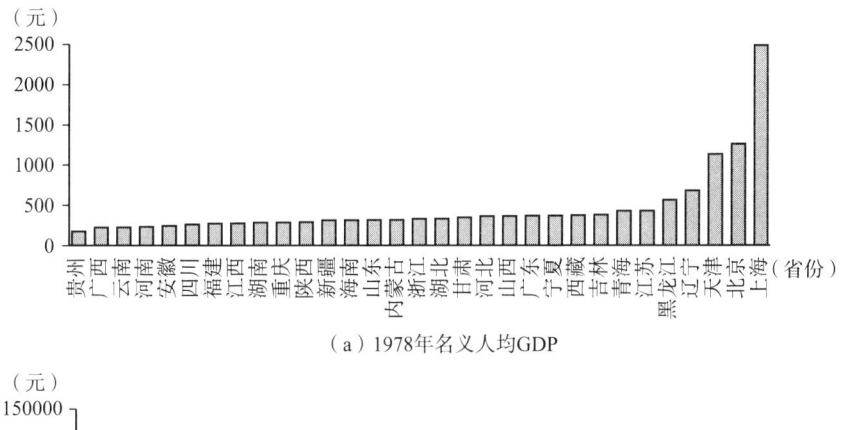

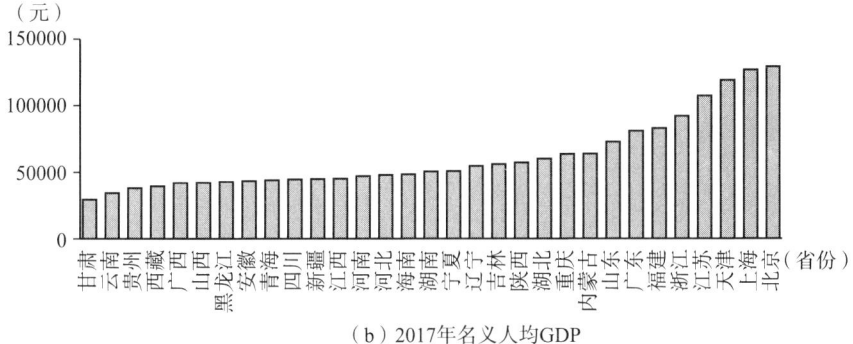

图1.1　1978年和2017年的名义人均GDP

资料来源:各省份统计年鉴(1978~2018年),具体计算方法参见附录1.1。

由于名义GDP包含了当期价格变化因素,不能准确地反映出一个地区的实际收入,也无法进行不同时期的比较,因此,需要剔除价格因素后才能进行对比分析。为了在以后章节能够方便地进行国际比较,我们将名义人均GDP转换为2005年价格表示的实际人均GDP,与本书相关的国际数据库保持一致①。结果如图1.2所示，我们使用该图中的数据对各省份实际人均收入的变化情况进行更为详细的分析。

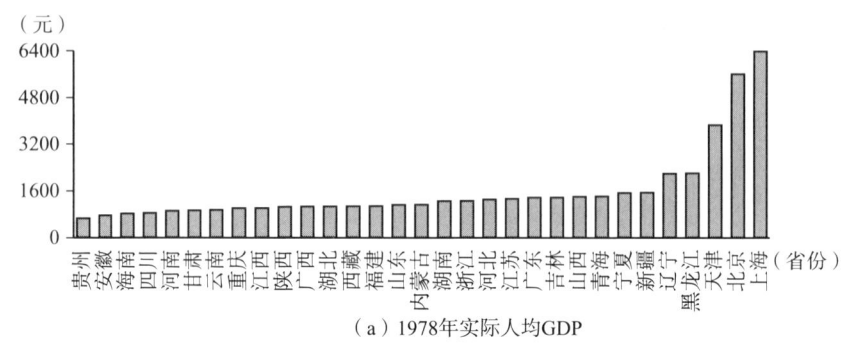

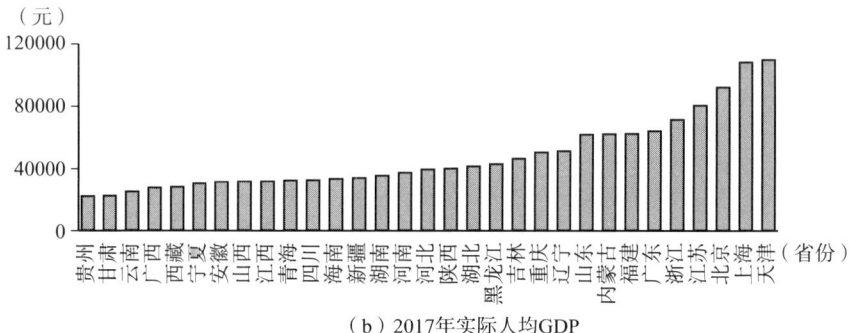

图1.2　1978年和2017年的实际人均GDP

资料来源：各省份统计年鉴（1978～2018年），具体计算方法参见附录1.1。

所有省份持续为正的通货膨胀率使2005年的物价水平高于1978年而低于2017年，因此在用2005年价格衡量1978年的产出时，各地区的人均GDP都大幅提高，而2017年名义人均GDP的实际价值则下降了。如图1.1（a）所示，1978年的实际人均GDP也明显分为三个层次，上海、北京和天津最高，分别为6391元、5618元和3868元，黑龙江和辽宁次之，分别为2222元和2210元，其他省份都处于600～1600元之间的较低水平。实际人均GDP最高的上海是最低的贵州（680元）的9倍，当考虑了物价水平后，上海和贵州之间的实际差距大幅下降（名义人均产出的差距

---

① GGDC的10部门数据选择以2005年为基期计算了中国和其他经济体的部门增加值，实际上，选择哪一年为基期并不影响变量之间的比例关系，也不会改变实际增长率。关于时间变量的具体转换方法请参见本章附录1.1的说明。

是 14 倍)。1978 年 31 个省份的实际人均产出的平均值为 1614 元(如果不含北京、上海和天津,均值为 1220 元),对数标准差为 0.52,不包含北京、上海和天津的标准差仅为 0.27,与名义人均 GDP 的情况类似,绝大多数省份的实际人均 GDP 在 1978 年比较接近。

在随后的时间里各省份的实际人均 GDP 大幅上升,2017 年的均值为 48087 元,是 1978 年的 30 倍,各省份平均年度复合增长率高达 9%。该增长率意味着每隔 8 年各省份的人均实际 GDP 就翻一番。如此辉煌的成就,令世人瞩目。

2017 年各省份人均 GDP 对数的标准差为 0.44,较之 1978 年的 0.52,不同省份产出的差距有所下降。天津的实际人均 GDP 在 2017 年最高,为 110174 元,是最低的贵州(22450 元)的 4.9 倍,比 1978 年的差距(9 倍)下降了将近 1 倍。从总体来看,各省份人均实际产出的差距在 2017 年有所下降,对比图 1.2(a)和图 1.2(b)可以发现,31 个省份产出差距下降的原因在于一些省份——江苏、浙江、广东、福建、内蒙古、山东和重庆——在 2017 年大幅缩小了与北京、上海和天津的差距。然而与此同时,这也意味着其他省份与这 7 个省份的收入差距扩大了。1978~2017 年的标准差变化验证了这一点。如果不包含北京、上海和天津,2017 年实际人均 GDP 对数的标准差为 0.35,而 1978 年为 0.27,因此,其他省份的收入差距拉大了。

无论是名义人均 GDP 还是实际人均 GDP,各省份 1978~2017 年的变化过程都呈现出两个显著特征:第一,绝大多数省份在 1978 年的人均 GDP 非常接近,但是在 2017 年差距明显加大。以江苏和人均 GDP 最低的省份为例,1978 年江苏的名义人均 GDP 是最低的贵州的 2.5 倍,2017 年是最低的甘肃的 3.7 倍,实际人均 GDP 与贵州的比例则从 2 倍上升到 3.6 倍。第二,人均 GDP 较低的地区逐渐集中在西部。

为什么在 1978 年收入接近的省份在 2017 年差距会如此之大呢?原因就在于各省份的经济增长速度存在较大差异。经过 39 年时间的发展,即使是微小的增长率差异也会导致收入的巨大差别。

图 1.3 给出了各省份在 1978~2017 年名义和实际人均 GDP 的年度复合增长率。由于包含了价格变化因素,所有省份的名义人均 GDP 增长率都远高于实际增长率,对于收入而言,有意义的是实际增长率。从图 1.3 可以看到,实际人均 GDP 增长速度最快的是江苏,年均增长率高达 11.07%,紧随其后的是福建、浙江、山东和内蒙古,实际增长率分别为

10.94%、10.89%、10.80%和10.80%，然后是重庆和广东，实际增长率分别为10.53%和10.34%。正是由于长时间的高增长使得这7个省份在2017年进入了高收入行列，例如，江苏人均GDP在2017年仅次于北京、上海和天津。增长最快的7个省份中，除了内蒙古和重庆，其余5个省份都是东部沿海地区，增长率的差异扩大了东部地区在收入上的优势。图1.3显示，大多数西部省份增长较慢，其中，云南、西藏和广西的增长率比较接近，在8.7%左右，甘肃、青海和新疆的实际增长率在8.5%左右，宁夏的增长率不足8%。薄弱的基础加上较慢的增长率使得云南、西藏、广西和甘肃在2017年的人均实际GDP仍然处于较低水平，低增长率使原本具有较高人均产出的青海、新疆和宁夏在2017年的相对收入水平大幅下降。虽然贵州的实际增长率较高，年均达到了9.4%，但是1978年极低的收入水平使其2017年的相对收入仍然处于最低位置。与贵州相似的还有安徽。东北三省中的黑龙江和辽宁初始具有较高的人均实际GDP，但是缓慢的增长速度降低了它们的相对收入，与这两个省份不同，较高的增长速度使吉林的相对位置几乎没有变化。北京和上海的增长速度最低，分别为7.45%和7.53%，但是极高的初始收入水平使其在2017年仍然处于全国收入的前列。

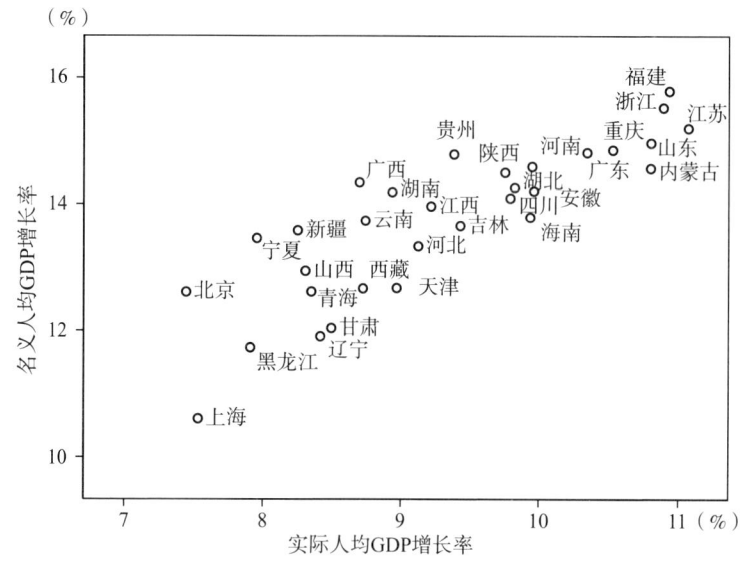

图1.3 1978～2017年各省份名义和实际人均GDP增长率

注：图中使用的增长率是1978～2017年的年度复合增长率。
资料来源：各省份统计年鉴（1983～2018年），实际GDP及增长率计算方法见附录1.1。

简而言之，中国绝大多数省份在 1978 年具有较为相似的人均收入，但是，经过近 40 年的快速增长，东部沿海省份逐渐缩小了与北京、上海和天津等高收入地区的差距，却拉大了与大多数西部地区的差距。一部分省份是由于增长较慢，一部分省份是期初收入水平太低，还有一部分省份则是较慢的增长加上较低的期初收入水平，三个方面的原因导致了西部大多数省份的相对实际人均 GDP 在 2017 年处于较低水平。

衡量经济发展水平常用的两个指标是实际人均 GDP 和实际劳动生产率，这两个指标几乎是等价的，差异体现在不同地区劳动力参与率和就业率的不同。人均 GDP 是 GDP 除以总人口，劳动生产率是 GDP 除以劳动力数量，由于总人口中有相当大的一部分人不属于劳动力，因此，人均 GDP 必然低于劳动生产率。劳动生产率的高低决定了一个地区的收入水平。本书以后章节将主要采用劳动生产率来分析各省份的经济增长情况。

1.1.2 各省份经济增长收敛性分析

上面的分析表明，除了北京、上海和天津，其他省份的人均实际 GDP 在 1978 年差距不大且都处于较低水平，但是，其中的一部分省份在随后的时间里快速增长，缩小了与北京、上海和天津的收入差距，呈现出追赶或者收敛的趋势。那么，中国各省份的人均 GDP 存在收敛吗？换言之，在 1978 年人均收入较低的地区会在以后的时间里追上收入较高的地区吗？本部分将对此进行分析。

根据索洛经济增长模型可知，单位工人拥有的资本数量决定了劳均 GDP（即劳动生产率），但是投资和资本积累不能维持经济的长期增长，长期增长唯一取决于技术进步。另外，索洛模型中有一个重要预言：人均资本和人均收入越低的经济体在理论上倾向于增长更快[1]。这个结论背后的经济学理论非常简单，就是要素投入呈现边际报酬或收益递减规律[2]。

---

[1] 索洛经济增长模型由罗伯特·索洛（Robert Solow）在 1956 年提出，因为能够较好地解释第二次世界大战后许多国家经济增长的实践，于 1987 年获得诺贝尔经济学奖。该模型又称新古典增长模型，是分析经济增长的理论起点。这里的资本是指厂房、设备、道路等用来生产的耐用物品。

[2] 边际报酬递减规律是一个简单的自然法则，例如，一个人随着吃饭数量的增加，每吃一碗饭所增加的满足感会逐渐下降。这个道理放在生产上也成立，但是，越是简单的东西，越是容易犯错。马尔萨斯认为土地数量有限而人口在不断增长，因此，每增加一单位劳动力增加的粮食越来越少，最终人口增长的速度超过粮食增加的速度，人类将会陷入饥荒。马尔萨斯的错误在于忽略了边际报酬递减规律成立的前提：其他条件不变，而现实中的技术并非不变，劳动生产率也不会如马尔萨斯预测的迅速递减。

该规律说明,当每个工人可以使用的资本数量较少时,额外增加一单位资本会使工人的生产率大幅提高,反之,当工人拥有的资本数量已经较多时,再增加一单位资本对工人生产率的提高影响不大。一般来说,伴随着经济增长,投资数量会不断增加,资本存量也会持续上升,那么,随着每个工人拥有的资本数量增加,劳动生产率增长的速度递减,由高到低,最终的增长率取决于技术进步率,经济学家称之为稳定状态(以下简称稳态)或者平衡增长路径。当经济经历了较快增长达到稳态后,人均 GDP 的增长率也主要取决于技术进步率,而 GDP 的增长率等于技术进步率加上人口增长率。

在解释各个经济体的增长表现时,不同的研究者对索洛模型的这个结论产生了不同的解读,主要有两种代表性的观点:第一种观点认为,低收入经济体会增长较快,从而追上高收入经济体,即存在绝对收敛;第二种观点则认为,索洛模型预言的是当一个经济体距离自己的稳态收入水平越远,经济增长就越快,距离越近则增长越慢,这也意味着,相似经济体之间的收入会越来越接近,即存在条件收敛。第一种观点显然忽略了边际报酬递减规律的前提:其他条件不变。低收入经济体和高收入经济体在制度、技术、储蓄率等方面都存在差异,这使得不同经济体在稳定状态下的收入水平不同,因此,即使高收入经济体已经具有较高的资本存量并以较低的增长率增长,低收入经济体也未必会追赶上高收入经济体。基于这种原因,越来越多的经济学家采纳了条件收敛的观点,现实中那些收入越来越接近的经济体确实在很多方面存在相似性[①]。

尽管在技术、资源、文化等方面存在差异,但是,同一国家内各地区之间的差异远远小于国家之间的差异,例如,制度是相同的,因此,绝对收敛在国家内各个地区出现的可能性比在国家之间更大。在分析收敛时,一般使用如下两种方法:第一,低收入地区倾向于比高收入地区增长更快,从而人均收入差距越来越小,这种方法常常被称为 β 收敛;第二,各个地区人均收入或产出的离差持续下降,也存在收敛,这种方法被称为 σ 收敛。虽然第一种收敛倾向于产生第二种收敛,但是增加离差的新扰动会抵消这种趋势,β 收敛是 σ 收敛的必要非充分条件[②]。本部分采用巴罗和萨拉·伊·马丁(2010)的方法,使用式(1.1)分析中国各省份人均 GDP 的收敛性以及收敛速度:

---

① 那种认为中国 GDP 和人均 GDP 在 20~30 年追上美国的观点就属于绝对收敛。
② 更为详细的解释和推导过程请参见:巴罗和萨拉·伊·马丁《经济增长(第 2 版)》(2010)第 1 章和第 11 章。

$$\frac{\ln(y_{i,2017}/y_{i,1978})}{39} = \beta_0 + \beta_1 \ln(y_{i,1978}) + \nu_i \qquad (1.1)$$

式（1.1）左边是各省份在 1978～2017 年的年度平均增长率，右边是 1978 年的人均 GDP 和误差项①。该式检验的是中国各省份之间人均 GDP 的绝对收敛性，即假设各个地区之间具有相似的稳态。系数 β_1 反映了年均增长率对初始人均 GDP 变动的敏感程度，可以理解为收敛弹性。如果 β_1 为负，表示初始收入水平越低的地区增长越快，因此存在绝对收敛，如果非负则不存在收敛。式中的 $y_{i,1978}$ 和 $y_{i,2017}$ 分别表示第 i（$i=1,2,\cdots,31$）个省份在 1978 年和 2017 年的人均 GDP，1978～2017 年的时间跨度是 39 年，β_0 是截距，ν_i 是误差项，进一步地，根据式（1.2）可以计算出收敛速度 β：

$$\beta_1 = (1 - e^{-39\beta})/39 \qquad (1.2)$$

表 1.1 给出了估计结果，图 1.4 给出了 1978 年实际人均 GDP 以及 1978～2017 年平均增长率的散点图。模型 1 就是式（1.1）所设定的基本模型，模型 2 是根据《2018 中国统计年鉴》中所划分的东部、中部、西部和东北地区，对相应地区的省份赋予了虚拟变量并引入式（1.1）中②。

表 1.1　　　　　　　　中国各省份人均 GDP 的收敛性

模型	实际人均 GDP				名义人均 GDP			
	β_0	β_1	β	Adj R^2	β_0	β_1	β	Adj R^2
模型 1	0.164** (0.021)	-0.010** (0.003)	0.013	0.29	0.210** (0.015)	-0.014** (0.003)	0.020	0.48
模型 2	0.165** (0.021)	-0.011** (0.003)	0.014	0.27	0.209** (0.015)	-0.014** (0.003)	0.019	0.47

注：小括号中数据为对应参数的标准误，** 表示在 1% 的显著性水平显著，Adj R^2 是调整后的判定系数。

资料来源：各省份统计年鉴（1983～2018 年）。

---

① 从 t 到 $t+h$ 年平均增长率的计算方法主要有三种：第一，式（1.1）中的对数增长率的平均值即 $(\ln(y_{t+h}/y_t))/h$；第二，年度复合增长率即 $(y_{t+h}/y_t)^{(1/h)} - 1$；第三，逐年计算出每年的增长率，然后进行算术平均。三种方法计算出的增长率大致相同。

② 《2018 中国统计年鉴》关于东部、中部、西部和东北地区的划分：（1）东部地区：有 10 个省（直辖市），包括北京、天津、河北、上海、江苏、浙江、福建、山东、广东和海南。（2）中部地区：有 6 个省，包括山西、安徽、江西、河南、湖北和湖南。（3）西部地区：有 12 个省（自治区、直辖市），包括内蒙古、广西、重庆、四川、贵州、云南、西藏、陕西、甘肃、青海、宁夏和新疆。（4）东北地区：有 3 个省，包括辽宁、吉林和黑龙江。

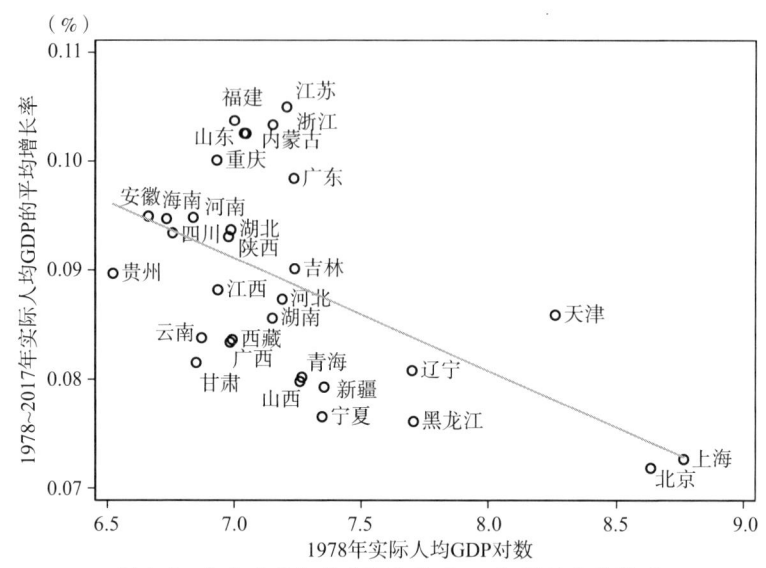

图 1.4　各个省份初始实际人均 GDP 和增长率的关系

注：纵坐标的增长率是用实际人均 GDP 对数计算的 1978～2017 年平均增长率。
资料来源：各省份统计年鉴（1983～2018 年）。

表 1.1 的回归结果和图 1.4 都显示，中国各省份存在绝对收敛，那些在 1978 年具有较低人均 GDP 的地区倾向于具有更高的增长速度。首先观察表 1.1 左半边实际人均 GDP 的收敛情况，模型 1 和模型 2 的结果非常接近。收敛弹性 β_1 为 -0.01，这表明 1978 年的实际人均收入每下降 1%，年均增长率平均上升 0.01%，收敛速度 β 约为 1.3%，这意味着各省份的实际人均收入大约以每年 1.3% 的速度趋同。实证结果与现实中的经济表现一致，即中国各省份人均收入的收敛速度极其缓慢。根据巴罗和萨拉·伊·马丁（2010）的估计，美国各州的收敛速度每年约为 2%，而日本各地区的收敛速度高达 3%①。另外一个显著不同是，美国和日本各地区初始实际 GDP 解释了经济增长率差异的 90%，而中国各省份初始收入只解释了增长率差异的 29%，这说明中国各省份之间存在较大的差异性，从另一个方面解释了收敛速度较低的原因。

表 1.1 的右半部分显示，各省份名义人均 GDP 的收敛速度要快于实际人均 GDP 的收敛速度，以每年大约 2% 的速度收敛。调整后的判别系数也较高，各省份 1978 年的名义人均 GDP 解释了名义人均增长率差异的近

---

① 巴罗和萨拉·伊·马丁所著《经济增长（第二版）》第 11 章。

50%。较高的 R^2 和收敛速度,说明了初始名义人均 GDP 较低的省份具有较快的名义增长率,这隐含着快速增长的地区也引起了物价水平的较快增长。这与巴拉萨—萨缪尔森效应预期得一致①。

我们接着来观察各省份人均收入的离差变化情况,即 σ 收敛。图 1.5 给出了中国各省份 1978~2017 年未加权的实际和名义人均 GDP 对数的横截面标准差。从图中可以看出,实际和名义人均收入离差的变动趋势基本一致,但是各省份实际人均收入的差距要更大一点。各省份人均 GDP 的离差呈现出三个明显的变化阶段:从改革开放初期到 1990 年,离差持续下降,实际和名义人均 GDP 标准差分别从 1978 年的 0.52 和 0.55 下降到 0.49 和 0.44;从 1990 年到 2004 年,离差又持续上升,分别上升到 0.54 和 0.53;2004 年以后各省份的实际和名义人均 GDP 离差又开始持续快速下降,2017 年分别为 0.44 和 0.39。自 20 世纪 90 年代开始的国有企业改革使各地区的经济增长速度出现差异,从而也使得人均 GDP 的差距开始扩大,在 2004 年又回到了改革开放初期的水平。因此,尽管改革开放是从 1978 年开始,但是中国各省份人均收入的差距却是从 2004 年以后开始持续下降。

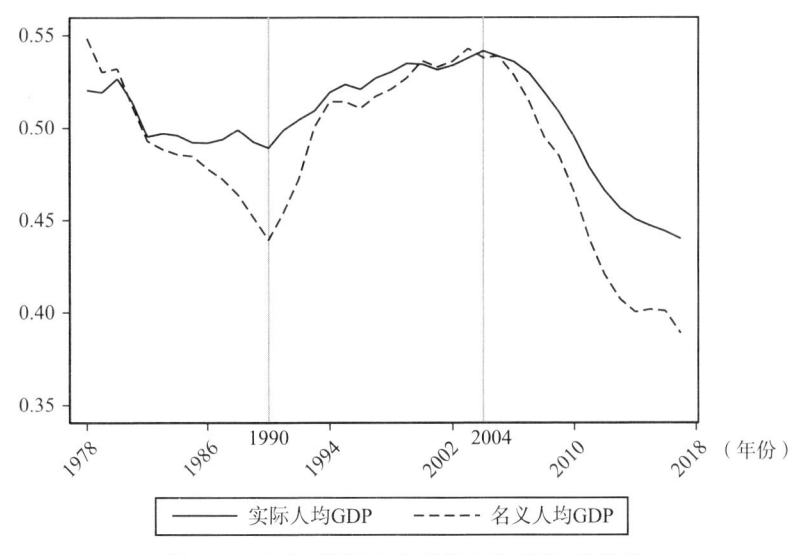

图 1.5　1978~2017 年各省份人均 GDP 的离差

---

① 关于巴拉萨—萨缪尔森效应的详细解释可以参见周克. 当前人民币均衡汇率估算——基于 Balassa – Samuelson 效应扩展的购买力平价方法 [J]. 经济科学,2011 (2): 55 – 62.

进行横向比较有助于了解目前中国各省份人均收入差距的大小。我们选择从增长时间和期初离差都相似的角度进行对比。美国各州1880年实际人均GDP的对数离差为0.54，与中国各省份在1978年的收入差距类似，40年后的1920年降低到了0.33，目前稳定在0.14左右。日本各地区实际人均收入的对数离差在1940年为0.63，比中国各省份的离差高，但是，经过了38年的增长后，1978年下降到了0.12，此后保持在0.15左右，与美国类似[1]。相较于美国和日本地区间的收入差距，目前中国各省份的人均收入差距明显太高了，还需要进一步加快低收入省份的发展速度以缩小地区收入差距。但是，需要注意的是，尽管中国已经经历了39年的快速增长，但是相对于美国和日本而言持续增长时间还是比较短。

本部分的分析表明，中国各省份的实际人均收入自1978年以后存在绝对收敛，即低收入地区倾向于增长更快，但是收敛速度较低，每年大约以1.3%的速度收敛，远低于日本各地区之间的收敛速度。各省份实际人均GDP的离差自2004年以后才开始持续下降，目前仍处于较高的水平。总之，消除地区收入差距，各省份还有很长的一段路要走，而保持平稳发展至关重要。

1.2　国际产业结构转型模式

本小节将对国际产业结构转型的一般性特征进行梳理，为评价中国各省份产业结构转型提供一个经验性标准。

产业结构转型是指伴随着经济增长，资源在第一产业（农业）、第二产业（以下简称工业）和第三产业（服务业）之间的重新配置。根据联合国工业发展组织（United Nations Industrial Development Organization，UNIDO）的分类标准，第二产业包括制造业、采矿和挖掘业、建筑业和公用设施（水、电和气），其中制造业占据主导地位且有较高的生产率，因此，一般将第二产业分为制造业部门和非制造业工业部门进行分析。衡量产业结构转型的指标主要有三个：就业份额、增加值份额和最终消费支出份额。本节将使用前两个指标来分析世界各国的产业结构变化特征。

传统的产业发展理论认为，在经济发展过程中，往往伴随着技术进步

---

[1] 巴罗和萨拉·伊·马丁所著《经济增长（第二版）》第11章。

和产业结构变化。资源从生产率较低的农业部门转移到生产率较高的第二产业（主要是制造业）和服务业部门，从而提高了经济的整体生产率和创新能力（Kuznets，1957；Chenery，1960；Chenery and Taylor，1968；Chenery and Syrquin，1975）。现代的产业发展理论则关注产业如何获得更高生产率的能力（Ocampo，2005），或者产业价值链的提高（Gereffi，2005），即更关注资源在产业内部的转移。本书分析的是产业间资源的转移。

关于经济发展和产业结构变迁的特征，有两个著名的事实：一个是根据库兹涅茨（Kuznets，1966）命名的"库兹涅茨事实"，它描述了随着经济的发展，农业在经济中的比重逐步下降，而工业和服务业的比重持续上升；另一个是贝尔（Bell，1973）定义的"后工业化事实"，它描述了当经济发展到比较发达的水平时，工业部门的比重会逐步下降，服务业则逐步成为经济的主体部门。之所以出现这种变化趋势，主要有两个原因：第一，随着收入水平的上升，人们的消费结构将会随之改变，对农产品的需求将会减少，对工业制造品的需求开始上升，最后是对服务的需求上升，即服务的需求收入弹性较高，实际上这就是恩格尔法则。第二，制造业部门的劳动生产率提高速度要高于其他部门，从而劳动力需求增加的速度要低于其他部门，结果使制造业部门中的劳动力份额下降。这种现象被称为"去工业化"（deindustrialization），最早出现在美国。自1941年以来，美国制造业中所使用的劳动力占整个劳动力的比例一直保持在26%左右，1966年以后开始持续下降，2017年为8.6%，第二产业的劳动份额为15.2%[①]。

本节将分别研究世界各国产业结构随时间和收入的变化趋势，以寻找产业转型模式的一般规律。

1.2.1 时间维度上的产业转型模式

为了能够对比不同类型国家的产业结构变化模式，首先需要对国家进行分类。分类的方法主要有两种，一种是按照人口规模分类，另一种是按照收入水平分类。根据需要，我们关注第二种分类方法，并采取世界银行的分类方法，按照2016年的人均国民收入将世界各国分成四大类：低收

---

① 美国第二产业和制造业就业份额在1953年分别达到了35.3%和27.5%的最高点［资料来源：美国经济分析局（BEA）］。

入国家（低于1006美元）、中低收入国家（1006~3956美元）、中高收入国家（3956~12235美元）和高收入国家（不低于12235美元）[①]。经济文献一般将高收入国家称为发达国家，其他三种类型称为发展中国家。

图1.6（a）给出了1960~2017年世界不同类型经济体农业增加值和就业份额的平均值。从中可以明显地看出两个特征：第一，对于所有类型的经济体来说，农业增加值和就业份额都在随着时间的推移稳步下降；第二，人均收入与农业份额呈负相关关系，收入越低的经济体，农业的增加值和就业份额越高。高收入经济体在1960年已经将农业产出份额降到了不足10%，此后继续下降。因此，即使其他类型经济体的农业份额下降速度更快，目前也没有降低到高收入经济体的水平。2017年，高收入经济体农业增加值占GDP的比例下降到1%，而低收入经济体的份额则高达26%，中低收入和中高收入经济体的农业份额分别为15%和6%，世界平均值为4%。需要强调的是，农业产出份额的下降并不等于农业产出水平的下降，相反，农业产出仍在增长，农业份额下降的原因是其他产业就业份额的较快增长导致GDP的增长快于农业增加值的增长。

世界各国农业就业份额均值从1991年的43%下降到2017年的26%，高收入和中高收入经济体的农业就业份额低于世界均值，2017年分别为3%和17%，中低收入和低收入经济体的农业就业份额则高于世界均值，2017年分别为39%和68%。从图1.6（a）可以看出，低收入经济体农业就业份额下降极其缓慢，从1991年到2017年仅仅下降了7.7%。

作为经济增长的关键推动力，第二产业在经济中的作用异常重要，接下来，我们来观察不同类型经济体第二产业增加值和就业份额的变化特征，如图1.6（b）所示。高收入经济体第二产业增加值占GDP的比重在1960年之前一直上升，此后则开始持续下降，从1960年的42.5%一直下降到2017年的23%。这意味着，目前第二产业对高收入经济体GDP的直接贡献不足1/4。中高收入经济体的第二产业增加值份额在1980年达到42%的顶点后开始缓慢下降，2017年仍维持在33%的较高水平。中低收入经济体第二产业增加值份额从1960年的19%快速上升到1981年的34%后开始缓慢下降，2017年降低到28%。与其他经济体不同，低收入经济体第二产业的增加值份额长期停滞在较低水平，20世纪90年代中期开始

[①] 资料来源：World Development Indicators 2017, The World Bank, 2018。

上升，2017年达到30%。该数值与中等收入经济体（中高和中低）的份额基本相同，不同的是，后者是从较高份额下降至此。

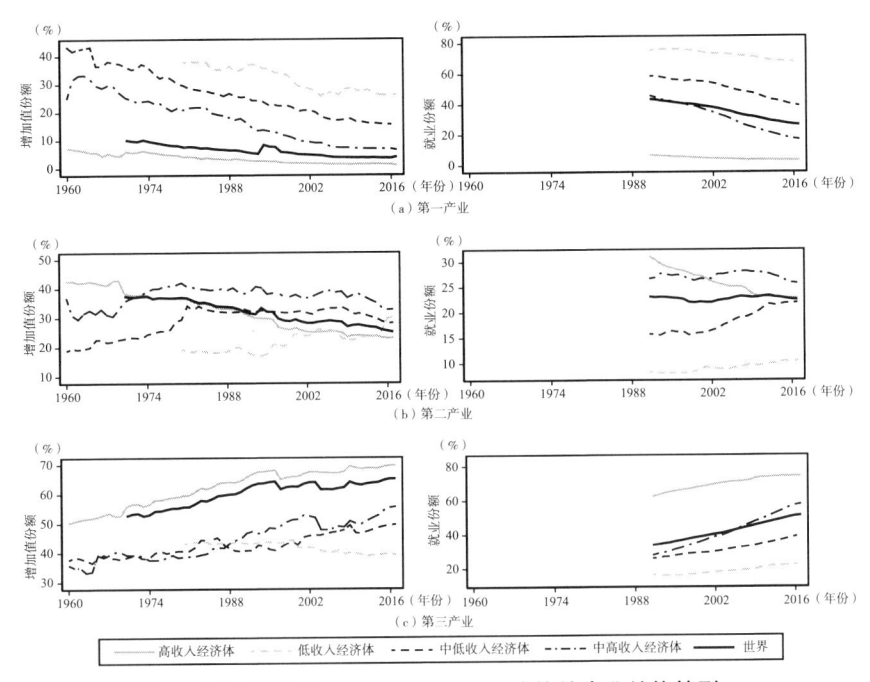

图1.6　1960~2017年不同类型经济体的产业结构转型

注：增加值份额是指三次产业名义增加值占名义GDP的百分比。
资料来源：World Development Indicators 2017, The World Bank, 2018.

第二产业就业份额的世界平均水平自1991年以来几乎没有变化，保持在22%左右。但是，各个经济体的表现差异较大，高收入经济体第二产业就业份额大幅下降，而中低收入经济体的就业份额则快速上升，在2017年都接近世界平均水平。中高和低收入经济体的第二产业就业份额变化极为缓慢，2017年分别为26%和10%。相较于其他经济体，低收入经济体第三产业就业份额太低了。

图1.6（c）显示，第三产业的发展模式与农业正好相反，第三产业增加值和就业份额与收入呈正相关。除了低收入经济体，其他经济体第三产业增加值份额都随时间在上升，而所有经济体第三产业的就业份额都在提高。在整个样本期，高收入经济体第三产业的增加值和就业份额都远远高于其他类型的经济体，与其他类型的经济体形成了泾渭分明的

两个群体。2017年，高收入经济体第三产业增加值和就业份额分别达到了70%和74%，这意味着发达经济体已经进入服务型经济。中高和中低收入经济体第三产业增加值份额增长路径比较相似，分别从1960年的36%和38%持续上升到2017年的56%和50%。与其他经济体的表现截然不同的是，低收入经济体第三产业增加值份额停滞不前，从1980年到1999年都徘徊在43%左右，2017年小幅下降到39%。中高、中低和低收入经济体第三产业的就业份额分别从1991年的28%、26%和16%提高到2017年的58%、39%和22%。2017年，第三产业就业份额的世界平均值为51%。

第二产业包括制造业和非制造业，其中，制造业是生产率提高和经济增长的发动机。图1.7给出了不同收入类型经济体制造业增加值占GDP的比例，与第二产业的变化类似，高收入经济体的制造业增加值份额从20世纪60年代就开始下降，2010年以后一直稳定在14%左右。中高收入和中低收入经济体的制造业份额呈现出倒"U"型的变化趋势，前者的转折点出现在1980年，制造业份额的最大值为29.5%，后者的转折点在1994年，最大值为19.4%。低收入经济体的制造业发展极为缓慢，在GDP中所占的份额持续下降，从1981年的11%下降到2017年的9%。从图1.7可以发现，中高收入和中低收入经济体的制造业份额在远没有达到高收入经济体曾经达到的份额时就开始下降。总体上说，收入越低的经济体，制造业份额就越低。

图1.7的一个显著特征是，当发展中经济体开始发展工业的时候，发达经济体却开始去工业化。然而，必须强调的是，发达经济体的第二产业和制造业是在达到了较高份额且经历了较长时期的充分发展后才开始下降的。从这个角度看，工业化是发展中经济体起飞的必由之路，而大多数发展中经济体制造业份额已经开始下降，即过早地出现了去工业化。

从图1.6和图1.7可以发现，中低收入和低收入经济体具有较高的农业和第三产业就业份额，而对经济增长起到巨大推动作用的第二产业，尤其是制造业，却没有得到发展。这也说明，从这些经济体农业部门转移出来的劳动力资源，直接进入了第三产业，而不是制造业，结果导致资源不能有效利用。

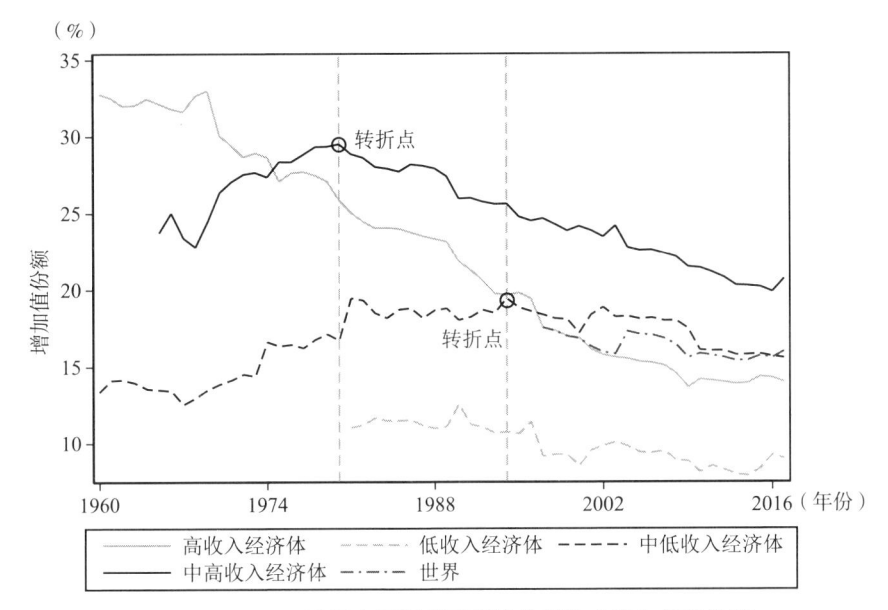

图1.7　1960~2017年不同类型经济体制造业增加值的份额

资料来源：World Development Indicators 2017, The World Bank, 2018.

总之，各种类型经济体的产业发展模式差异巨大。因此，我们只能总结出一些大致的发展规律：随着时间推移，农业增加值和就业份额不断下降，服务业则持续上升，第二产业所占份额先上升然后下降。制造业在经过了充分发展后，目前发达国家已经进入服务导向型经济，与此形成鲜明对比的是，发展中国家的第二产业及制造业份额在远远低于发达国家的转折点时就开始下降。另一个显著现象是，发展中经济体在经济还没有起飞的时候就有了远远高于制造业份额的服务业，而那些制造业部门发展乏力的经济体，经济增长也十分缓慢甚至陷入停滞。

1.2.2　不同发展阶段的产业模式

即使在同一时期，不同国家的收入也存在巨大差异，因此，基于时间变化研究产业结构模式的实践意义不大。大量的实证研究表明，收入变化对产业结构的影响最大，从而根据收入变化来确定产业发展模式更为合理（Kuznets，1957；Chenery and Taylor，1968；Chenery and Sryquin，1975；Haraguchi and Rezonja，2009；UNIDO，2013）。收入反映了一国的发展阶段，因此这种研究方法有助于了解在不同发展阶段产业结构的变化情况，换言之，就是随着收入提高，产业结构应该发生什么变化。这对发展中国家的产业政策制定，具有重要的借鉴意义。

众多的研究者也试图找到产业发展模式，即在不同收入水平下，各产业增加值在 GDP 中的比例如何变化。钱纳里较早地从实证方面检验了产业发展模式和收入增长之间的关系，他最初使用横截面数据估计了产出和收入的线性关系（Chenery，1960），然后又考虑了收入的二次方（Chenery and Taylor，1968）。但是，没有使用面板数据就不能识别国家特征和时间效应，因此，现在的研究者对产业结构的分析大多采用面板数据（Haraguchi et al.，2009）。

联合国工业发展组织使用 1963～2007 年的面板数据，估计了 100 个经济体（包括发展中经济体和发达经济体）产业结构和人均 GDP 之间的关系（UNDIO，2013）。他们的研究结果显示，随着收入提高，农业部门增加值所占份额不断下降，制造业增加值比重开始上升，在人均 GDP 达到 14000 美元（以 2005 年美元计量）时，达到顶点——20% 左右，然后开始下降，呈现倒"U"型。非制造业工业在低收入时快速上升，但是在 4000 美元时基本保持稳定。服务业增加值在 GDP 中所占份额则随着收入持续上升。

他们同时也考虑了时间、人口和自然资源禀赋等因素对产业结构的影响（UNDIO，2013）。虽然收入是影响产业结构最重要的因素，但是，随着时间推移，产业发展模式越来越难以捉摸。另外，具有不同人口规模和资源禀赋的国家，产业发展模式也不相同。例如，大国的制造业比例较高，转折点也出现在 24000 美元的较高水平，这时制造业增加值占 GDP 的比例为 25% 左右。而在自然资源丰裕的国家，制造业相对不那么重要，在 13000 美元处就出现转折。这些国家的非制造业工业却相对重要，转折点出现在 25000 美元。因此，对于自然资源丰裕的国家来说，要警惕工业发展偏向非制造业，导致发展瓶颈，最终出现"资源诅咒"或者"荷兰病"。

这种分析方法的问题在于，将不同发展阶段的所有经济体混合在一起分析，不能区分哪种产业模式更加合理。实际上，高收入经济体，尤其是那些经历了快速发展的经济体的产业结构对发展中国家更有借鉴意义。因此，我们将经济体分为两大类：发达经济体（高收入经济体）和发展中经济体（低、中低和中高收入经济体），然后对比分析其产业发展模式。

首先来观察发展中经济体的情况,如图 1.8 所示,在人均收入水平较低时,农业在经济中占据了重要地位,为国内生产总值和就业做出了巨大贡献。随着收入上升,农业增加值在 GDP 中所占的份额和就业在总就业中所占份额持续下降,当人均 GDP 达到 10000 美元(以 2005 年美元计量)左右时,农业的增加值份额下降到不足 10%,就业份额下降到 10% ~ 40%,如图 1.8 (a) 所示。

图 1.8 (b) ~ (c) 显示,发展中经济体第二产业和制造业增加值在 GDP 中所占的份额在收入提高的初期上升较快,但是很快就开始减速,在人均 GDP 达到 5000 美元左右时就稳定下来。第二产业就业份额在 5000 美元以后继续缓慢上升,而制造业就业份额则稳定在 10% ~ 20% 的区域。联合国工业组织的研究显示,没有成功地推动制造业部门从低技术水平向高技术水平转移,在很大程度上导致一些发展中经济体陷入"中等收入陷阱"(UNIDO, 2013)[①]。当然,还有很多因素影响一国的经济增长,"中等收入陷阱"本质上是条件收敛,即经济增长会收敛于由资本(含人力资本)存量、技术水平和制度环境决定的稳态。艾肯格林等(Eichengreen et al., 2013)的实证研究证明了这一点:那些受教育程度越高、出口商品中高技术比例越高以及技术进步能力越强的经济体陷入"中等收入陷阱"的可能性越低。根据他们的估计,当人均 GDP 达到 10000 ~ 11000 美元和 15000 ~ 16000 美元(2005 年购买力平价美元)时,经济增长减速的可能性较高。

从图 1.8 (d) 可以看到,发展中经济体第三产业增加值和就业份额都随着收入上升而提高,但是,就业份额的提高速度要略高于增加值提高速度,这意味着第三产业劳动生产率相对于总生产率将会下降[②]。

[①] 世界银行《东亚经济发展报告(2007)》提出了"中等收入陷阱"(middle income trap)的概念,基本含义是指:鲜有中等收入的经济体成功地跃身为高收入国家,这些国家往往陷入了经济增长的停滞期,既无法在工资方面与低收入国家竞争,又无法在尖端技术研制方面与富裕国家竞争。换言之,当一个国家的人均收入达到中等水平后,由于不能顺利实现经济发展方式的转变,导致经济增长动力不足,最终出现经济停滞的一种状态。

[②] 服务业劳动生产率为:$\frac{VA_s}{L_s} = \frac{VA_s/VA}{L_s/L} \cdot \frac{VA}{L}$,式中的 VA_s 和 L_s 分别表示服务业的增加值和就业份额,VA 和 L 分别表示总增加值和总就业份额,变化上式得到服务业生产率与总生产率的比率等于服务业增加值份额与劳动份额的比率:$\frac{y_s}{y} = \frac{VA_s/VA}{L_s/L}$,$y_s$ 和 y 分别表示服务业生产率和总生产率。

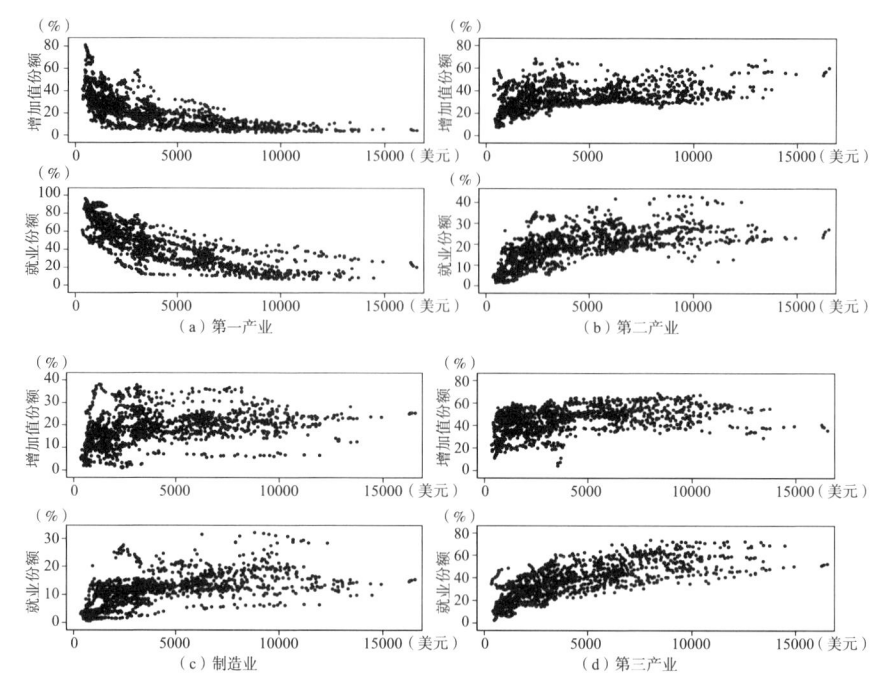

图 1.8 1950 年和 2012 年 28 个发展中经济体的产业结构

注：纵轴表示增加值或就业份额，横轴表示的人均 GDP 是用 2005 年购买力平价美元计量的；28 个发展中经济体分别来自撒哈拉以南非洲（博茨瓦纳、埃塞俄比亚、加纳、肯尼亚、马拉维、毛里求斯、尼日利亚、塞内加尔、南非、坦桑尼亚和赞比亚）、北非（埃及和摩洛哥）、亚洲（中国、印度、印度尼西亚、马来西亚、泰国和菲律宾）及拉丁美洲（阿根廷、玻利维亚、巴西、墨西哥、智利、哥伦比亚、秘鲁、哥斯达黎加和委内瑞拉）。

资料来源：Groningen Growth and Development Centre 10 - sector database, June 2007，http://www.ggdc.net/, de Vries and Timmer (2007); WDI, 2014; PWT8.0；作者的计算。

对于发展中经济体的产业政策制定者而言，更有借鉴意义的是发达经济体的产业结构变化规律。因此，我们详细观察发达经济体的产业发展模式，图 1.9 给出了 14 个发达经济体在 1929～2017 年的产业结构转型过程。与发展中经济体显著不同的是，14 个发达经济体的产业结构变化呈现出明显的规律性，即随着收入上升，第一产业的增加值和就业份额稳定下降，第二产业和制造业的份额呈倒"U"型变化，第三产业的份额持续上升。图 1.9 (c) 显示，发达经济体制造业的劳动份额低于增加值份额，因此，制造业具有较高的相对劳动生产率，其他部门的增加值份额和就业份额都保持了较高的一致性，具有非常类似的变化过程。

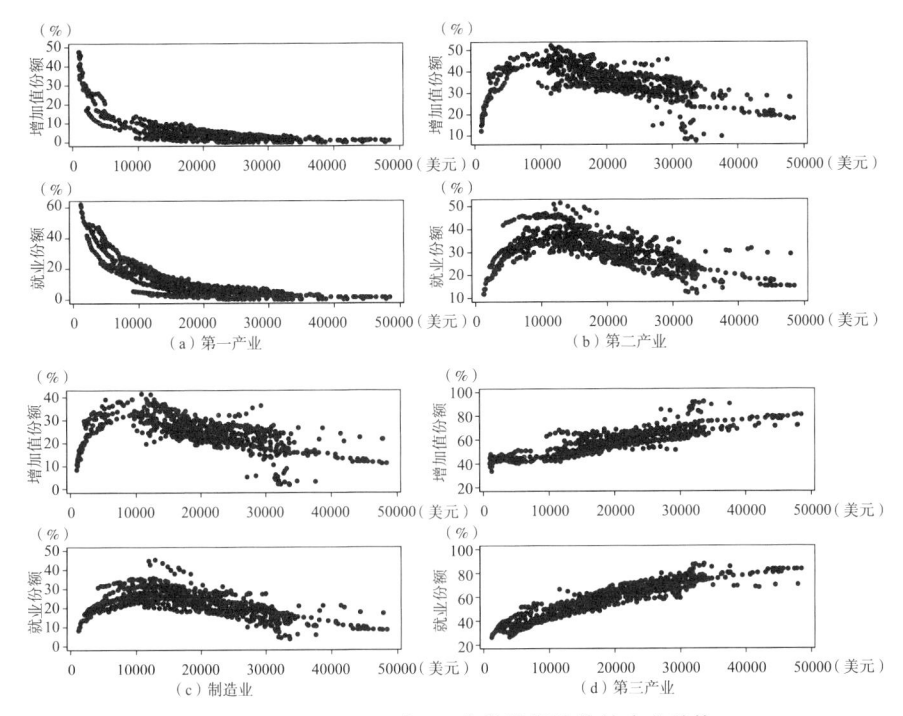

图 1.9 1929～2017 年 14 个发达经济体的产业结构

注：纵轴表示各个部门的产出或就业份额，横轴表示的人均 GDP 是用 2005 年美元计量的；14 个发达经济体分别是中国香港特区、中国台湾地区、韩国、新加坡、日本、美国、英国、德国、法国、意大利、瑞士、荷兰、西班牙和丹麦。

资料来源：Groningen Growth and Development Centre 10 - sector database，June 2007，http：//www.ggdc.net/，de Vries and Timmer（2007）；WDI，2014；PWT8.0；作者的计算。

当人均 GDP 达到 10000 美元时，绝大部分发达经济体的农业部门增加值在 GDP 中所占份额下降到 10% 以下，当收入上升到 20000 美元时，农业的就业份额也下降到 10% 以下。当人均 GDP 达到 30000 美元时，服务业的增加值和就业份额都达到 70% 左右。

不同经济体的经历都表明，随着一国人均 GDP 的提高，第一、第二产业吸收的劳动力数量都将下降，为了适应需求变化，社会由生产型转向服务型，服务业最终将吸收绝大多数劳动力。

我们使用这 14 个发达经济体在 1929～2017 年的产业结构的面板数据来估计第二产业和制造业份额与人均 GDP 之间的关系，以观察第二产业和制造业随着收入提高的变化规律，找到转折点，为发展中经济体的工业发展提供一个基本的参考标准。

图 1.9（b）和图 1.9（c）显示，第二产业及制造业的增加值和就业份额与人均 GDP 之间都存在倒"U"型关系，即与收入的二次方有关，因此，我们采取如下形式的固定效应模型：

$$r_{it} = \beta_0 + \beta_1 y_{it} + \beta_2 (y_{it})^2 + \beta_3 d_{it} + e_{it} \tag{1.3}$$

在式（1.3）中，r_{it} 代表经济体 i 第二产业或制造业的增加值与就业份额，y_{it} 是经济体 i 的人均实际 GDP（2005 年购买力平价美元计量，万美元），d_{it} 是每个经济体的虚拟变量（$i = 1$ 代表第 i 个经济体，$i = 0$ 代表其他经济体），β_0 是常数项，$\beta_i(i = 1, 2, 3)$ 是系数，e_{it} 是误差项。虚拟变量可以表示每个经济体在资源、人口、制度等方面的不同特征。

为了防止可能存在的组间异方差与组间同期相关，本节使用了面板校准标准误进行估计，估计结果见表 1.2 中左半部分的模型 1①，右半部分的模型 2 对收入及其二次方进行了简单的混合回归。从实证结果可以看出，代表不同经济体的虚拟变量的系数绝大多数显著且数值较高，说明确实存在个体特征的固定效应。人均 GDP 的变化和各个经济体的特征共同解释了第二产业及制造业产出和就业份额变化的 60% 左右，缺少了虚拟变量的模型 2 只解释了 40% 左右。

表 1.2　1929～2017 年 14 个发达经济体第二产业与制造业的变化特征

变量	模型 1				模型 2			
	第二产业		制造业		第二产业		制造业	
	增加值	就业	增加值	就业	增加值	就业	增加值	就业
y	6.94** (1.111)	4.97** (0.57)	4.96** (0.98)	4.35** (0.50)	7.38** (0.79)	5.86** (0.76)	3.51** (0.71)	4.61** (0.65)
y^2	-2.28** (0.21)	-2.15** (0.12)	-1.78** (0.19)	-1.94** (0.11)	-2.56** (0.18)	-2.33** (0.17)	-1.65** (0.16)	-1.94** (0.15)
$cnty2$	-6.76** (0.60)	-10.54** (0.40)	-8.34** (0.41)	-8.37** (0.29)				
$cnty3$	-2.38** (0.70)	-11.20** (0.60)	-5.51** (0.74)	-12.03** (0.41)				
$cnty4$	-6.15** (0.69)	-11.31** (0.64)	-9.72** (0.39)	-10.18** (0.42)				

---

① 这种方法与使用异方差稳健标准误估计的系数基本相同，差异主要是面板校准标准误更小。

续表

变量	模型1				模型2			
	第二产业		制造业		第二产业		制造业	
	增加值	就业	增加值	就业	增加值	就业	增加值	就业
$cnty5$	0.44 (0.72)	-6.46** (0.45)	-3.23** (0.45)	-7.00** (0.36)				
$cnty6$	-16.00** (1.15)	-6.96** (1.93)	-14.48** (1.03)	-5.28** (1.99)				
$cnty7$	-0.23 (0.59)	-8.26** (0.66)	-1.45** (0.47)	-6.71** (0.50)				
$cnty8$	-1.53** (0.55)	-10.21** (0.59)	-2.08** (0.35)	-9.36** (0.37)				
$cnty9$	-5.18** (1.27)	-15.08** (1.04)	-5.61** (0.86)	-11.76** (0.81)				
$cnty10$	-5.16** (0.54)	-12.29** (0.45)	-8.72** (0.34)	-10.46** (0.31)				
$cnty11$	-4.87** (0.89)	-4.13** (0.71)	-4.02** (0.80)	-3.64** (0.52)				
$cnty12$	-2.81** (0.66)	-8.93** (0.45)	-4.14** (0.49)	-6.84** (0.32)				
$cnty13$	-3.61** (1.39)	-6.81** (0.87)	-1.88 (1.16)	-4.55** (0.70)				
$cnty14$	-7.29** (0.67)	-9.16** (0.48)	-6.47** (0.48)	-6.37** (0.32)				
_cons	36.85** (1.36)	40.49** (0.62)	28.67** (1.13)	30.42** (0.46)	32.96** (0.83)	30.74** (0.75)	25.59** (0.75)	22.45** (0.64)
Adj R^2	0.60	0.59	0.58	0.63	0.38	0.40	0.34	0.41
转折点份额	37.73	34.70	26.73	25.54	38.26	34.42	27.47	25.18
转折点收入	1.52	1.16	1.39	1.12	1.44	1.26	1.07	1.19

注：(1) cnty 表示经济体；(2) 模型1小括号内的数字为面板校准标准误，模型2小括号内的数字为标准误；(3) ** 表示在1%的显著水平显著；(4) 最后两行给出了转折点处的增加值和就业份额以及对应的人均实际GDP（2005年购买力平价美元计量，万美元）。

资料来源：GGDC 10-sector database；PWT8.0；PWT9.0；BEA；作者的计算。

前面的分析表明，随着收入提高，人们的需求首先从农产品转移到工业品，然后再转移到服务业。换言之，收入刚刚开始上升时，第二产业和制造业将会以相对较快的速度发展，然后随着收入的进一步提高，发展速度将逐渐放缓，与此相应，它们在经济中所占的份额先上升后下降。回归结果中人均实际GDP的一次项系数为正、二次项的系数为负，证实了这一点。在较低收入时，收入的一次项所产生的正向影响占据主导地位，使第二产业和制造业在经济中所占的份额上升。一方面，随着收入提高，收入的二次项所产生的负向影响越来越大，最终超过正向影响，使第二产业和制造业的份额下降。另一方面，随着收入提高，社会的生产能力将会改变，对产出（即供给）也会造成影响。总之，收入提高会从需求和供给两个方面对产业结构产生影响。

根据表1.2中模型1的估计结果，我们计算出了14个高收入经济体第二产业以及制造业增加值和就业份额在达到最大值（即转折点）处的人均实际GDP和所占份额的平均值[①]。当人均实际GDP达到15200美元时（2005年购买力平价美元计量），第二产业的增加值份额达到了顶点——37.7%，当收入为11600美元时，就业份额达到了顶点——34.7%。制造业的增加值份额在人均GDP为13900美元时达到了顶点——26.7%，就业份额在11200美元时达到了顶点——25.5%。无论是第二产业还是制造业，都是就业份额先开始下降，然后增加值份额才下降，这说明了第二产业及制造业生产率的提高在较长时间里弥补了劳动份额的下降。模型2也得到了非常相似的结论。

赫伦道夫等（Herrendorf et al.，2013）将时间追溯到了19世纪，他们分析了1800~2000年美国、英国、法国、荷兰、西班牙、瑞士、芬兰、比利时、日本和韩国10个发达经济体和新兴工业经济体的产业结构变化和人均实际GDP的关系。他们同样发现，随着收入的提高，农业的增加值在GDP中的比重持续下降，制造业的比重变化呈现明显的倒"U"型，服务业持续上升。当人均GDP达到10000美元（1990年国际美元）左右时，制造业部门增加值在GDP中所占的比例达到顶点——30%~40%，然后随着收入提高而下降。将1990年国际美元转换为2005年国际美元，发达国家的制造业产出比重在人均收入达到13000美元左右时达到顶点。

---

① 根据式（1.3）可以得到第二产业及制造业增加值和就业份额达到最大值时的人均收入为 $-\beta_1/2\beta_2$，然后再分别计算出14个经济体在转折点处的增加值和就业份额后进行算术平均。

对比联合国工业发展组织（UNDIO，2013）、赫伦道夫等（2013）和本部分的估计结果，不难发现，在转折点处，不同样本的经济体具有比较类似的人均GDP——11000~15000美元。不同的是，联合国工业发展组织（2013）的估计混合了不同发展阶段的经济体，由于发展中经济体倾向于在较低的收入水平和较低的制造业份额时出现转折，因此，其所得到的在转折点处的收入和比例都比较低。

需要强调的是，尽管发达经济体第二产业（包括制造业）的产出份额和就业份额都已经下降到较低水平，但是这并不意味着制造业不重要了。恰恰相反，制造业的重要地位仍无可替代。制造业部门具有较高的生产率，并通过技术溢出，推动了整个经济增长。另外，制造业通过生产性联系，间接地在其他部门创造了大量就业。以制造业为基础的生产性服务的快速发展也吸引了大量就业。根据联合国工业发展组织的估计，如果加上与制造业相关的服务业，制造业在2009年为全球提供了4.7亿个工作岗位，占全球劳动力的16%（UNIDO，2013）。拉夫帕和斯兹迈（Lavopa and Szirmai，2012）的实证研究则表明，制造业中每创造1个就业岗位，就会在其他行业创造出2~3个就业岗位。当然，第二产业和制造业所创造的就业岗位毕竟越来越少，大量的就业必须要通过发展服务业来吸收。

表1.3给出14个发达经济体三次产业与实际人均GDP的混合回归关系，即三次产业增加值和就业份额在给定收入下的均值，为以后分析中国各省份产业结构提供一个经验性参考。

表1.3　　1929~2017年14个发达经济体产业结构与收入的关系

变量	第一产业		第二产业		第三产业	
	增加值	就业	增加值	就业	增加值	就业
y	-17.21** (0.52)	-27.16** (0.66)	7.38** (0.79)	5.86** (0.76)	8.85** (0.22)	21.30** (0.62)
y^2	2.80** (0.12)	4.41** (0.15)	-2.56** (0.18)	-2.33** (0.17)	—	-2.07** (0.14)
_cons	26.77** (0.55)	42.26** (0.65)	32.96** (0.83)	30.74** (0.75)	41.08** (0.50)	27.00** (0.61)
Adj R^2	0.72	0.79	0.38	0.40	0.71	0.88

注：(1) 小括号内的数字为标准误；(2) **表示在1%的显著水平显著；(3) 人均实际GDP为2005年购买力平价美元（万美元）。

资料来源：GGDC 10 - sector database；PWT8.0；PWT9.0；BEA；作者的计算。

1.2.3 国际产业结构转型模式

基于上述时间维度和收入维度的实证分析，我们可以得到如下一些产业转型或升级模式的一般规律。

第一，随着时间推移，尤其是随着收入提高，农业部门的产出份额和就业份额一直稳步下降，第二产业的产出份额和就业份额呈现倒"U"型变化特征，服务业的产出份额和就业份额则持续上升。产业结构的这种规律性变化在高收入经济体的发展过程中体现得更为明显，即高收入经济体具有非常类似的产业结构演进历史。这可能意味着，产业结构偏离这种发展模式太远会对经济发展和就业产生不利影响。

第二，对于较为成功的经济体来说，从农业中转移出来的资源首先进入到第二产业/制造业，导致它们快速发展，然后再转移到服务业。实际上，这种变化就是传统意义上的产业结构升级。

第三，相对于发展中经济体，发达经济体具有较低的农业增加值份额和较高的服务业增加值份额（见表1.2）。当人均GDP达到30000美元时，农业部门的产出份额和就业份额都下降到了3%以下，另外，服务业部门的产出份额和就业份额则都超过了70%，这使得发达经济体进入了服务导向型经济。

第四，14个发达经济体在1929~2017年的发展经历表明，当人均GDP上升到15000美元（2005年购买力平价美元）时，第二产业的产出份额达到了顶点——38%，当收入达到12000美元时，就业份额达到了顶点——35%。制造业的产出份额在人均GDP为14000美元时达到了顶点——27%，就业份额在11000美元时达到了顶点——26%。

第五，在转折点处，发展中经济体制造业增加值占GDP的比例要低于发达经济体。发达经济体的制造业份额在上升到30%左右后才开始下降，而发展中经济体则过早地出现了去工业化。许多低收入经济体的制造业增加值在经济中所占份额不足20%时就出现了转折。

第六，与发展中经济体产业结构显著不同的是，发达经济体的制造业份额远远超过非制造业份额（见表1.4）。另外，增长较快的经济体往往具有较高份额的制造业部门，因此，发展中经济体的首要任务在于发展制造业，以提高生产率。

第七，制造业部门具有较高的劳动生产率，并通过技术溢出，推动了整个经济增长。另外,制造业通过生产性联系,间接地在其他部门创造了大量就业。以制造业为基础的生产性服务的快速发展也吸引了大量就业。

第八,除了收入,时间、人口和自然资源禀赋等因素都会影响产业结构,因此,不同时间、不同类型的经济体在各个产业部门的重要性及转折点的出现上都存在不同。

表1.4　　1950~2012年世界不同地区产业结构(增加值份额)　　单位:%

类别	年份	第一产业	第二产业	第三产业	制造业	非制造业
亚洲	1950	49	14	36	10	4
	1960	37	22	41	14	8
	1980	23	33	44	22	11
	2005	14	33	53	22	11
拉美	1950	29	25	46	15	10
	1960	23	29	48	17	12
	1980	16	32	51	20	12
	2005	10	31	59	15	16
中东和北非	1950	31	23	46	9	14
	1960	23	27	49	11	16
	1980	12	39	49	14	25
	2005	11	33	52	13	20
非洲	1950	43	22	34	11	11
	1960	42	21	37	8	13
	1980	29	28	43	12	16
	2005	28	27	45	10	17
发展中经济体	1950	37	22	42	12	10
	1960	31	25	44	13	12
	1980	21	32	47	17	15
	2005	16	31	53	15	16
	2012	18	31	52	17	14

续表

类别	年份	第一产业	第二产业	第三产业	制造业	非制造业
发达经济体	1950	16	40	45	29	11
	1960	12	41	47	30	11
	1980	4	35	60	23	12
	2005	2	27	71	16	11
	2012	1.4	24	75	15	9

注：亚洲经济体为 15 个，拉美经济体为 25 个，中东和北非经济体 10 个，非洲经济体 18 个，发展中经济体 68 个，发达经济体 21 个。

资料来源：World Development Indicators 2013，the World Bank；UNIDO，2013；作者的整理。

上述结论表明，并不存在一个严格的产业结构标准模式来判断一国或者一个地区的产业结构是否合理。但是，一个合理的产业结构不应该偏离世界平均水平太远，尤其是不能偏离成功经济体的平均水平太远。

1.3 中国各省份产业结构转型现状及问题[①]

1.3.1 各省份产业结构转型现状

图 1.10 和图 1.11 给出了 31 个省份自 1978 年以来三次产业的就业份额和增加值份额的变化过程。

首先来观察各省份就业结构的变化情况（见图 1.10）。1978 年，北京、上海和天津的农业劳动份额远低于其他省份，分别为 28.4%、34.4% 和 24.3%，辽宁、吉林和黑龙江的农业就业份额也比较低，在 50% 左右，其他省份则在 65%～90% 之间，甘肃和云南的农业就业份额最高，都超过了 85%（具体数据见附录 1.1 中的附表 1.3）。随着经济发展，所有省份的农业就业份额都大幅下降，到了 2017 年，北京、上海和天津的农业就业份额分别为 3.9%、3.1% 和 7%，其次是浙江、江苏、广东和福建，下降到 12%～22%，其他省份在 30%～55%，其中贵州和甘肃的农业就业份

---

① 该部分相关数据均来自各省份统计年鉴（1978～2018 年）。

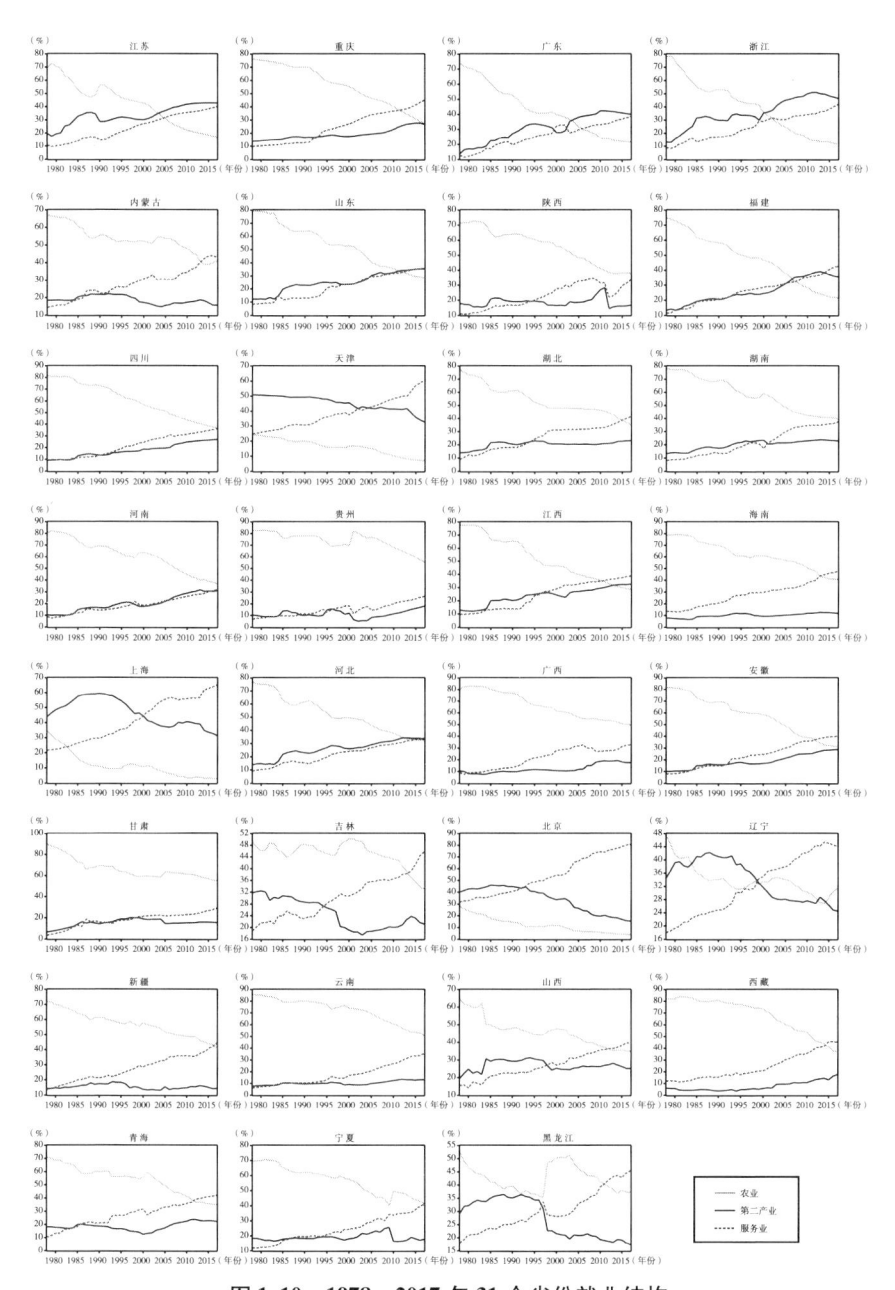

图 1.10　1978～2017 年 31 个省份就业结构

注：图中横坐标为年份，纵坐标为三次产业名义增加值份额。陕西省 2012 年以后的统计制度发生变化，第二、第三产业中不包含乡村就业人员，导致这两个产业的就业数量从 2012 年开始大幅下降。

资料来源：各省份统计年鉴（1983～2018 年）。

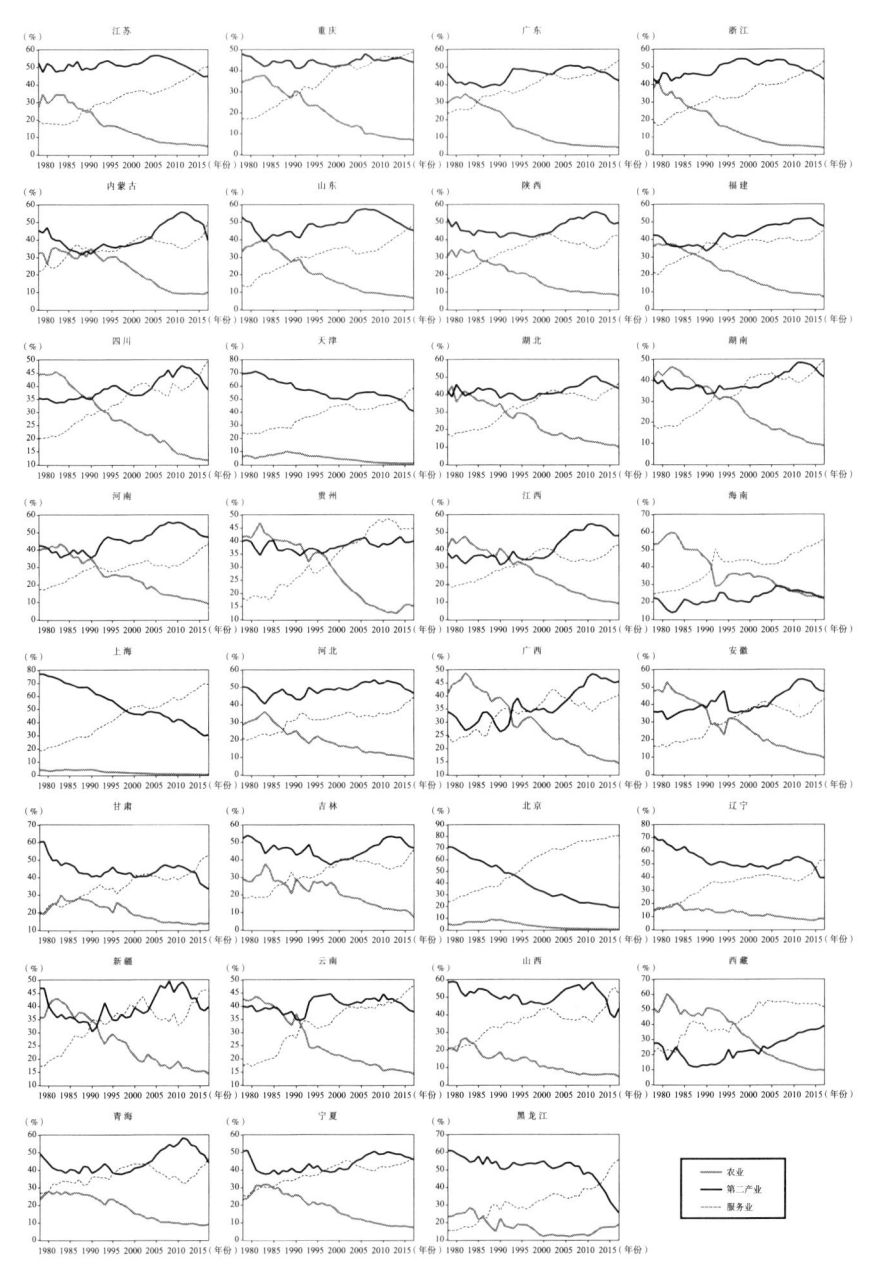

图 1.11　1978~2017 年 31 个省份增加值结构

注：研究产业结构的文献一般使用名义增加值计算各产业的比重，本图亦是。
资料来源：各省份统计年鉴（1983~2018 年）。

额最高,仍然在55%。从1978年到2017年,浙江的农业就业份额下降幅度最大,下降了66.1%,而黑龙江则下降最少,仅为15.5%。因此,虽然黑龙江在1978年的农业就业份额较低,但是在2017年却具有37.2%的较高份额。

与农业就业份额整体下降的变动趋势不同,各省份第二产业就业份额变化差异较大,大多数省份第二产业的就业份额自1978年以来持续上升,但是也有一些省份持续下降。1978年,北京、上海和天津拥有最高的第二产业就业份额,分别高达40%、44%和50%,辽宁、吉林和黑龙江紧随其后,在30%左右,其他省份都在20%以下。西藏第二产业的就业份额最低,不足6%。在随后的时间里,北京、上海、天津和东北三省第二产业就业份额开始大幅下降,上海、辽宁和黑龙江经历了比较典型的倒"U"型变化过程,其他三个省份则持续下降。另外,内蒙古和宁夏第二产业就业份额也小幅下降,使得这两个地区第二产业就业份额始终处于较低水平(20%以下)。其他省份第二产业就业份额则持续上升,但是上升速度差距巨大。浙江增加幅度最高,提高了33个百分点,使得第二产业就业份额在2017年达到了46%,其次是江苏和广东,提高幅度都在20%以上,第二产业就业份额超过了40%。海南第二产业就业份额在近40年时间里几乎没有变化,2017年仅为12%,内蒙古、新疆和云南第二产业就业份额也较低,不足15%。从图1.10可以看出,经济增长越慢的地区,第二产业就业份额增加速度就越慢。

与农业就业份额的变化趋势完全相反,31个省份服务业就业份额自1978年以来都在持续上升。1978年,北京、上海和天津的服务业就业份额最高,分别为32%、22%和25%,其次是东北三省,在18%左右,其他省份都比较低,在10%左右。经过近40年的增长,北京的服务业就业份额增加了50%,2017达到了81%,其次是上海和天津,分别为66%和61%,而其他省份的服务业就业份额在30%~45%之间。在三次产业中,各省份服务业就业份额差距最小。

从1978年到2017年,只有江苏、广东和浙江的第二产业就业份额始终高于服务业就业份额,山东、福建、河南和河北第二产业就业份额与服务业就业份额保持相同,而其他省份服务业就业份额增速都高于第二产业,使这些省份服务业就业份额在20世纪90年代后期超过了第二产业就业份额,并且差距越来越大。

其次来观察增加值结构（见图1.11）。与就业份额变化趋势非常相似，各省份农业增加值份额持续下降，第二产业增加值份额变化差异较大，服务业增加值份额都在持续上升。2017年，上海的农业增加值份额最低，不足4%，海南最高，为22%，绝大多数省份农业增加值份额在10%左右。除了北京、上海、天津、辽宁、黑龙江和甘肃等省份第二产业增加值份额自1978年以来持续下降，其他省份第二产业份额都以缓慢的速度上升，因此在整个样本期内变化不大。对于一些省份来说，这与缓慢上升的第二产业就业份额一致，但是，对于另外一些省份来说，这反映了其他产业的生产率在提高。

对比图1.10和图1.11，可以观察三次产业与总体的相对生产率[①]。各省份农业增加值份额远远低于就业份额，意味着农业生产率极低。除了江苏、广东、浙江、山东、福建、河南和河北，其他省份的服务业就业份额在大部分时间里都高于第二产业的就业份额，但是服务业增加值份额却低于第二产业增加值份额，这表明服务业生产率也低于第二产业生产率。总之，中国各省份农业和服务业的生产率都低于第二产业生产率，尤其是农业生产率极低，之后的分析表明，这种发展模式将会对产业结构产生非常不利的影响。

1.3.2 各省份产业结构转型存在的问题

为了清楚地观察各省份产业结构转型所存在的问题，需要与国际产业发展经验进行对比分析，图1.12对比了31个省份2017年三次产业就业份额的理论值和实际值。将各省份2017年的实际人均GDP转换成用2011年美元表示的购买力平价GDP，然后使用表1.2中估计的系数，得到31个省份在当前发展阶段三次产业就业份额的理论值（图1.12的横轴表示该理论值）。各省份在图中的位置与45度线的距离度量了三次产业就业份额实际值与理论值的差距。

---

① 根据生产率的定义，部门 i 的生产率 y_i 与总体生产率 y 的比为：$y_i/y = (VA_i/L_i)/(VA/L)$，式中的 VA 表示增加值，L 表示就业数量，移动位置可得到：$y_i/y = (VA_i/VA)/(L_i/L)$，即相对生产率等于增加值份额与就业份额之比。任意两个部门生产率之比为：$y_i/y_j = (y_i/y)/(y_j/y)$。

（a）农业

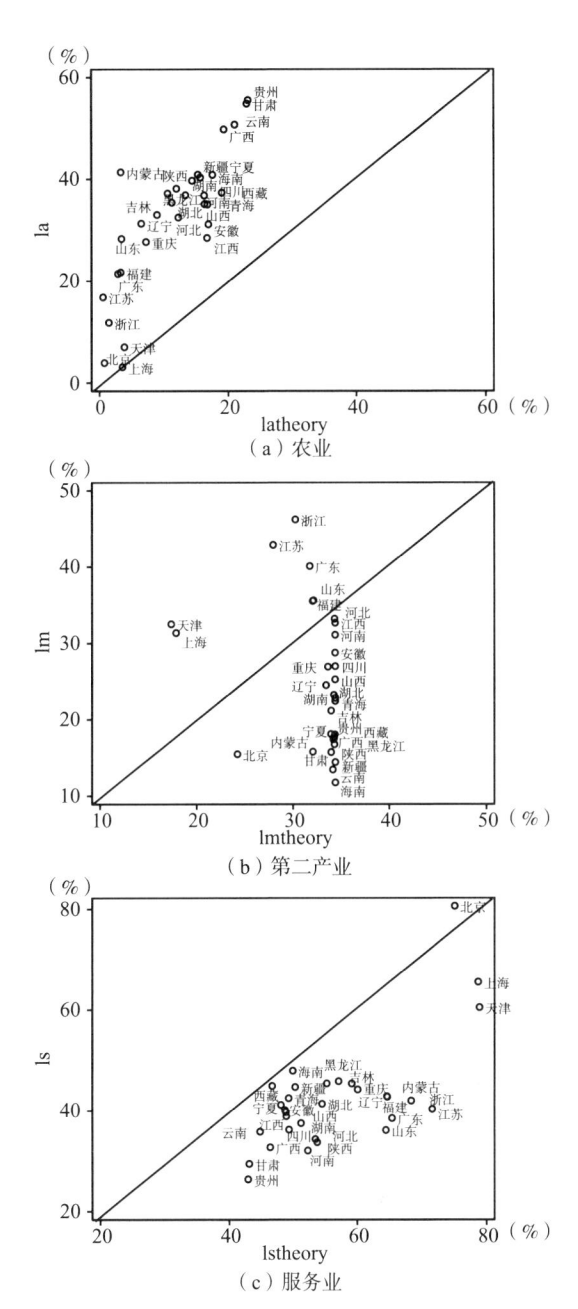

（b）第二产业

（c）服务业

图 1.12　2017 年 31 个省份三次产业就业份额的真实值和理论值

注：图中的 li 和 litheory（$i=a, m, s$）分别表示农业、第二产业和服务业就业份额的真实值和理论值。

资料来源：各省份统计年鉴（1978～2018 年）；GGDC；作者的计算。

图 1.12（a）显示，上海的农业就业份额等于理论值，北京和天津的实际值略高于理论值，其他省份的实际值则都高于理论值较多，因此，对于中国绝大多数省份来说，农业就业份额还有大幅下降的空间。接着来观察第二产业就业份额，除了上海、天津、浙江、江苏、广东、福建和山东拥有较高的第二产业就业份额，其他省份的第二产业就业份额都低于理论值，而且增长越慢的地区，第二产业就业份额也越低。服务业的情况与农业正好相反，除了北京的服务业就业份额略高于理论值，其他所有地区的实际值都低于理论值。

与国际发展经验的对比分析表明，中国绝大多数省份的农业就业份额过高，而第二产业和服务业的就业份额过低。因此，需要进一步推动农业劳动力流入第二产业和服务业。

图 1.10 和图 1.12（b）都显示，生产率增长越慢的省份，第二产业就业份额倾向于越低，原因主要有两个：一个是增长越慢的地区，农业就业份额下降也越慢［见图 1.13（a）］；另一个是对于低增长地区来说，从农业流出的劳动力主要流入了服务业而非第二产业［见图 1.13（b）］。

（a）农业就业份额变化和生产率　　（b）第二产业和服务业就业份额变化

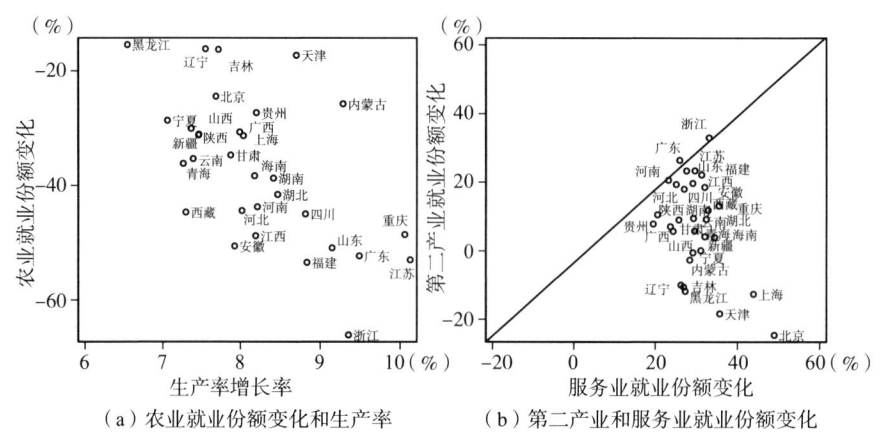

图 1.13　1978~2017 年 31 个省份三次产业就业份额变化和生产率

资料来源：各省份统计年鉴（1978~2018 年）；作者的计算。

从图 1.13（a）可以发现，农业就业份额下降幅度和生产率增长率之间呈现明显的负相关关系。其中，东北三省的农业就业份额下降最少，在 39 年时间里仅仅下降了 16%，东部沿海地区下降最多，浙江下降了 66%，远远高于其他省份，而福建、江苏和广东等省份下降幅度也都超过了

50%。图 1.13（b）显示了第二产业和服务业就业份额的变化情况，从 1978 年到 2017 年，北京、天津、上海、黑龙江、吉林、辽宁、内蒙古、宁夏和青海 9 个省份第二产业就业份额都在下降，这说明，从农业部门流出的劳动力以及第二产业的劳动力都流入到了服务业。需要注意的是，上海和天津由于在 1978 年具有极高的第二产业就业份额，因此，即使大幅下降，在 2017 年仍然具有较高的第二产业就业份额，北京是因为其特殊性导致服务业快速发展，而其他 6 个省份第二产业就业份额在当前的发展阶段应该继续上升，否则会抑制经济增长。

总之，中国各省份自 1978 年以来的产业结构转型存在如下几个主要问题：第一，农业就业份额虽然经历了大幅下降，但是目前仍然处于较高水平；第二，对于绝大多数省份，尤其是低增长地区，第二产业就业份额过低，且增长缓慢，其中一个主要原因在于从农业流出的劳动力主要进入了服务业；第三，三次产业生产率差距较大，部门发展严重失衡。

由于服务业劳动生产率低于第二产业（主要是制造业），劳动力大量地流入服务业将会减缓生产率增长速度，这在很大程度上导致了各省份经济增长的差异。为什么不同地区产业结构转型存在如此巨大的差异呢？这对经济增长产生的具体影响是什么？后面章节将会对此进行深入分析。

1.4 本章小结

本章对中国各省份自 1978 年以来的人均 GDP 和产业结构变化情况进行了详细地梳理，结果发现如下。

第一，绝大多数省份在 1978 年的人均 GDP 比较接近且都处于较低水平，在随后的时间里，各省份都经历了持续的快速增长，从 1978 年到 2017 年，实际人均 GDP 平均提高了 30 倍，增长率高达 9%。

第二，增长速度的差异使各省份的收入差距在 2017 年明显增加，低收入省份逐渐集中到中国的西部地区。由于东部沿海省份的快速增长，使 31 个省份在整体上存在收敛趋势，但是收敛速度较为缓慢，不到日本各地区收敛速度的一半。

第三，如同人均 GDP，绝大多数省份在 1978 年也具有相似的产业结构，但是转型模式的不同使得 2017 年各省份产业结构出现较大差异。简单来说，增长越慢的地区，农业就业份额越高，而第二产业就业份额越低。国内外产业结构转型的经验都显示，从农业流出的劳动力首先进入制造业而非服务业是成功经济体的一个共同特征。

第四，与国际产业结构转型的经验对比，中国绝大多数省份的农业就业份额都太高了，而第二产业和服务业就业份额则过低了，高收入经济体都是在经历了充分的工业化后才开始去工业化。

第五，中国各省份三次产业生产率发展失衡较为严重，农业和服务业生产率，尤其是农业生产率，远远低于第二产业生产率。后面的分析将会表明，这种部门生产率发展模式将会对产业结构产生非常不利的影响。

附录1.1　数据来源及购买力平价GDP的计算

中国31个省份的人均GDP、总体（部门）增加值和劳动力数据来自《中国统计年鉴（2018）》《新中国六十年统计资料汇编》和各省份的统计年鉴（1983~2018年），我们根据年鉴中历年的生产总值指数，将名义增加值转换为用2005年价格表示的实际增加值。劳动生产率等于增加值除以就业数量。天津、浙江、重庆和甘肃4个省份的部门劳动力的可获得数据始于1985年，我们根据1985~1989年三次产业劳动份额逆序列的平均变化率反向推出1978~1984年的部门劳动份额和劳动力，使用同样方法但是方向相反的序列估算出黑龙江在2012~2013年三次产业的劳动力数量。陕西的统计方法在2012年以后发生了变化，使得2012年前后部门劳动力数量出现了较大差异，因此，在分析部门生产率时，陕西的数据截至2012年。

除了美国的产业结构和人均GDP数据来自美国的国民经济研究局（BEA），其他经济体的产业结构数据都来自格罗宁根大学增长和发展中心（GGDC）的10部门数据库，实际人均GDP（2005年购买力平价美元计量）数据来自Penn World Tables（PWT）Version8.0 and 9.1。

在进行国际比较时，需要把收入转换成购买力平价收入，即不仅用美元表示本国的收入，还考虑了价格因素。任意时期t的名义GDP除以当期的购买力平价汇率，可以转换为同期的美元GDP：

$$\frac{Y_t P_t}{E_{PPP,t}} = \frac{Y_t P_t}{P_t / P_t^*} = Y_t P_t^* \tag{1}$$

式（1）即表示用t期美元价格计量的GDP，即用美元表示的名义

GDP。任意一年的名义 GDP 除以 2005 年的购买力平价汇率，就可以转换为以 2005 年美元价格表示的名义 GDP：

$$\frac{Y_t P_t}{E_{PPP,2005}} = \frac{Y_t P_t}{P_{2005}/P^*_{2005}} = Y_t P_t \frac{P^*_{2005}}{P_{2005}} = Y_t \frac{P_t}{P_{2005}} P^*_{2005} \tag{2}$$

式中的 P_t/P_{2005} 是以 2005 年为基期的价格指数，实际 GDP 乘以价格指数，就是用 2005 年价格表示的名义 GDP，再乘以 2005 年的美元价格，就表示以 2005 年美元价格衡量的名义 GDP。

以 2005 年价格衡量的实际 GDP 除以 2005 年的购买力平价汇率就转换为以 2005 年美元价格表示的实际 GDP，如果除以其他时期的购买力平价汇率，将无经济意义。证明如下。

用 2005 年价格表示的实际 GDP 为名义 GDP 除以物价指数：

$$\frac{Y_t P_t}{\text{价格指数}} = \frac{Y_t P_t}{P_t/P_{2005}} = Y_t P_{2005} \tag{3}$$

式（3）除以 2005 年的购买力平价汇率，就得到用 2005 年美元价格计量的 GDP：

$$\frac{Y_t P_{2005}}{E_{PPP,2005}} = \frac{Y_t P_{2005}}{P_{2005}/P^*_{2005}} = Y_t P^*_{2005} \tag{4}$$

如果除以其他时期的购买力平价汇率，结果没有经济意义。例如除以 h 时期的购买力平价汇率，得到：

$$\frac{Y_t P_{2005}}{E_{PPP,h}} = \frac{Y_t P_{2005}}{P_h/P^*_h} = Y_t \frac{P_{2005}}{P_h} P^*_h \tag{5}$$

附表 1.1　　　　1978～2017 年各省份人均 GDP 及增长率

省份	名义人均 GDP（元）		年度复合增长率（%）	实际人均 GDP（元）		年度复合增长率（%）	年度增长率均值（%）
	1978 年	2017 年		1978 年	2017 年		
江苏	430	107189	15.2	1347	80862	11.1	11.5
福建	273	82960	15.8	1098	62711	10.9	11.1
浙江	331	92057	15.5	1275	71761	10.9	11.2
山东	316	72807	15.0	1140	62197	10.8	10.8
内蒙古	317	63786	14.6	1148	62570	10.8	10.8
重庆	287	63689	14.9	1025	50783	10.5	10.7

续表

省份	名义人均GDP（元）		年度复合增长率（%）	实际人均GDP（元）		年度复合增长率（%）	年度增长率均值（%）
	1978年	2017年		1978年	2017年		
广东	370	80932	14.8	1387	64416	10.3	10.1
安徽	244	43401	14.2	781	31681	10.0	9.8
河南	232	46674	14.6	935	37787	10.0	10.0
海南	314	48430	13.8	839	33742	9.9	10.1
湖北	332	60199	14.3	1082	41831	9.8	9.9
四川	261	44651	14.1	860	32740	9.8	10.0
陕西	291	57266	14.5	1073	40439	9.8	10.0
吉林	381	54838	13.6	1391	46757	9.4	9.6
贵州	175	37956	14.8	680	22450	9.4	9.8
江西	276	43424	13.8	1029	32025	9.2	9.3
河北	364	45387	13.2	1324	39888	9.1	9.3
天津	1133	118944	12.7	3868	109548	9.0	9.3
湖南	286	49558	14.1	1273	35940	8.9	9.1
云南	226	34221	13.7	966	25362	8.7	9.0
西藏	375	39267	12.7	1088	28383	8.7	8.8
广西	225	41955	14.3	1079	27875	8.7	8.8
甘肃	348	29326	12.0	946	22729	8.5	8.7
辽宁	680	53527	11.8	2210	52668	8.5	8.6
青海	428	44047	12.6	1432	32659	8.3	8.5
山西	365	42060	12.9	1421	31912	8.3	8.6
新疆	313	44941	13.6	1562	34381	8.3	8.2
宁夏	370	50765	13.4	1548	30632	8.0	8.0
黑龙江	564	41916	11.7	2222	43205	7.9	8.0
上海	2485	126634	10.6	6391	108437	7.5	7.8
北京	1257	128994	12.6	5618	92551	7.4	7.5
全国	385	59660	13.8	1614	38459	8.5	8.5

附表1.2　　　　　1978~2017年各省份劳动生产率及增长率

省份	名义生产率（元）		年度复合增长率（%）	实际生产率（元）		1 年度复合增长率（%）	2 年度增长率均值（%）
	1978年	2017年		1978年	2017年		
江苏	897	180548	14.6	3163	136053	10.1	10.3
重庆	569	113734	14.6	2192	92039	10.1	10.1
广东	817	141473	14.1	3266	112165	9.5	9.5
浙江	689	136376	14.5	3237	105972	9.4	9.5
内蒙古	889	113005	13.2	3452	110288	9.3	9.4
山东	759	110713	13.6	3111	94611	9.2	9.3
陕西	752	119340	13.9	2638	74973	9.0	9.0
福建	718	115093	13.9	3221	87324	8.8	8.9
四川	598	76110	13.2	2099	56484	8.8	8.9
天津	2254	207293	12.3	7354	190027	8.7	8.8
湖北	790	98277	13.2	2890	68720	8.5	8.6
湖南	645	88816	13.5	2784	64968	8.4	8.5
河南	580	65840	12.9	2453	53267	8.2	8.3
贵州	442	66928	13.7	1847	39923	8.2	8.3
江西	694	75622	12.8	2590	55806	8.2	8.3
海南	740	76428	12.6	2479	53131	8.2	8.4
上海	3907	223167	10.9	9253	188588	8.0	8.2
河北	868	80863	12.3	3512	71108	8.0	8.1
广西	521	71793	13.5	2518	50455	8.0	8.1
安徽	603	61715	12.6	2309	45201	7.9	8.0
甘肃	678	49407	11.6	2019	38805	7.9	8.0
吉林	1270	100400	11.9	4735	85870	7.7	7.9
北京	2450	224693	12.3	8954	160469	7.7	7.8
辽宁	1828	102461	10.9	5862	99959	7.5	7.6
新疆	795	83223	12.7	3878	64002	7.5	7.5
云南	526	54722	12.6	2540	40866	7.4	7.4

续表

省份	名义生产率（元） 1978年	名义生产率（元） 2017年	年度复合增长率（%）	实际生产率（元） 1978年	实际生产率（元） 2017年	1 年度复合增长率（%）	2 年度增长率均值（%）
山西	912	81123	12.2	3890	62033	7.4	7.5
西藏	714	49402	11.5	2265	35245	7.3	7.5
青海	1074	80277	11.7	3882	59683	7.3	7.4
宁夏	958	91608	12.4	3846	54961	7.1	7.1
黑龙江	1736	79075	10.3	6694	79426	6.5	6.6
全国	916	106533	13.0	4086	68785	7.5	7.6

注：1表示年度复合增长率，2表示每年实际增长率的算术平均值。

附表1.3　　　　1978~2017年各省份就业份额　　　　单位：%

省份	1978年 农业	1978年 第二产业	1978年 服务业	2017年 农业	2017年 第二产业	2017年 服务业
天津	24.3	50.9	24.8	7.0	32.5	60.5
上海	34.4	44.0	21.6	3.1	31.4	65.5
北京	28.3	40.1	31.6	3.9	15.5	80.6
江苏	69.7	19.6	10.7	16.8	42.9	40.3
浙江	77.9	13.2	8.9	11.8	46.2	42.0
广东	73.7	13.7	12.6	21.4	40.1	38.5
福建	75.1	13.4	11.4	21.7	35.5	42.8
内蒙古	67.1	18.5	14.4	41.4	15.8	42.9
山东	79.2	12.3	8.5	28.3	35.6	36.1
辽宁	47.5	34.6	18.0	31.3	24.5	44.2
重庆	76.2	13.9	9.9	27.7	26.9	45.4
吉林	49.3	31.8	18.9	33.0	21.1	45.8
黑龙江	52.6	29.2	18.1	37.2	17.4	45.4
湖北	77.0	14.1	8.9	35.4	23.2	41.4
陕西	71.1	17.9	11.0	38.1	16.7	33.7

续表

省份	1978年			2017年		
	农业	第二产业	服务业	农业	第二产业	服务业
河北	76.9	13.9	9.2	32.5	33.2	34.3
河南	80.6	10.5	8.9	36.9	31.1	32.0
湖南	78.4	13.4	8.2	39.7	22.8	37.5
新疆	72.1	14.3	13.6	40.9	14.4	44.7
海南	78.6	7.9	13.5	40.3	11.8	47.9
四川	81.8	9.1	9.2	36.8	27.0	36.2
青海	71.3	18.3	10.4	35.1	22.4	42.5
江西	77.2	13.0	9.7	28.5	32.7	38.9
山西	65.1	19.6	15.4	35.0	25.3	39.7
安徽	81.7	10.3	8.0	31.1	28.8	40.1
宁夏	69.5	18.6	11.9	40.8	18.0	41.1
西藏	82.0	5.9	12.1	37.3	17.7	44.9
广西	80.5	10.5	9.1	49.8	17.5	32.7
云南	86.1	7.7	6.2	50.7	13.4	35.8
甘肃	89.6	6.7	3.7	54.4	15.7	29.4
贵州	82.8	10.3	6.9	55.5	18.1	26.4
全国	70.5	17.3	12.2	27.0	28.1	44.9

注：本表各省份按照2017年实际人均GDP（2005年价格计算）从高到低排序。

附表1.4　　　　　　1978～2017年各省份增加值份额　　　　　单位：%

省份	1978年			2017年		
	农业	第二产业	服务业	农业	第二产业	服务业
天津	6.1	69.6	24.3	0.9	40.9	58.2
上海	4.0	77.4	18.6	0.4	30.5	69.2
北京	5.1	71.0	23.9	0.4	19.0	80.6
江苏	27.6	52.6	19.8	4.7	45.0	50.3
浙江	38.1	43.3	18.7	3.7	42.9	53.3

续表

省份	1978年			2017年		
	农业	第二产业	服务业	农业	第二产业	服务业
广东	29.8	46.6	23.6	4.0	42.4	53.6
福建	36.1	42.5	21.5	6.9	47.5	45.6
内蒙古	32.7	45.4	21.9	10.2	39.8	50.0
山东	33.3	52.9	13.8	6.7	45.4	48.0
辽宁	14.1	71.1	14.8	8.1	39.3	52.6
重庆	34.6	48.1	17.3	6.9	44.1	49.0
吉林	29.3	52.4	18.3	7.3	46.8	45.8
黑龙江	23.5	61.0	15.6	18.6	25.5	55.8
湖北	40.5	42.2	17.3	9.9	43.5	46.5
陕西	30.5	52.0	17.6	8.0	49.7	42.4
河北	28.5	50.5	21.0	9.2	46.6	44.2
河南	39.8	42.6	17.5	9.3	47.4	43.3
湖南	40.7	40.7	18.6	8.8	41.7	49.4
新疆	35.8	47.0	17.3	14.3	39.8	45.9
海南	53.2	22.3	24.6	21.6	22.3	56.1
四川	44.5	35.5	20.0	11.8	38.6	49.6
青海	23.6	49.6	26.8	9.1	44.3	46.6
江西	41.6	38.0	20.4	9.2	48.1	42.7
山西	20.7	58.5	20.8	4.6	43.7	51.7
安徽	47.6	35.9	16.5	9.6	47.5	42.9
宁夏	23.6	50.8	25.6	7.3	45.9	46.8
西藏	50.7	27.7	21.6	9.4	39.2	51.5
广西	40.9	34.0	25.1	14.3	45.6	40.2
云南	42.7	39.9	17.4	14.3	37.9	47.8
甘肃	20.4	60.3	19.3	13.9	33.4	52.8
贵州	41.7	40.2	18.2	15.0	40.1	44.9
全国	27.7	47.7	24.6	7.9	40.5	51.6

注：本表各省份按照2017年实际人均GDP（2005年价格计算）从高到低排序。

附录1.2 消失的增长

自1978年以来，中国经济经历了持续的高速增长，实际GDP在1978~2014年的年度复合增长率达到了7%，实际人均GDP的增长率也高达6%。快速增长使中国的经济总量（GDP）在2011年就已经超过日本，成为世界第二大经济体。但是，中国实际人均GDP在2014年却仅为美国的24%〔见附图1.1（a）〕，而日本的人均GDP以同样的速度（6%）增长了同样的37年（1950~1986年），却达到了美国的61%〔见附图1.1（b）〕。

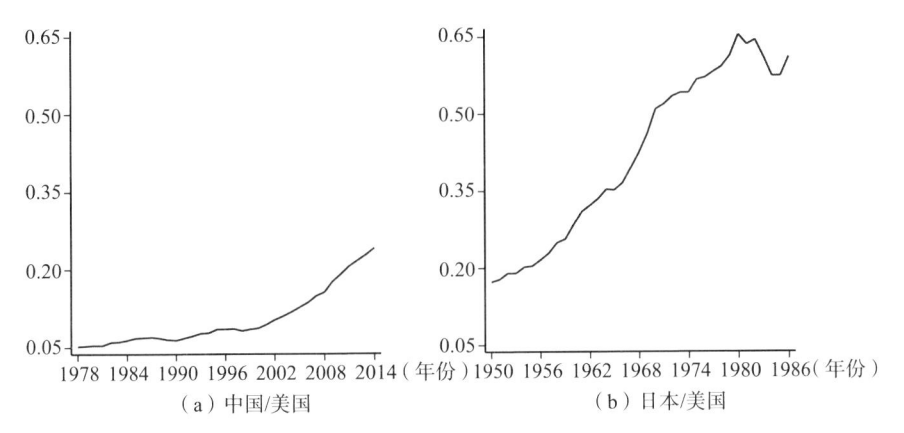

附图1.1 实际人均GDP之比

注：人均GDP为2011年美元表示的购买力平价实际值。
资料来源：Feenstra, Robert C., Robert Inklaar and Marcel P. Timmer. The Next Generation of the Penn World Table [J]. American Economic Review, 2015, 105 (10): 3150–3182.

一个疑问由此产生：中国的长期高速增长怎么没有体现出人均GDP水平的大幅上升？换言之，增长怎么消失了？

对比附图1.1中（a）和（b）就会发现，中国人均GDP在2014年仍然较低的原因在于1978年的相对收入水平太低了。1978年，中国和美国的人均GDP之比仅为0.05，换言之，中国的人均GDP只有美国的5%，因此，即使相对收入增长了3.6倍，也只是达到了美国的24%。而日本的实际人均GDP在1950年就为美国的17%，相对收入增长了2.5倍后就达到了美国的61%。中、美人均GDP的比例在2014年只是达到了日、美在

1958年的水平。起点的差异，导致了结果的不同，中国输在了起跑线上。

因此，自1978年以来中国经济高速增长消失的原因是这段时期的大部分增长仅仅将中国的收入恢复到正常水平。正如一个极度贫穷的人，初始的收入增长只是帮助其过上正常生活，富足尚属奢谈。

那么，中国在1978年的相对收入水平为什么会这么低？

附图1.2将时间后退到1953年（由于可获得的数据始于该年）以观察1978年之前中国经济增长情况。从附图1.2（a）中可以看到，从1953年至1978年的26年时间里，中国经济增长速度极为缓慢（在一些时期出现停滞和倒退），平均年度增长率仅为1.8%，这使得中国与美国的相对人均GDP缓慢下降，从0.06下降到了0.05，1978年以后才开始逐步上升。实际上，中国经济真正开始快速增长是始于20世纪90年代以后，并在2000年以后加速，与此相应的是，市场经济在中国开始普及并逐渐成熟。市场经济最大的优点在于有效解决了激励问题，为经济增长和技术创新提供了内在动力。只有内在的动力才是持久的。

数据是冷酷的，而现实更加残酷，逆水行舟，不进则退。

由于美国的人均GDP增长率维持在2%左右，因此中国与美国的比率还能大致保持稳定，但是相对于快速增长的日本，收入差距迅速扩大。1953年，中国的人均GDP与日本的比例为0.32，而1978年下降到0.09。总之，1978年以前中国经济增长的近乎停滞拉大了中国与世界经济的差距，这使得1978年以后的快速增长都在弥补曾经的损失。附图1.2（a）清楚地显示了这一点，1953~2014年中国与日本的人均GDP比例呈现"U"型，这意味着，经过1978~2014年这37年的高速增长，中、日的相对人均GDP才回到1953年的水平。"U"型的相对收入曲线形象地反映了中国经济所走过的弯路。

尽管历史不容假设，但是仍然抑制不住如下的问题：如果中国经济增长没有走弯路会是什么情形呢？

韩国给出了答案。如附图1.2（b）所示，韩国1953年的实际人均GDP与中国几乎相同，但是在1958年以后的走势却大相径庭。在62年的时间里（1953~2014年），韩国的实际人均GDP保持了6%的平均增长率，因此在2014年达到了美国的2/3，与日本收入水平几乎相同。中国与日本、韩国的发展历程相比令人扼腕叹息，但是也从这些国家的发展中看到了希望。

(a) 中、美、日实际人均GDP之比

(b) 中、美、日、韩实际人均GDP之比

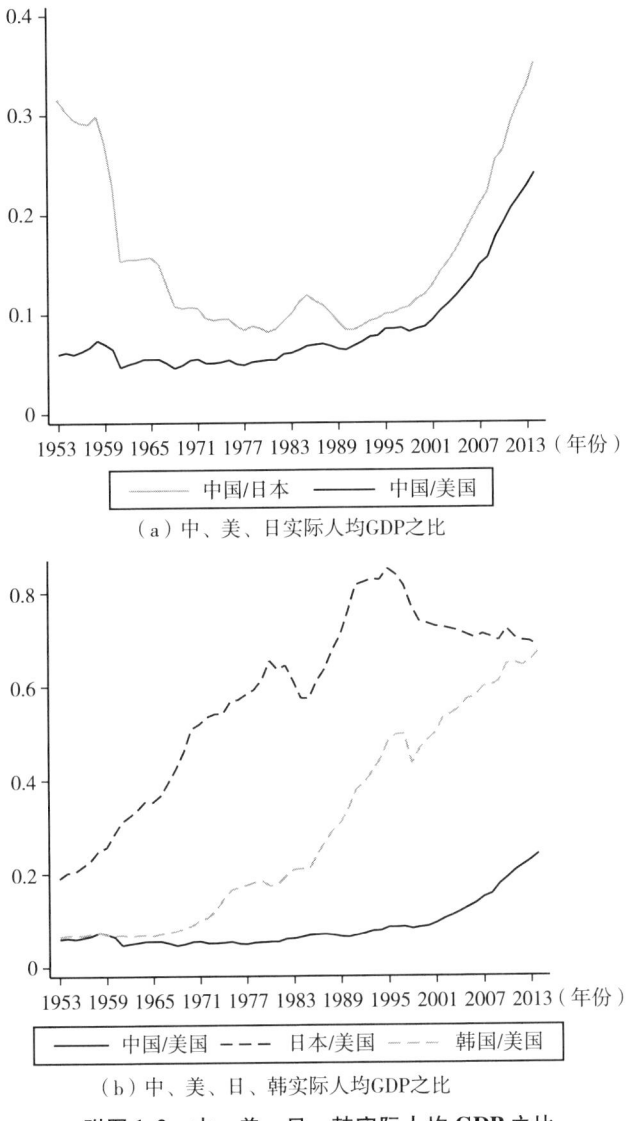

附图 1.2　中、美、日、韩实际人均 GDP 之比

注：人均 GDP 为 2011 年美元表示的购买力平价实际值。
资料来源：Feenstra, Robert C., Robert Inklaar and Marcel P. Timmer. The Next Generation of the Penn World Table [J]. American Economic Review, 2015, 105 (10): 3150-3182.

接下来进行一个简单预测，如果以 2014 年为起点，中国的人均 GDP 什么时候会达到美国的 2/3（即与日、韩 2017 年的收入水平相当）或者追赶上美国呢？附图 1.3 给出了中国实际人均 GDP 在不同增长率（横轴

表示）下的收敛时间（纵轴表示）。由于美国的经济增长率长期稳定在 2%～3%，因此附图 1.3 分别给出了这两种情况下的收敛时间。

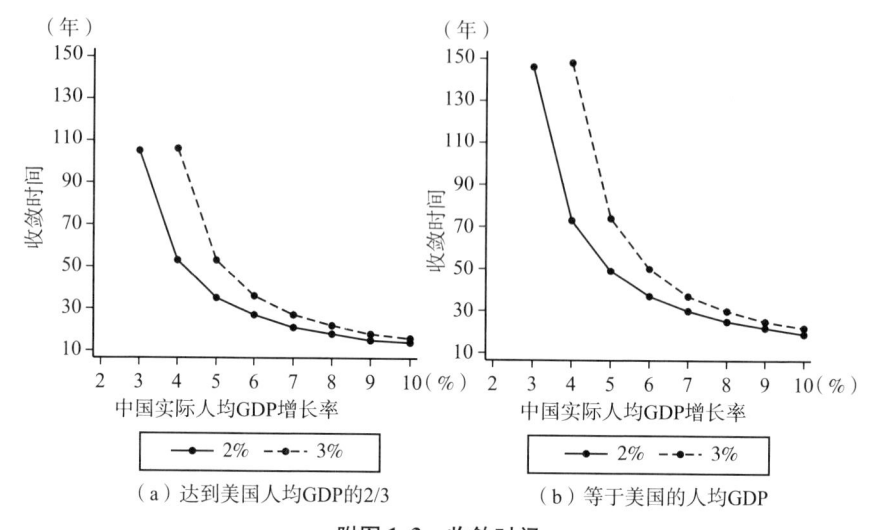

附图 1.3　收敛时间

（a）达到美国人均GDP的2/3　　（b）等于美国的人均GDP

注：人均 GDP 为 2011 年美元表示的购买力平价实际值；以 2014 年为起点计算的收敛时间；2% 和 3% 表示美国的实际人均 GDP 增长率。
资料来源：Feenstra, Robert C., Robert Inklaar and Marcel P. Timmer. The Next Generation of the Penn World Table [J]. American Economic Review, 2015, 105 (10): 3150-3182；作者的计算整理。

如果中国的实际人均 GDP 能够继续保持 6% 的速度增长，那么将在 27～36 年后达到美国人均收入的 2/3 [见附图 1.3（a）]，并在 37～50 年后与美国收入相等 [见附图 1.3（b）]。如果中国的增长率提高到 7%，收敛时间将会缩短 7 年左右，但是，如果增长率下降到 4% 以下，收敛将会变得遥遥无期。从附图 1.3 可以发现一个明显的特征，如果中国的增长率较高，美国经济增长率提高一个百分点对中国的收敛时间影响不大，但是，当中国的增长率较低时，美国经济增长率提高一个百分点，将会大幅延长收敛时间。当然，经济增长的目的绝不在于追赶，而是为了提高人们的生活水平。采取各种切实措施为人们提供更安全的食物，更舒适的住房，更好的医疗、保险、教育等，应该是中国经济的一个重要发展方向，这样既能提高经济增长率，又能让人们真实感觉到增长。

长期的高速增长足以令中国人自豪，是否由此就可以得出结论：我们不一样。

答案是否定的。正如附图 1.2 所示,如果将眼界放宽,中国的经济增长奇迹与东亚其他国家的增长奇迹一样,都是新古典经济增长理论在现实的体现。在人均收入水平较低时,生产要素的边际报酬较高,从而推动了产出快速增长。中国的这种增长动力在 1978 年以前被抑制了,其后才得以释放。随着收入水平提高,要素的边际报酬递减使得增长开始放缓,距离自己的稳定状态(由技术、制度、教育等因素决定的收入水平)越近,增长也越慢。投资不能保持人均 GDP 的持续增长,最终经济增长将会收敛于一条依靠技术进步所支撑的平衡路径上。新古典增长理论不仅解释了自 1978 年以来中国经济的高速增长,还解释了自 2010 年以来的增长减速,并预示着,只有促进技术进步才能保持持续的增长。该理论虽然非常简单,但是揭示了事物发展的基本规律,除非人为阻碍,否则这种基本规律所产生的动力就会一直发挥作用。

中国自 1978 年以来已经高速增长了 40 年,如果能够继续以该速度增长,那么中国的人均收入水平将会在 21 世纪中叶接近美国,进入发达国家行列。因此,保持中国经济的持续稳定发展至关重要,否则,任何增长都将消失。这是从中国经济发展历史中得到的惨痛教训。市场经济调和了个体目标与总体目标的差异,从而最小化了经济发展过程中的各种扭曲,为增长提供了内在动力,这是从中国和其他国家经济增长历史中发现的有益经验。

第 2 章

产业结构变化对经济增长的影响[*]

国际经济发展的经验表明，发展离不开结构变化。劳动力和其他资源从农业转移到生产率更高的工业和服务业，有助于提高总体生产率和收入水平。转型速度在很大程度上决定了经济发展速度。较之发达经济体，发展中经济体各个部门的生产率差距更大，尤其是传统的农业部门和现代化的城市部门之间呈现出二元经济结构（Lewis，1954）。部门之间生产率水平存在较大差距反映了资源配置的无效率。换一个角度看，这种配置无效率也为经济增长提供了潜在的动力。当劳动力和其他资源从低生产率部门流向高生产率部门时，即使每个部门生产率没有提高，总体生产率也会增加。高收入经济体都经历了这类增长加强型结构转型，而东亚与拉丁美洲和非洲经济增长差异的一个重要原因就在于结构变化的不同（McMillan et al.，2014）。当然，就单个经济体而言，部门内部的生产率增长仍然在总生产率增长中占据主导地位（Timmer et al.，2009；2015）。

前面的分析表明，自 1978 年以来，中国经济在快速增长的同时，产业结构也发生了巨大变化，第一产业劳动份额持续下降，第二、第三产业的劳动份额持续上升（为表述简单，以下将三次产业分别称为农业、工业和服务业部门）。国内学者已经对此进行了大量研究，并且取得了较为一致的结论，即产业结构变化对中国经济增长产生了积极的影响，存在显著的"结构红利"（郭克莎，1993；胡永泰，1998；蔡昉和王德文，1999；刘伟和张辉，2008；干春晖等，2009，2011；周克，2017），但是，在制

---

* 除特别标注外，该章相关数据均是据各省份统计年鉴（1983~2018 年）、《中国统计年鉴》计算所得。

造业行业内部，结构变化对生产率的影响并不显著（吕铁，2002；李小平和卢现祥，2007）。

现存文献在分析产业结构转型对生产率增长的影响时，大多采取的是传统的转移—份额法（Fabricant，1942；Chenery et al.，1986），这种方法有一个非常直观的缺陷，即使一个部门的生产率水平再低，只要流入劳动力，该部门对结构效应进而对总生产率的贡献就为正，这与资源重新配置的经济含义不符，因此，蒂米等（Timmer et al.，2009）区分了扩张部门和收缩部门以弥补该缺陷。但是，修改后的计算方法仍然存在如下两点不足：第一，在分析生产率变化的时候，只考虑了期初和期末两个时点的生产率和劳动份额水平，忽略了变量的连续变化过程，由于两个时点数据具有随机性，从而使分析结果也具有较强的随机性；第二，在计算内部效应和结构效应的增长率时，首先计算出了总生产率的年度复合增长率，然后根据内部效应和结构效应的贡献分别计算出二者的增长率，使用年度复合增长率方法实际上假设了劳动生产率是按照恒定增长率增长，这与现实略有差异。

本章试图弥补这些不足，对现存的转移—份额方法进行了扩展，使用年度增长率的方法对总生产率进行分解，这样不仅有利于缓解传统转移—份额方法在权重选择上所存在的问题，也有利于观察单个部门和多个部门的内部和结构效应对总生产率的动态影响，从而找到生产率增长波动的影响因素。另外，本章分析的是各省份产业结构变化对总生产率增长的影响。中国各个地区产业结构转型过程十分不同，生产率增长较快的地区，农业劳动份额下降速度和工业劳动份额上升速度都较快，从而拥有较高的工业劳动份额和较低的农业劳动份额；而增长较慢的地区则恰恰相反，农业部门劳动份额下降较为缓慢，工业劳动份额保持在较低水平甚至下降。从省际发展经验的角度进行分析有助于观察产业结构转型在地区经济增长差异中的作用。

2.1 各省份生产率发展和产业结构转型的基本特征

2.1.1 各地区部门和总体生产率变化

图 2.1 给出了 1978～2016 年 31 个省份的部门和总体生产率增长率的平均值。所有地区年均总劳动生产率增长率的平均值为 8.38%，其中，工

业劳动生产率增长最快，年均增长率的平均值为 8.67%，服务业次之，为 6.77%，农业生产率增长最慢，为 5.44%。工业生产率增长较快使得各省份农业和服务业与工业的生产率差距进一步扩大。这种部门生产率增长模式与发达经济体的经历不同，发达经济体的农业生产率增长最快，工业次之，服务业生产率增长率略低于工业（Duarte and Restuccia，2010；Herrendorf et al.，2014）。

图 2.1 显示，各地区总生产率增长差异巨大，增长较快的主要是东部地区和部分中、西部地区，东北三省和绝大部分西部地区增长较慢。增长率低于均值使那些初始相对生产率水平（相对于各省总生产率均值）比较低的地区仍然处于较低水平（例如大多数西部省份和部分中部省份），而原本相对生产率水平较高的地区则缩小了与其他地区的差距（例如东北三省）。具体来说，有将近一半的省份没有改变初始生产率相对较低的局面，因此，各省份经济增长存在局部收敛。生产率水平的离散程度也验证了这一点，各省份总生产率（对数）的变异系数仅仅从 1978 年的 0.05 下降到 2016 年的 0.04。图 2.1 呈现的另一个明显特征是，总生产率增长较快的地区，三个部门的生产率增长也倾向于较快，尤其是农业和工业，这种增长模式使各个省份的部门生产率相对水平发生了变化。

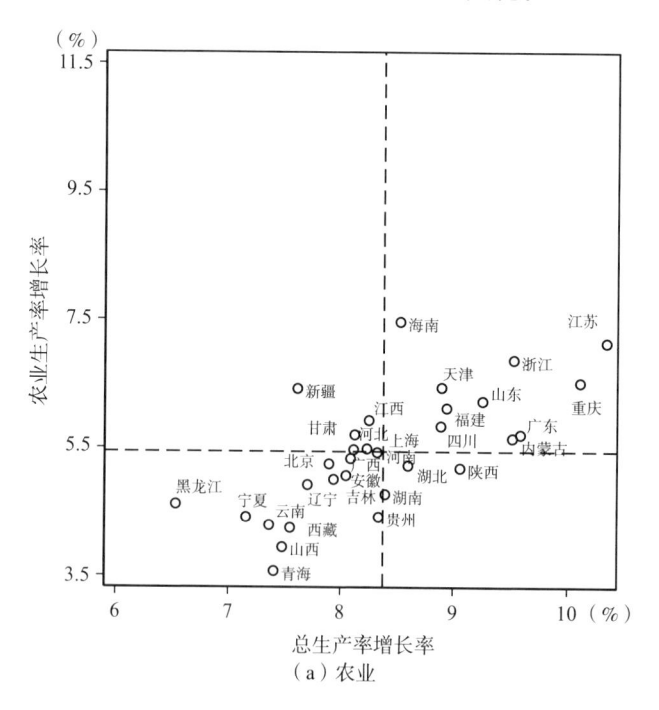

（a）农业

(b)工业

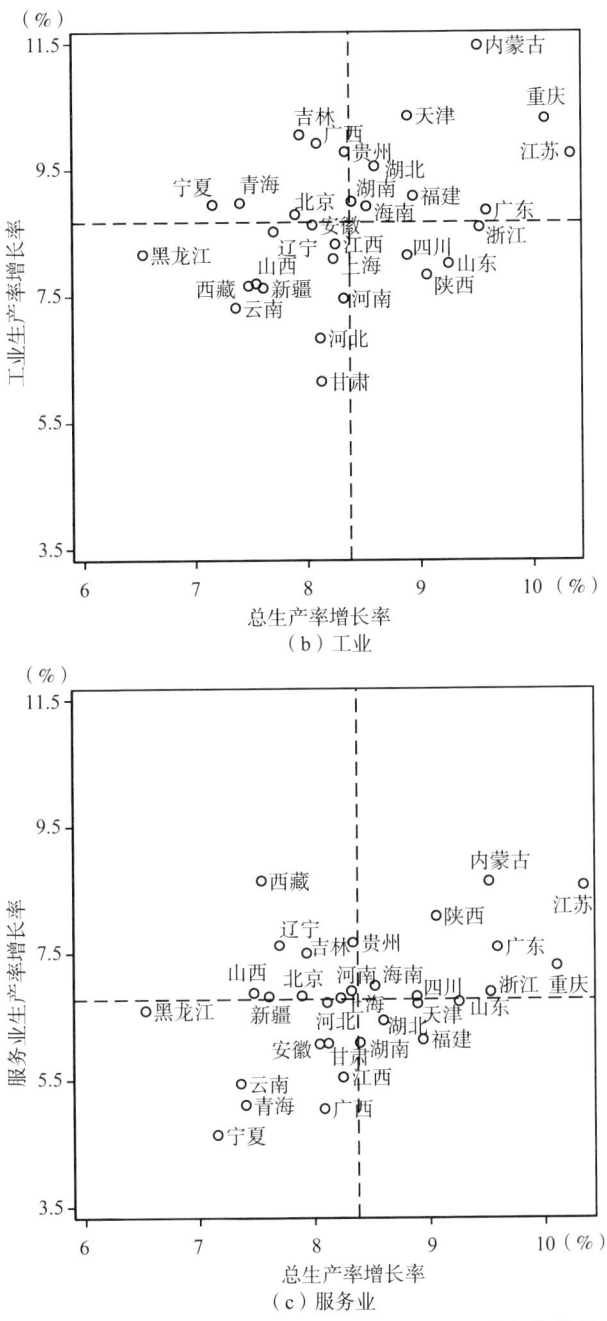

(c)服务业

图 2.1　1978~2016 年各地区的部门生产率和总生产率增长率

注：图中横向虚线表示部门生产率增长率均值，纵向虚线表示总生产率增长率均值。

1978 年，各地区之间的农业生产率水平差距略低于工业和服务业的差距（生产率对数值的变异系数分别为 0.041、0.042 和 0.042），随着时间推移，工业和服务业的部门生产率存在绝对收敛，而农业生产率则无收敛趋势。大多数总生产率增速快于均值的地区（以下称为高增长地区）在 1978 年具有较低的工业和服务业相对生产率水平，工业相对生产率尤其较低，但是在随后时间里的快速增长使得这些地区的工业和服务业相对生产率大幅上升。与此相反，总生产率增速低于均值的地区（以下称为低增长地区）的工业和服务业相对生产率则下降到较低水平，尤其是服务业的相对生产率大幅下降。收敛使各地区工业和服务业生产率差距小幅下降，2016 年生产率对数值的变异系数分别为 0.033 和 0.036。由于低增长地区在 1978 年具有较低的农业相对生产率水平，农业增长无收敛使得这些地区的农业相对生产率进一步下降，即各地区的农业生产率差距进一步扩大，2016 年变异系数上升到 0.045。

从总体来看，低增长地区工业和服务业生产率的相对优势自 1978 年以来发生逆转，从而拉大了与高增长地区生产率的差距，尤其是服务业生产率的差距，而农业生产率的差距则持续扩大。总生产率的增长速度不仅与部门生产率增长有关，还与产业结构的转型密切相关，低增长地区内这种部门生产率增长模式会导致非常不利的产业结构转型模式，从而对总生产率增长产生不利影响。

2.1.2 各地区部门之间生产率差距

理论上，劳动力在不同部门之间流动将会使各个部门的生产率水平趋于一致，发达经济体的发展经历已经证明这一点，而部门生产率差距较大是欠发达地区的一个重要特征（McMillan et al., 2014；UNIDO，2013）。图 2.2 给出了 1978 年和 2016 年各省份部门生产率变异系数与总生产率之间的关系，以观察部门生产率差距与经济发展之间的关系。

各省份部门生产率差距在 1978 年都较低，绝大多数省份部门生产率变异系数处于 0.05~0.1 之间，生产率差距与经济发展程度没有关系［见图 2.2（a）］。到了 2016 年，各地区部门生产率差距与生产率的关系呈现出与国际经济发展经验一致的规律性，即部门生产率差距随着经济发展水平提高而下降①。图 2.2（b）显示，如果不考虑北京、上海、天津和内蒙古，2016 年其他省份部门生产率差距与总生产率之间呈现显著的负相关关系。图 2.2（c）显示，随着经济发展，绝大多数省份的部门生产率差距都在扩大，变异系数均值从 0.089 上升到 0.113。原因在于农业和服务业与工业的生产率差距进一步扩大。1978 年，所有省份的工业劳动生产率都远远高于农业，大部分省份的工业生产率高于服务业。然而，工业生产率增长较快使得各地农业与工业的生产率差距在 2016 年进一步扩大，绝大多数省份（除了浙江和广东）的服务业生产率也远低于工业。图 2.2（c）显示的另外一个特征是，1978 年部门生产率差距较大的地区在 2016 年差距仍然较大。

图 2.2 揭示了经济发展的一般规律性：在经济发展的初始阶段，三个部门的劳动生产率都比较低，因此生产率差距较小，随着经济发展，工业和服务业（尤其是工业）的生产率开始迅速提高，部门生产率差距开始扩大。在高增长地区，更多的劳动力从农业流入到工业和服务业，部门生产率差距较小，而欠发达地区则呈现出更为明显的二元经济结构。部门生产率差距较大意味着欠发达地区仍然存在较大的结构效应，引导劳动力从农业流入到工业和服务业将会对总生产率做出较大的贡献。

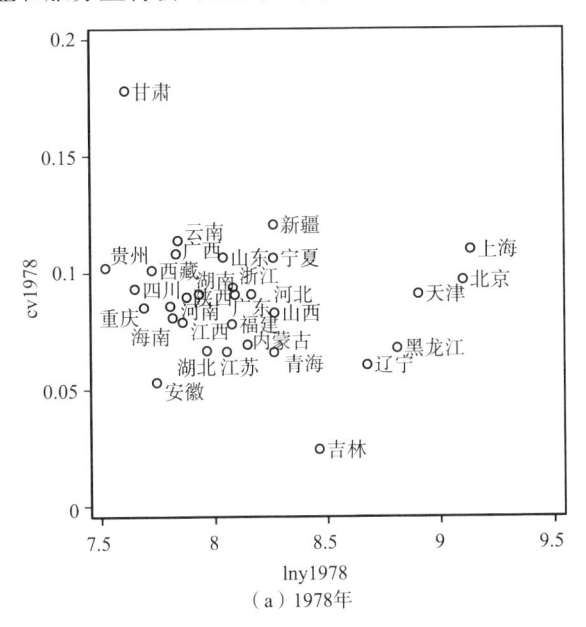

（a）1978 年

---

① 也有可能存在反向因果关系，即部门生产率差距缩小通过影响产业结构从而会对经济增长产生影响，以后的分析对此提供了证明。

(b) 2016年

(c) 1978年和2016年的变异系数

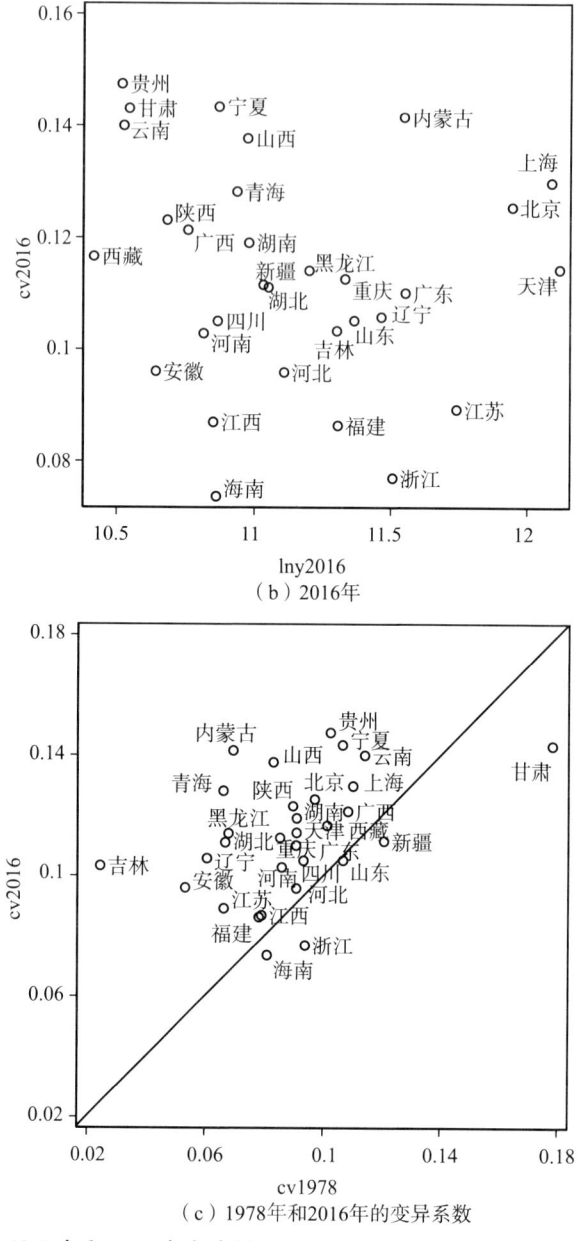

图 2.2　1978 年和 2016 年各省份总生产率与部门生产率差距之间的关系

注：变异系数是使用三个部门生产率对数值计算得到的，cv1978 和 cv2016 分别表示 1978 年和 2016 年的部门生产率变异系数，lny1978 和 lny2016 分别表示 1978 年和 2016 年的总生产率对数值。

2.1.3 各地区产业结构变化特征

第 1 章已经详细分析了 31 个省份产业结构转型过程以及存在的问题，因此，本部分只强调其中几个关键特征。图 2.3 给出了 31 个省份三次产业在 1978 年和 2016 年的就业份额，从中可以发现：

第一，各地区产业结构转型过程在总体上符合传统的产业发展理论。自 1978 年以来，所有地区的农业劳动份额持续下降，服务业劳动份额持续上升，工业劳动份额的变化略有不同，北京、上海、天津和东北三省正在经历去工业化过程，新疆、内蒙古和宁夏几乎没有变化，其他地区的工业劳动份额都上升了。

第二，各个地区产业结构转型的速度和模式存在极大差异，这与地区经济增长速度密切相关。图 2.3（a）显示，生产率增长越快的地区，农业劳动份额下降幅度也越大。除了北京、上海和天津，各省份在 1978 年都具有较高的农业劳动份额，但是到了 2016 年，东部各省份农业劳动份额已经降到极低的水平，而许多西部地区仍然保持在较高水平。与农业劳动份额变化正好相反，增长越快的地区，工业劳动份额上升幅度也越大[见图 2.3（b）]。除了北京、上海、天津和东北三省，其他地区的工业劳动份额在 1978 年都比较低，但是东部地区的工业劳动份额在随后的时间里迅速增加，而大多数西部地区的工业劳动份额增长极为缓慢，这意味着低增长地区从农业部门中流出的劳动力主要进入了服务业。除了北京和上海在 1978 年已经具有较高的服务业劳动份额且在随后的时间里大幅上升，其他地区服务业劳动份额变化量和差距不像农业和工业那么大[见图 2.3（c）]。从图 2.3（b）、图 2.3（c）可以发现，中国绝大多数省份（23 个）2016 年的服务业劳动份额都超过了工业劳动份额。

从总体上看，中国绝大多数省份在 1978 年具有相似的产业结构，但是转型速度和转型模式的不同使得各地区在 2016 年呈现出非常不同的产业结构。低增长地区的产业结构转型呈现两个明显特征：第一，农业劳动份额下降非常缓慢；第二，从农业流出的劳动力主要进入了服务业使得工业劳动份额增速缓慢。这导致低增长省份一直具有较高的农业劳动份额和较低的工业劳动份额，而高增长地区则正好相反。因此，要促进落后地区的经济增长，不仅要提高这些地区的技术水平和劳动生产率，更要优化产业结构，否则生产率增长和产业结构变化的相互作用很可能会导致落后地区陷入贫困的恶性循环（Matsuyam，2008）。那么，不同的产业结构转型会对总生产率增长率产生什么影响呢？本章将对此进行分析。

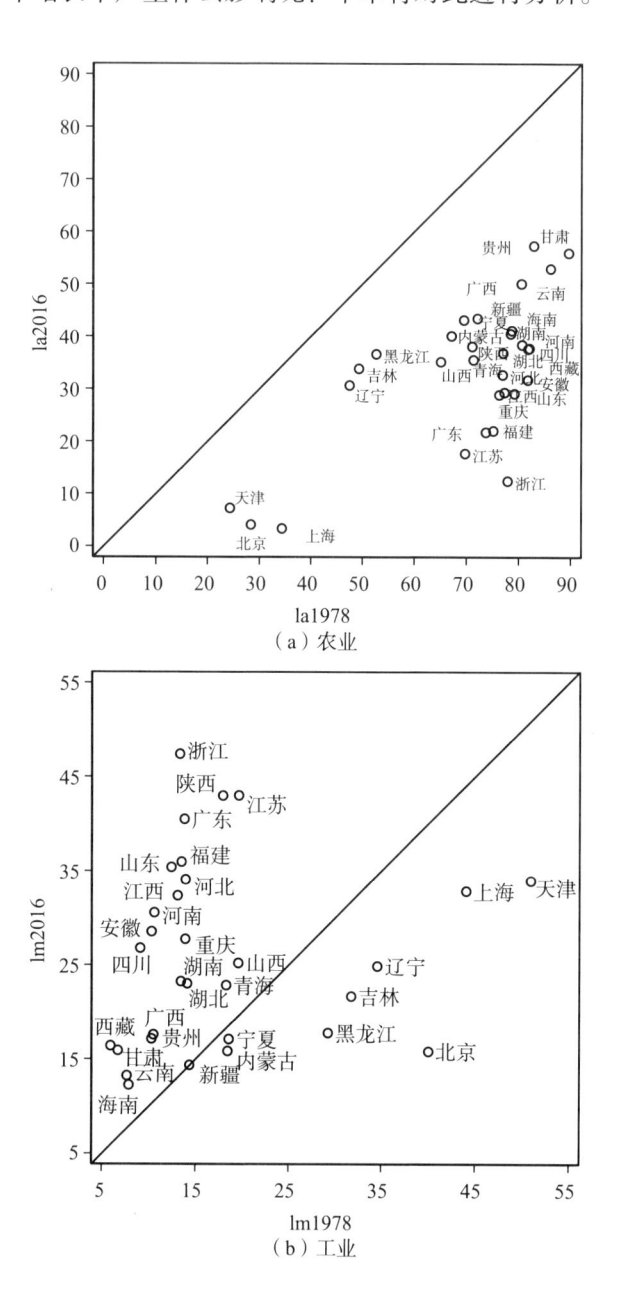

（a）农业

（b）工业

(c) 服务业

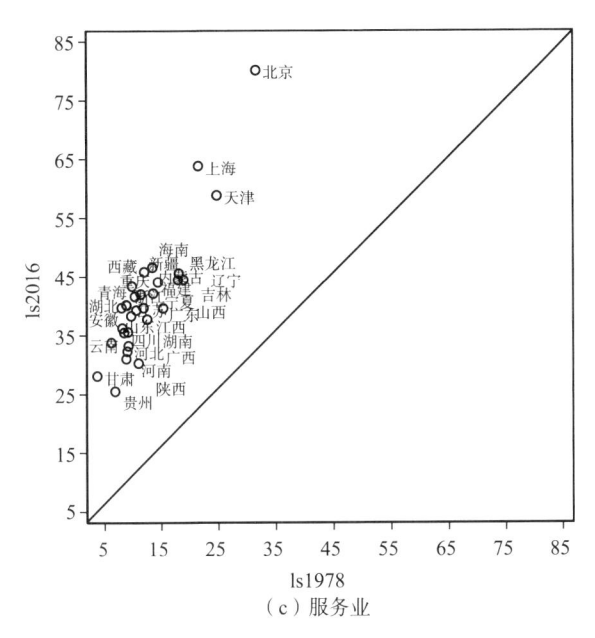

图 2.3 1978~2016 年各省份产业结构转型

注：图中斜线为 45 度线，各省份与该线的距离度量了 1978~2016 年劳动份额的变化量（陕西是 1978~2011 年），li（i=a,m,s）分别表示农业、工业和服务业的劳动份额。

2.2 生产率分解方法分析

2.2.1 生产率变化的分解

将生产率分解为内部效应和结构效应，不仅有助于从总体上理解产业结构变化对总生产率的影响，也有助于观察一个具体部门生产率增长对总生产率的影响，评价各个部门生产率增长在总生产率增长和波动中的作用。

2.2.1.1 传统的转移—份额方法

传统的转移—份额方法源自法比亚坎特（Fabricant, 1942），被广泛运用于分析结构变化对经济增长的影响（Broadberry and Crafts, 2003; Chenery et al.，1986；McMillan et al.，2014；Timmer and de Vries，2009）。按照该方法，任一时期的整体生产率等于经济中所有部门生产率的加权平均：

$$y_t = \sum_{i=1}^{n} \alpha_{i,t} y_{i,t} \qquad (2.1)$$

在式（2.1）中，y_t 表示 t 时期整个经济的劳动生产率，即所有部门的劳均 GDP（假设经济中有 n 个部门），$y_{i,t}$ 表示 t 时期部门 i 的劳动生产率（$i=1,\cdots,n$），$\alpha_{i,t}$ 表示 t 时期部门 i 的就业数量占总就业量的份额。根据式（2.1）可知，整体生产率水平从 t 期到 $t+h$ 期的变化值为：

$$\Delta y_{t+h} = \sum_{i=1}^{n} \alpha_{i,t} \Delta y_{i,t+h} + \sum_{i=1}^{n} y_{i,t+h} \Delta \alpha_{i,t+h} \qquad (2.2)$$

式（2.2）意味着，提高整体劳动生产率的方法有两种，一种是要素积累，即通过资本积累和技术创新使部门内的生产率提高从而提高整个经济的生产率（上式等号右边第一项），另一种是要素流动，即通过重新配置劳动力资源来提高生产率，具体来说，劳动力从生产率较低的部门流向生产率较高的部门，整个经济的劳动生产率就会提高，反之则会降低。前者由于反映了部门内部生产率的变化，因此被称为部门内效应或内部效应，后者则反映了部门间资源配置对生产率的影响，所以被称为部门间效应或结构效应。

差分形式的多样化使得不同的研究者可以采取不同的生产率分解方法，其中，比较典型的是将结构效应进一步分解为静态效应和动态效应（刘伟和张辉，2008；干春晖等，2009、2011；Timmer et al.，2015）。这种分解方法的问题在于，当加入时间因素时，静态效应的经济含义并不完善，因为在 t 时期生产率较高的部门在 $t+h$ 时期未必具有较高的生产率，实际上静态效应与动态效应具有不可分割性，因为结构效应本身就是一个动态过程。基于这种原因，本章不再区分静态效应和动态效应。而式（2.2）中的结构效应则十分清楚，从 t 期到 $t+h$ 期，如果劳动力流动方向与生产率变化方向一致，整体生产率将会提高，否则将会降低。实际上，更近期的结构分析文献也不再区分动态效应和静态效应（McMillan et al.，2017）。

生产率分解的另一表述形式为：

$$\Delta y_{t+h} = \sum_{i=1}^{n} \alpha_{i,t+h} \Delta y_{i,t+h} + \sum_{i=1}^{n} y_{i,t} \Delta \alpha_{i,t+h} \qquad (2.3)$$

这种分解方法中内部效应的权重是期末的劳动份额，结构效应中的权重是期初的劳动生产率。对于农业部门来说，劳动生产率上升（$y_{i,t+h} >$

$y_{i,t}$）而劳动份额下降（$\alpha_{i,t} > \alpha_{i,t+h}$），因此，相对于式（2.3），式（2.2）高估了内部效应，也夸大了农业对结构效应的负贡献。对于工业和服务业部门来说，劳动生产率上升（$y_{i,t+h} > y_{i,t}$）且劳动份额上升（$\alpha_{i,t+h} > \alpha_{i,t}$），因此，式（2.2）低估了内部效应，高估了结构效应。为了解决这个问题，蒂米等（2009）采用了就业份额和生产率在时期 $[t, t+h]$ 的算术平均值作为权重来计算内部效应和结构效应：

$$\Delta y_{t+h} = \sum_{i=1}^{n} \bar{\alpha}_i \Delta y_{i,t+h} + \sum_{i=1}^{n} \bar{y}_i \Delta \alpha_{i,t+h} \tag{2.4}$$

将式（2.2）和式（2.3）相加即可得到式（2.4），其中，$\bar{\alpha}_i = (\alpha_{i,t} + \alpha_{i,t+h})/2$，表示就业份额均值，$\bar{y}_i = (y_{i,t} + y_{i,t+h})/2$，表示生产率均值。

2.2.1.2 区分了扩张部门和收缩部门的转移—份额方法

在观察单个部门对整体生产率贡献时，式（2.2）~式（2.4）中的结构效应（第二项）就会存在如下问题：无论一个部门的生产率有多高或者多低，只要该部门就业份额增加，对结构效应的贡献就为正；只要劳动份额减少，对结构效应的贡献就为负，缺乏经济意义。为了解决这种不足，蒂米等（2009，2015）认为，应该根据样本期内就业份额的变化将所有的部门分为收缩部门和扩张部门，只有当扩张部门的平均生产率高于收缩部门的平均生产率，该部门贡献的结构效应才为正，否则为负，而收缩部门不存在结构效应。依据他们提出的方法，我们根据式（2.4）分别得到了扩张部门（E）、收缩部门（S）以及所有部门的总生产率变化：

$$\Delta y_{E,t+h} = \sum_{i \in E} \bar{\alpha}_i \Delta y_{i,t+h} + \sum_{i \in E} (\bar{y}_i - \bar{y}_{S,t+h}) \Delta \alpha_{i,t+h} \tag{2.5}$$

$$\Delta y_{S,t+h} = \sum_{i \in S} \bar{\alpha}_i \Delta y_{i,t+h} \tag{2.6}$$

$$\Delta y_{t+h} = \sum_{i \in E,S} \bar{\alpha}_i \Delta y_{i,t+h} + \sum_{i \in E} (\bar{y}_i - \bar{y}_{S,t+h}) \Delta \alpha_{i,t+h} \tag{2.7}$$

式（2.5）和式（2.6）相加即可得到式（2.7）表示的所有部门的总生产率变化。根据蒂米等（2009）提出的理论，可将 $t+h$ 时期收缩部门的平均劳动生产率定义为：

$$\bar{y}_{S,t+h} \equiv \sum_{j \in S} \Delta \alpha_{j,t+h} \bar{y}_j / \sum_{j \in S} \Delta \alpha_{j,t+h} \tag{2.8}$$

式（2.8）中的 $\bar{y}_i$ 表示收缩部门生产率在时期 $[t, t+h]$ 的算术平均值。相对于传统的转移—份额法，修正后的方法存在两点改进：第一，扩张部门贡献的结构效应不再恒为正，而是取决于它与收缩部门平均生产率之差；第二，在式（2.2）中，收缩部门贡献的结构效应为负，而在式（2.6）中收缩部门贡献的结构效应为0，即不存在结构效应。在绝大多数国家的发展过程中，劳动力一般从农业部门转移到第二、第三产业，提高了总生产率。根据传统的分析方法，农业部门贡献的结构效应为负，这显然与结构变化对经济增长影响的含义不符。将式（2.8）代入式（2.7），并结合扩张部门增加的就业份额等于收缩部门减少的就业份额，可以证明式（2.7）在进行总量分析时与式（2.2）完全相同。

上述生产率分解方法都存在如下两个缺点：第一，在分析生产率变化的时候，只考虑了期初和期末两个时点的生产率和劳动份额水平，忽略了变量的连续变化过程，由于两个时点数据具有随机性，从而使分析结果也具有较强的随机性；第二，在计算内部效应和结构效应的增长率时，首先根据复合增长率方法计算出总生产率增长率，然后根据内部效应和结构效应的贡献分别计算出二者的增长率，使用年度复合增长率方法实际上假设了劳动生产率是按照恒定增长率增长，这与现实略有差异。

2.2.2 生产率增长率的分解

为了解决上述问题，本章将采用年度增长率法，即逐年计算出任一时期内部效应和结构效应的增长率，然后取算术平均值，总生产率增长率的均值等于二者之和。使用增长率分解方法有三个优点：第一，由于每年的劳动份额和生产率变化不大，逐年计算增长率的方法有助于缓解前面所述的内部效应和结构效应的权重问题；第二，不再假设劳动生产率按照恒定增长率增长，有助于观察内部效应和结构效应的变化趋势；第三，计算生产率增长率可以方便地将其与GDP或人均GDP的增长率进行比较，以观察生产率增长对经济增长的贡献。

2.2.2.1 传统的转移—份额方法

根据式（2.4）可以得到每年的生产率增长率公式：

$$g_{t+1} = \sum_{i=1}^{n} \bar{\alpha}_i \theta_{i,t} g_{i,t+1} + \sum_{i=1}^{n} \Delta \alpha_{i,t+1} \bar{\theta}_i \quad (2.4')$$

式中的 g_{t+1} 表示从 t 到 $t+1$ 年的总生产率增长率，即 $g_{t+1} = (y_{t+1} - y_t)/y_t = \Delta y_{t+1}/y_t$，同样地，$g_{i,t+1}$ 表示从 t 到 $t+1$ 年部门 i 的生产率增长

率，$\bar{\alpha}_i = (\alpha_{i,t} + \alpha_{i,t+1})/2$，表示劳动份额均值，$\theta_{i,t} = y_{i,t}/y_t$，表示 t 时期部门 i 的生产率与总生产率的比例，$\bar{\theta}_i = \bar{y}_i/\bar{y}_t$，表示 t 时期部门 i 的生产率均值与总生产率的比例，其中 $\bar{y}_i = (y_{i,t} + y_{i,t+1})/2$。上式表明，总生产率增长率可以分解为内部效应和结构效应所带来的生产率增长率[①]。从 t 期到 $t+h$ 期的平均增长率为：

$$\bar{g}_{t+h} = \bar{g}^w_{t+h} + \bar{g}^b_{t+h} \tag{2.4''}$$

其中，$\bar{g}^w_{t+h} = \frac{1}{h}\sum_{i=1}^{n}\bar{\alpha}_i \theta_{i,t} g_{i,t+1}$，$\bar{g}^b_{t+h} = \frac{1}{h}\sum_{i=1}^{n}\Delta\alpha_{i,t+1}\bar{\theta}_i$，分别表示部门 i 内部效应和结构效应所带来的生产率增长率的均值，总生产率增长率的均值等于二者之和。

2.2.2.2 区分了扩张部门和收缩部门的转移—份额方法

根据式（2.7）可以得到每年的生产率增长率分解公式：

$$g_{t+1} = \sum_{i=1}^{n}\bar{\alpha}_i \theta_{i,t} g_{i,t+1} + \sum_{i\in E}\Delta\alpha_{i,t+1}[\bar{\theta}_i - \theta_{S,t}(1+g_{S,t+1})] \tag{2.7'}$$

其中，$g_{S,t+1} = (\bar{y}_{S,t+1} - \bar{y}_{S,t})/\bar{y}_{S,t}$，表示从 t 到 $t+1$ 年收缩部门的平均生产率增长率，$\theta_{S,t} = \bar{y}_{S,t}/\bar{y}_t$，表示 t 时期收缩部门的相对生产率。等式右边第一项为内部效应增长率，第二项为结构效应增长率，任意时期平均增长率的计算方法同式（2.4''）。

2.3 各省份产业结构转型对总生产率及其波动的影响

2.3.1 结构变化对总生产率的影响

2.3.1.1 结构变化对总生产率增长及其差异的影响

将根据式（2.7'）所计算的内部效应和结构效应总结在图 2.4 和表

[①] 由于 $\bar{\theta}_i = \bar{y}_i/\bar{y}_t = \theta_{i,t}\left(1+\frac{1}{2}g_{i,t+1}\right)$，因此用增长率表示的结构效应也可以拆分成两项：水平效应（$\theta_{i,t}$）和增长效应（$g_{i,t+1}$）。水平效应是指劳动力从生产率较低的部门流入到较高的部门，提高了总生产率水平，从而促使总生产率增长加快；增长效应是指劳动力从生产率增长率较慢的部门流入到增长较快的部门，提高了总生产率增长率。

2.1 中。从图 2.4（a）可以直观地发现，部门内部生产率增长在各省份总生产率增长中占据主导地位，结构效应则提高了绝大多数省份总生产率的增速。表 2.1 显示，从 1978 年到 2016 年，31 个省份年均总生产率增长的平均值为 8.38%，其中内部效应拉动了 7.14%，结构效应拉动 1.24%，分别贡献了 85% 和 15%。

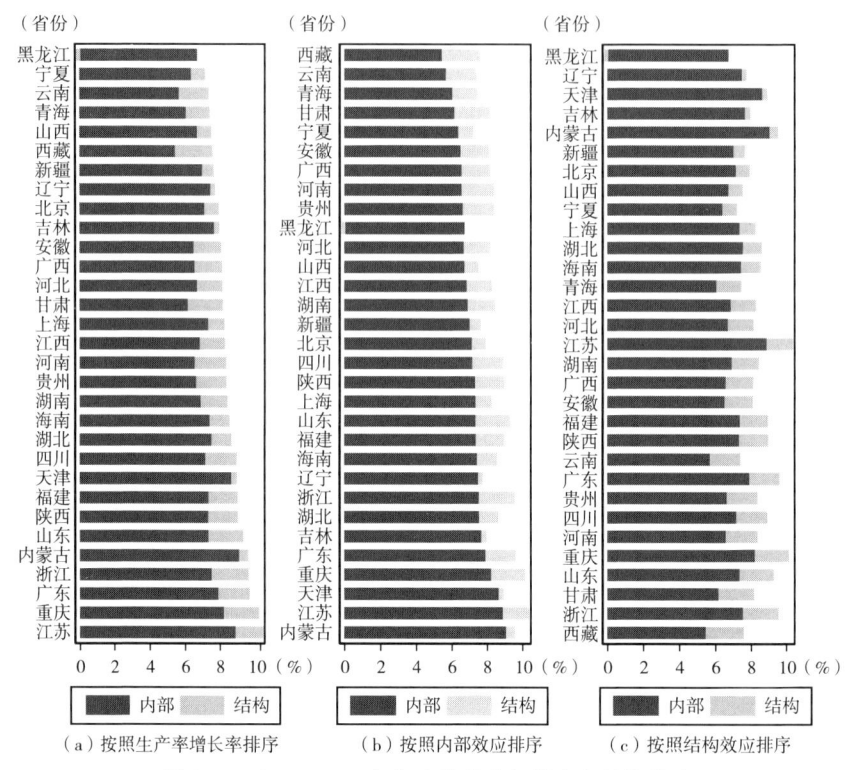

图 2.4　1978~2016 年各省份的内部效应和结构效应

(a) 按照生产率增长率排序　(b) 按照内部效应排序　(c) 按照结构效应排序

表 2.1　1978~2016 年各地区总生产率年均增长率的内部和结构效应　单位：%

省份	总生产率构成			与相应均值的差额①			对差额的解释②	
	内部	结构	总生产率	内部	结构	总生产率	内部	结构
江苏	8.89	1.45	10.34	1.75	0.21	1.96	89	11
重庆	8.23	1.88	10.11	1.09	0.64	1.73	63	37
广东	7.92	1.67	9.59	0.78	0.43	1.21	64	36

续表

省份	总生产率构成			与相应均值的差额[①]			对差额的解释[②]	
	内部	结构	总生产率	内部	结构	总生产率	内部	结构
浙江	7.54	1.99	9.53	0.40	0.75	1.15	34	65
内蒙古	9.08	0.44	9.52	1.94	-0.80	1.14	100	-41
山东	7.36	1.89	9.25	0.22	0.65	0.87	25	75
陕西	7.34	1.61	8.95	0.20	0.37	0.57	35	65
福建	7.37	1.57	8.94	0.23	0.33	0.56	41	59
天津	8.66	0.24	8.90	1.52	-1.00	0.52	100	-66
四川	7.18	1.71	8.89	0.04	0.47	0.51	8	92
湖北	7.55	1.05	8.60	0.41	-0.19	0.22	100	-46
海南	7.44	1.08	8.53	0.30	-0.16	0.15	100	-50
湖南	6.92	1.48	8.40	-0.22	0.24	0.02	-92	100
贵州	6.65	1.68	8.34	-0.49	0.44	-0.04	100	-92
河南	6.58	1.75	8.33	-0.56	0.51	-0.05	100	-91
江西	6.87	1.39	8.25	-0.27	0.15	-0.13	100	-52
上海	7.36	0.87	8.23	0.22	-0.37	-0.15	-59	100
甘肃	6.18	1.95	8.13	-0.96	0.71	-0.25	100	-74
河北	6.71	1.41	8.12	-0.43	0.17	-0.26	100	-40
广西	6.58	1.51	8.09	-0.56	0.27	-0.29	100	-48
安徽	6.52	1.53	8.05	-0.62	0.29	-0.33	100	-47
吉林	7.69	0.25	7.94	0.55	-0.99	-0.44	-56	100
北京	7.15	0.75	7.90	0.01	-0.49	-0.48	-2	100
辽宁	7.50	0.21	7.71	0.36	-1.03	-0.67	-35	100
新疆	7.02	0.60	7.61	-0.12	-0.64	-0.77	15	83
西藏	5.46	2.09	7.55	-1.68	0.85	-0.83	100	-51
山西	6.73	0.76	7.48	-0.41	-0.48	-0.90	46	53
青海	6.07	1.34	7.41	-1.07	0.10	-0.97	100	-9
云南	5.69	1.67	7.36	-1.45	0.43	-1.02	100	-30
宁夏	6.39	0.77	7.16	-0.75	-0.47	-1.22	61	39

续表

省份	总生产率构成			与相应均值的差额[①]			对差额的解释[②]	
	内部	结构	总生产率	内部	结构	总生产率	内部	结构
黑龙江	6.69	-0.16	6.54	-0.45	-1.40	-1.84	24	76
均值	7.14	1.24	8.38	0	0	0		
贡献	85	15	100					

注：①指的是内部效应（简称内部）、结构效应（简称结构）和总生产率增长率与相应均值的差；②指的是内部效应和结构效应对总生产率增长差距的解释，如果是内部效应和结构效应中的一方完全解释了总生产率的差额，取值为100%，对于高（低）于均值的地区来说，负（正）的内部或结构效应将降低总生产率增长率与均值的差距，负的贡献值（表中最后两列）表示降低了与均值差额的幅度。例如，内蒙古的结构效应为负，使总生产率增长率与均值差额减少的幅度为：$100 \times (1.14 - 1.94)/1.94$。

不同地区结构转型差异较大，对总生产率的影响也十分不同。其中，西藏的结构效应最高，拉动总生产率增长了2.09%，贡献了28%，而黑龙江的结构效应最低，为-0.16%（见表2.1）。北京、上海、天津和东北三省都经历了典型的产业结构服务化，即农业和工业部门的劳动力都流入服务业（见图2.3），其中，北京、上海、辽宁和黑龙江的工业劳动份额呈现"驼峰"型变化，天津和吉林的工业劳动份额则持续下降。服务业的生产率水平以及增长率虽然高于农业但是低于工业，因此，结构变化对这些省份生产率的贡献比较小，黑龙江的结构效应甚至为负。1978~2016年，产业结构变化对这6个省份总生产率增长率的贡献不足5%。另外，新疆、宁夏和内蒙古的工业劳动份额几乎没有变化，农业劳动力都流入了服务业，结构效应对这三个地区总生产率的贡献也较小，平均不足8%。

图2.4（b）、图2.4（c）分别按照内部和结构效应从高到低对各省份进行了排序。内蒙古和天津都具有较高的部门内部生产率增长率，但是极低的结构效应降低了这两个省份的总生产率增长率。吉林、辽宁、上海和新疆也具有较高的部门内部生产率增长率，同样因为较低的结构效应使这些地区总生产率增长率低于均值。较低的内部效应和结构效应使得黑龙江的总生产率增长率增长极为缓慢，与其相似的还有宁夏。结构变化对其他地区的增长则发挥了重要作用，尤其是高增长地区，结构变化对增长最快的4个省份总生产率增长率的贡献达到了18%（见表2.1）。总体上，结构效应与总生产率在统计上存在显著的正相关关系，即结构效应越高的地区，总生产率也倾向于增长越快。

虽然部门生产率增长在各地区的总生产率增长中起到了主导作用，但是结构变化的不同却在很大程度上影响了地区增长差异。以江苏为例对表2.1中的数据进行说明，第2～4列显示了总生产率年均增长率的构成，部门内部生产率提高拉动总生产率平均每年增长8.89%，劳动力在部门之间转移使总生产率平均增长1.45%，内部效应和结构效应一起使江苏省的总生产率年均增长率达到了10.34%。第5～7列表明江苏总生产率年均增长率比各省年均增长率均值高了1.96%，其中的1.75%来自内部效应高于均值，0.21%来自结构效应的较快增长，二者分别解释了总生产率增长差距的89%和11%（第8～9列）。

在总生产率年均增长率高于均值的13个省份中，有5个省份的结构效应对总生产率较快增长的贡献达到了60%以上，换言之，将近一半高增长省份的快速增长主要来自结构变化。其中，四川和湖南总生产率增长率高于均值的原因几乎全部来自结构变化，浙江、山东和陕西的结构效应贡献在65%以上。在总生产率年均增长率低于均值的18个省份中，有7个省份的结构效应对总生产率增长率差距的解释超过了50%，也就是说，大约40%的低增长地区总生产率增长率低于均值的主要原因在于结构变化。其中，上海、吉林、北京和辽宁完全是因为结构效应低于均值使总生产率年均增长率低于总体均值，结构效应低于均值也解释了新疆和黑龙江总生产率增长差距的83%和76%。另外，在因为内部效应较低而导致总生产率增速低于均值的11个地区中，有10个地区的结构效应高于均值，使其中7个地区（约40%，低增长地区共18个）的总生产率增长差距减少了一半以上。换言之，对于60%的低增长地区来说，是结构效应较低而导致了总生产率增长率低于均值，而对于另外40%的低增长地区来说，较高的结构效应使其大幅减少了总生产率差距。

总之，有将近50%的高增长地区和60%的低增长地区总生产率增长率与均值的差距主要取决于结构效应。是什么原因导致各地区的结构效应差距巨大呢？我们接着来观察各个部门生产率增长率对总生产率和结构变化的影响。

2.3.1.2 部门生产率增长对总生产率及其差异的影响

表2.2给出了1978～2016年各省份三个部门生产率增长率对总生产率的贡献。其中，农业生产率增长率最慢，因此贡献最小，对各省份年均总生产率增长率的平均拉动仅为0.97%，贡献了12%，工业对总生产率

贡献最大，年均增长率为 4.26%，贡献了 51%，服务业次之，平均增长率为 3.15%，贡献了 38%。简而言之，工业生产率增长解释了各地区总生产率增长的一半，是各省份经济增长的主要来源。需要强调的是，这种贡献的计算方法属于核算性质的，不能完全准确地衡量出三个部门发展的重要性。农业生产率提高不仅直接推动了总生产率增长，而且通过释放劳动力进入工业和服务业间接提高了总生产率，因此，这种方法可能低估了农业生产率增长的贡献，高估了工业和服务业的贡献。

表 2.2　　　　1978~2016 年各部门对总生产率增长率的拉动　　　　单位：%

省份	农业			工业			服务业			总生产率
	内部	结构	总效应	内部	结构	总效应	内部	结构	总效应	
江苏	1.34	-0.30	1.04	4.82	0.90	5.72	2.73	0.85	3.58	10.34
重庆	1.44	-0.02	1.42	4.18	0.81	4.99	2.61	1.09	3.70	10.11
广东	1.22	-0.02	1.20	3.53	0.72	4.25	3.17	0.98	4.15	9.60
浙江	1.12	-0.07	1.05	3.74	0.90	4.64	2.67	1.16	3.83	9.52
内蒙古	1.49	-0.33	1.16	4.76	0.44	5.20	2.82	0.33	3.15	9.51
山东	1.42	-0.08	1.34	3.95	0.99	4.94	1.99	0.99	2.98	9.26
陕西	1.03	-0.20	0.83	3.60	0.99	4.59	2.72	0.82	3.54	8.96
福建	1.52	0.00	1.52	3.53	0.78	4.31	2.31	0.79	3.10	8.93
天津	0.32	-0.04	0.28	5.49	0.08	5.57	2.85	0.20	3.05	8.90
四川	1.66	-0.03	1.63	3.23	0.82	4.05	2.29	0.92	3.21	8.89
湖北	1.42	-0.04	1.38	3.80	0.42	4.22	2.33	0.67	3.00	8.60
海南	2.85	-0.10	2.75	1.88	0.38	2.26	2.71	0.80	3.51	8.52
湖南	1.20	-0.23	0.97	3.38	0.43	3.81	2.34	1.28	3.62	8.40
贵州	1.10	-1.26	-0.16	2.95	1.73	4.68	2.61	1.22	3.83	8.35
河南	1.40	-0.38	1.02	3.33	1.32	4.65	1.85	0.80	2.65	8.32
江西	1.69	-0.05	1.64	3.47	0.75	4.22	1.70	0.68	2.38	8.24
上海	0.29	0.00	0.29	3.81	0.29	4.10	3.27	0.58	3.85	8.24
甘肃	1.41	-0.49	0.92	2.52	1.30	3.82	2.25	1.13	3.38	8.12
河北	1.32	-0.14	1.18	3.30	0.90	4.20	2.09	0.65	2.74	8.12

续表

省份	农业			工业			服务业			总生产率
	内部	结构	总效应	内部	结构	总效应	内部	结构	总效应	
广西	1.55	-0.20	1.35	3.21	0.72	3.93	1.82	0.99	2.81	8.09
安徽	1.48	-0.02	1.46	3.17	0.76	3.93	1.87	0.79	2.66	8.05
吉林	1.03	-0.31	0.72	4.07	0.40	4.47	2.59	0.16	2.75	7.94
北京	0.29	-0.03	0.26	2.64	0.18	2.82	4.23	0.60	4.83	7.91
辽宁	0.75	-0.29	0.46	3.99	0.30	4.29	2.77	0.20	2.97	7.72
新疆	1.74	-0.29	1.45	3.26	0.77	4.03	2.02	0.11	2.13	7.61
西藏	1.79	-0.17	1.62	1.14	1.12	2.26	2.52	1.14	3.66	7.54
山西	0.75	-0.24	0.51	3.72	0.69	4.41	2.26	0.31	2.57	7.49
青海	0.48	-0.32	0.16	3.73	0.86	4.59	1.86	0.80	2.66	7.41
云南	1.09	-0.36	0.73	2.98	0.93	3.91	1.62	1.10	2.72	7.36
宁夏	0.82	-0.81	0.01	3.79	0.78	4.57	1.78	0.79	2.57	7.15
黑龙江	0.65	-0.65	0.00	4.06	0.46	4.52	1.98	0.03	2.01	6.53
均值	1.21	-0.24	0.97	3.52	0.74	4.26	2.41	0.74	3.15	8.38
贡献	14	-3	12	42	9	51	29	9	38	100

注：陕西是1978~2011年；最后一行指的是对应各项对总生产率增长率的贡献。

虽然农业和服务业对总生产率增长的贡献小于工业，但是二者却在很大程度上决定了各个地区生产率增长的差异。按照表2.1的计量方法可以得到表2.2中三个部门生产率增长率与均值的差距对总生产率增长差距的解释。具体来说，对于高增长地区而言，农业、工业和服务业生产率增长率高于相应均值分别解释了其中31%的地区总生产率增长率高于均值的原因，重庆市三个部门生产率增长都对总生产率产生了比较重要的影响。对于低增长地区而言，农业、工业和服务业生产率增长率低于相应均值分别解释了其中28%、17%和50%的地区总生产率增长率低于均值的原因，而云南三个部门生产率增长率都低于相应均值。上述结果表明，对于高增长地区来说，分别有将近1/3的地区总生产率快速增长来自农业、工业和服务业生产率的快速增长，而服务业生产率增长较慢则是一半低增长地区总生产率增长低于均值的主要原因。总之，工业不是低增长地区总生产率增长缓慢的主要原因。

对比表 2.1 和表 2.2 发现，在主要是由结构效应较高导致总生产率增速高于均值的 6 个省份中，有 2 个省的农业相对生产率增速（相对于所有地区农业生产率增长率均值）在三个部门中最高，1 个省工业相对生产率增速最高，3 个省服务业相对生产率增速最高；而在主要由结构效应较低导致总生产率增速低于均值的 7 个省份中，分别有 2 个、1 个和 4 个地区的农业、工业和服务业的相对生产率增速最低。杜特和里斯图西亚（Duarte and Restuccia，2010）的分析表明，三个部门的生产率增长及其差异在产业结构转型过程中发挥了重要作用，上述结果验证了他们的结论。具体来说，农业生产率增长推动了劳动力从农业流入工业和服务业，提高了总体生产率。在绝大多数地区，工业和服务业之间的替代弹性较低，较高的服务业生产率增长率将会促使更多的劳动力流入工业，对结构效应做出较大贡献，反之则有更多的劳动力流入服务业，降低了结构效应。总之，农业和服务业生产率增长在各省份产业结构转型中发挥了重要作用。因此，提高农业和服务业（尤其是服务业）的劳动生产率增长率，不仅可以直接促进总生产率增长，也会通过有利的结构变化来提高总生产率。

在结构效应方面，农业在大部分时间里是收缩部门，且生产率低于工业和服务业，因此，农业对结构效应的贡献非常小且为负。工业和服务业在大部分时间是扩张部门，生产率增长率高于农业，因此，对结构效应的贡献为正，平均拉动总生产率增长都是 0.74%，贡献了 9%。三个部门内部生产率增长对总生产率增长贡献了 85%，结构变化贡献了 15%。从表 2.2 中的计算结果可以看出与传统份额—转移模型的区别，如果使用两个时间点的复合年度增长率方法，农业是收缩部门，对结构效应的贡献必定为 0，而经历"驼峰"型工业劳动份额变化的地区，工业部门对结构效应的贡献同样为 0。传统方法忽略了劳动份额的波动，例如，在"驼峰"的上升期，工业部门对结构效应的贡献为正，因此，传统的份额—转移方法不能更加清楚地衡量出各个部门对总生产率的影响。

2.3.2 结构变化在总生产率增长波动中的作用

2.3.2.1 结构变化对增长波动的影响

为了观察产业结构变化对总生产率增长变动趋势的影响，本部分首先对 31 个省份的增长进行阶段划分，具体分为三步：第一步，对各省份实际生产率对数值进行 H—P 滤波以消除周期性因素;第二步,计算滤波后的生产率增长率;第三步,将增长率持续上升的阶段定义为增长加速时期,增长率持续下降的阶段定义为增长减速时期[①]。表 2.3 给出了各地区总生产率增长加速和减速时期的内部效应、结构效应和总生产率增长率。新疆的总生产率增长加速时期为 1978~1985 年,只有 7 年时间,在所有省份中加速时间最短,也是最早开始经历增长减速的地区,其次是广东和海南,从 1992 年开始减速。云南经历的加速时间最长,总生产率从 1978 年开始持续上升,到 2012 年以后才开始减速。但是,由于生产率增长较慢,因此整个加速时期增长率均值并不高。大约 1/3 的地区从 20 世纪 90 年代开始减速,2/3 的地区从 2005 年以后开始减速,几乎所有省份在 2010 年后都在减速,导致了中国整体生产率增长从 2008 年(虽然 2019 年略有恢复,但 2010 年再次开始减速)开始减速。这意味着,如果仅仅从中国整体经济增长情况来分析减速将会产生误导,31 个省份减速时间并不是统一的,有许多省份在较早的时间就开始减速了。

表 2.3　　各地区总生产率在增长加速和减速时期的构成　　单位:%

省份	加速时期	内部	结构	总生产率	减速时期	内部	结构	总生产率
江苏	1978~2005 年	8.60	1.54	10.15	2005~2016 年	9.68	1.36	11.04
重庆	1986~2006 年	8.03	1.95	9.98	2006~2016 年	9.69	2.39	12.07
广东	1978~1992 年	8.24	2.26	10.50	1992~2016 年	7.94	1.42	9.35
浙江	1978~1995 年	7.87	2.41	10.28	1978~2016 年	7.62	1.69	9.31
内蒙古	1988~2005 年	11.05	-0.23	10.82	2005~2016 年	9.74	1.04	10.77
山东	1988~2005 年	7.48	1.96	9.44	2005~2016 年	8.21	1.65	9.86
陕西	1990~2009 年	7.70	1.74	9.44	2009~2011 年	9.47	4.27	13.74
福建	1985~1995 年	8.16	1.79	9.95	1995~2016 年	7.31	1.39	8.70
天津	1978~1999 年	7.53	0.49	8.01	1999~2016 年	10.02	-0.05	9.98
四川	1986~2009 年	7.14	1.85	8.99	2009~2016 年	9.82	1.37	11.19
湖北	1989~2010 年	8.23	0.58	8.81	2010~2016 年	9.15	1.84	10.98

---

① 本章关于增长加速和减速的界定方法与豪斯曼等(Hausmann et al.,2005)、蒂米和维里斯(Timmer and Vries,2009)不同,他们的方法不适用于中国各省份的增长表现,有关滤波方法的讨论可参见:罗默(Romer,1992),斯托克和沃森(Stock and Waston,1998)以及扎诺维奇和奥兹德利莫(Zarnowitz and Ozyildirim,2002)。

续表

省份	加速时期	内部	结构	总生产率	减速时期	内部	结构	总生产率
海南	1978~1992年	8.68	1.17	9.85	1992~2016年	7.89	1.12	9.00
湖南	1978~2010年	6.31	1.69	8.00	2010~2016年	10.48	0.44	10.91
贵州	1989~2009年	7.55	0.94	8.49	2009~2016年	6.49	5.01	11.50
河南	1988~2007年	7.06	1.57	8.63	2007~2016年	6.86	2.04	8.90
江西	1978~2008年	6.38	1.45	7.84	2008~2016年	8.95	1.06	10.01
上海	1978~1998年	7.75	1.28	9.03	1998~2016年	7.19	0.45	7.64
甘肃	1978~2005年	5.31	2.23	7.54	2005~2016年	10.51	0.10	10.61
河北	1978~1997年	5.68	1.78	7.47	1997~2016年	7.90	0.99	8.89
广西	1978~2010年	5.97	1.73	7.70	2010~2016年	9.92	0.52	10.44
安徽	1988~2010年	6.70	1.63	8.33	2010~2016年	8.35	1.32	9.68
吉林	1978~2007年	7.76	-0.09	7.68	2007~2016年	8.09	1.28	9.37
北京	1978~1996年	7.64	1.14	8.77	1996~2016年	6.97	0.40	7.36
辽宁	1978~2006年	7.20	0.32	7.52	2006~2016年	8.77	-0.08	8.69
新疆	1978~1985年	8.12	1.38	9.50	1985~2016年	6.99	0.47	7.46
西藏	1986~1998年	5.68	1.02	6.70	1998~2016年	3.92	3.67	7.60
山西	1987~2003年	7.82	0.09	7.91	2003~2016年	6.96	0.91	7.87
青海	1990~2008年	6.22	1.27	7.49	2008~2016年	9.07	1.16	10.23
云南	1978~2012年	5.48	1.77	7.25	2012~2016年	7.66	1.46	9.12
宁夏	1990~2007年	5.84	1.40	7.24	2007~2016年	9.91	-0.97	8.94
黑龙江	1978~2006年	6.31	-0.20	6.12	2006~2016年	7.89	0.02	7.92
均值	—	7.27	1.29	8.56	—	8.37	1.28	9.65
贡献	—	85	15	100	—	87	13	100

注：本表各省份按照1978~2016年总生产率年均增长率从高到低排序。

表2.3显示的一个比较明显的特征是，各地区在增长减速时期的部门内部生产率和总生产率增长率平均值要高于加速时期，原因在于减速是从较高的生产率增速开始下降的，而加速则是从较低的增速开始的。因此，即使生产率增长开始减速，在初始的时间里增长率仍然会较高。只有当减速到一定阶段，生产率增速才会较低。从这个角度看，如果各省份不能采取措施抑制生产率增长减速，那么中国的经济增长减速将会越来越明显。

接着来观察加速和减速时期结构效应对总生产率的影响。由于绝大多数地区是从改革开放初期就开始经历增长加速，而这个时期正是产业结构巨大变化的时期，因此结构效应对各地区总生产率增长影响较大，平均而言，劳动力在部门之间流动推动各地区总生产率年均增长了1.29%，贡献了15%。但是，产业结构转型不同，结构效应在地区之间也差异较大。由于农业劳动力以及部分工业劳动力都流入了服务业，东北三省、内蒙古和山西5省的结构效应非常低，内蒙古、吉林和黑龙江的结构效应甚至为负。与此相反，绝大多数地区的工业劳动份额持续上升，推动了总生产率增长，如果不包括这5个省份，结构效应对总生产率的贡献达到了18%，增长最快的5个省份的平均贡献更是高达20%。

表2.3显示，减速时期结构效应均值为1.28%，贡献了13%，与加速时期类似。一方面，这是因为陕西、贵州和西藏极高的结构效应提高了总体均值，如果不包含这3个省份，结构效应的均值只有0.96%。这3个省份结构效应较高的原因略有不同：陕西结构效应较高的原因在于农业和服务业劳动力都大量流入工业，贵州是因为在这个时期农业劳动力大量流入工业和服务业，西藏与贵州的情况类似，但是更多的劳动力流入服务业。结构效应大幅提高了陕西的总生产率增速，抑制了贵州和西藏的生产率减速。另一方面，天津、辽宁、宁夏和黑龙江的结构效应为负或者近似为0，原因在于这些省份的工业劳动份额大幅下降，流入了增长率较低的服务业。高增长省份的结构变化仍然对总生产率增长产生了重要影响。

无论在加速时期还是减速时期，结构效应都对大多数地区的增长做出了巨大贡献，但是，随着农业劳动份额的下降以及部门生产率差距的减少，结构效应将会逐渐下降。相对于加速时期，有1/3的地区的结构效应在减速时期上升了，而2/3的地区则下降了。前面的分析表明，大多数省份部门生产率差距在加大（见图2.2），因此，结构效应递减的主要原因在于农业劳动份额的下降以及劳动力更多地流入了生产率增速相对较慢的服务业。那么，是否是结构效应下降导致了各省份经济增长减速呢？图2.5给出了答案。

图2.5显示，大多数省份的结构效应都在下降，但是，所有省份总生产率增长率变动趋势与内部效应变化基本一致，结构效应的变化只是加剧了总生产率增长率的波动，没有影响其变化趋势。总之，结构效应不是各省份经济增长减速的原因，越来越低的结构效应只是加剧了减速。实际上，笼统地说中国自2008年以来的增长减速是结构原因所致，这本身就

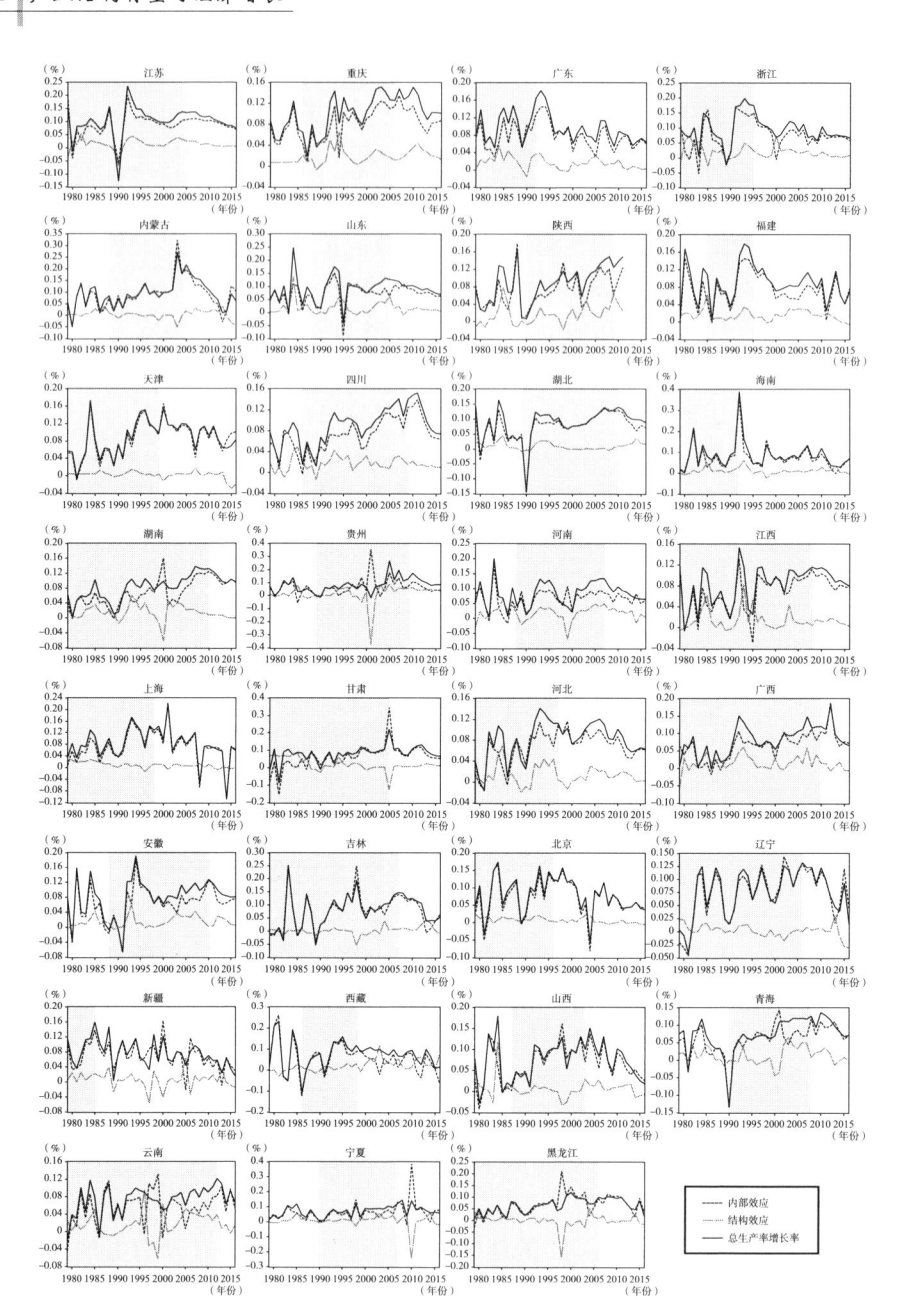

图 2.5 1978～2016 年各省份内部效应、结构效应和总生产率增长率

注：内部效应、结构效应和总生产率增长率都是年度增长率，图中的阴影面积所表示的时间段是总生产率增长加速时期，右边区域是总生产率增长减速时期。

不合理。正如前面所述，中国整体经济表现来自各省份的具体增长，而很多地区在较早时间就开始经历增长减速了。各个省份的交错表现使得中国整体经济增长一直持续高速增长到 2008 年，并非所有地区同时开始减速，因此，不可能是单一的原因导致的增长减速。

2.3.2.2 部门生产率增长在总生产率波动中的作用

为了观察各省份总生产率增长减速的部门来源，图 2.6 给出了 1978~2016 年各省份三个部门生产率增长率（包含了内部效应和结构效应）以及总生产率增长率的变化过程。

图 2.6 显示，在增长加速时期，工业增长贡献最大，平均拉动总生产率增长的 4.12%，贡献了 48%，其次是服务业，贡献了 39%，农业贡献了 13%。值得注意的是，在经济增长速度较快的广东和海南，工业生产率增速较为缓慢，农业和服务业成为增长的主要动力。另外，农业增长也是新疆总生产率增长较快的原因。甘肃工业和服务业部门内部生产率增速较低，结构效应做了将近一半的贡献，而极低的结构效应则是黑龙江增长缓慢的一个主要原因。在减速时期，工业生产率增长的重要性进一步加强，平均为总生产率增长贡献了 60%，农业的贡献下降到 5%，服务业的贡献变化不大，为 35%。对比增长加速和减速时期，农业生产率增速下降幅度非常令人瞩目，除了海南，其他地区都降到较低水平。所有省份农业生产率增长率（总效应）均值从 1.07% 下降到 0.48%，减少了 55 个百分点，农业部门内生产率增速的均值从 1.35% 下降到 0.65%，减少了 52 个百分点，对总生产率的贡献从 12% 下降到 5%。

从图 2.6 中可以直观地看出，三个部门的共同增长导致了绝大多数省份总生产率的增长加速，而同时减速则导致了增长减速。由于工业对总生产率的影响最大，二者的波动趋势几乎一致，因此，工业生产率增长减速是大多数省份（2/3）总生产率增长减速的主要原因，其次是服务业生产率增长减速。由于服务业生产率增速较快，服务业和工业增长减速对广东和浙江总生产率增长减速起了相同的作用，北京、上海、贵州、甘肃和西藏的减速也是由工业和服务业一起减速所致，但是原因在于工业增速较慢且劳动份额低于服务业，海南的减速则是三个部门共同作用的。图 2.6 显示的另一个特征是，在增长加速时期，服务业和工业的生产率增长率非常接近，农业生产率增长率略低于二者，但是在减速时期，三个部门的生产率增长率差距就非常明显了，服务业生产率增长率远远低于工业，农业生

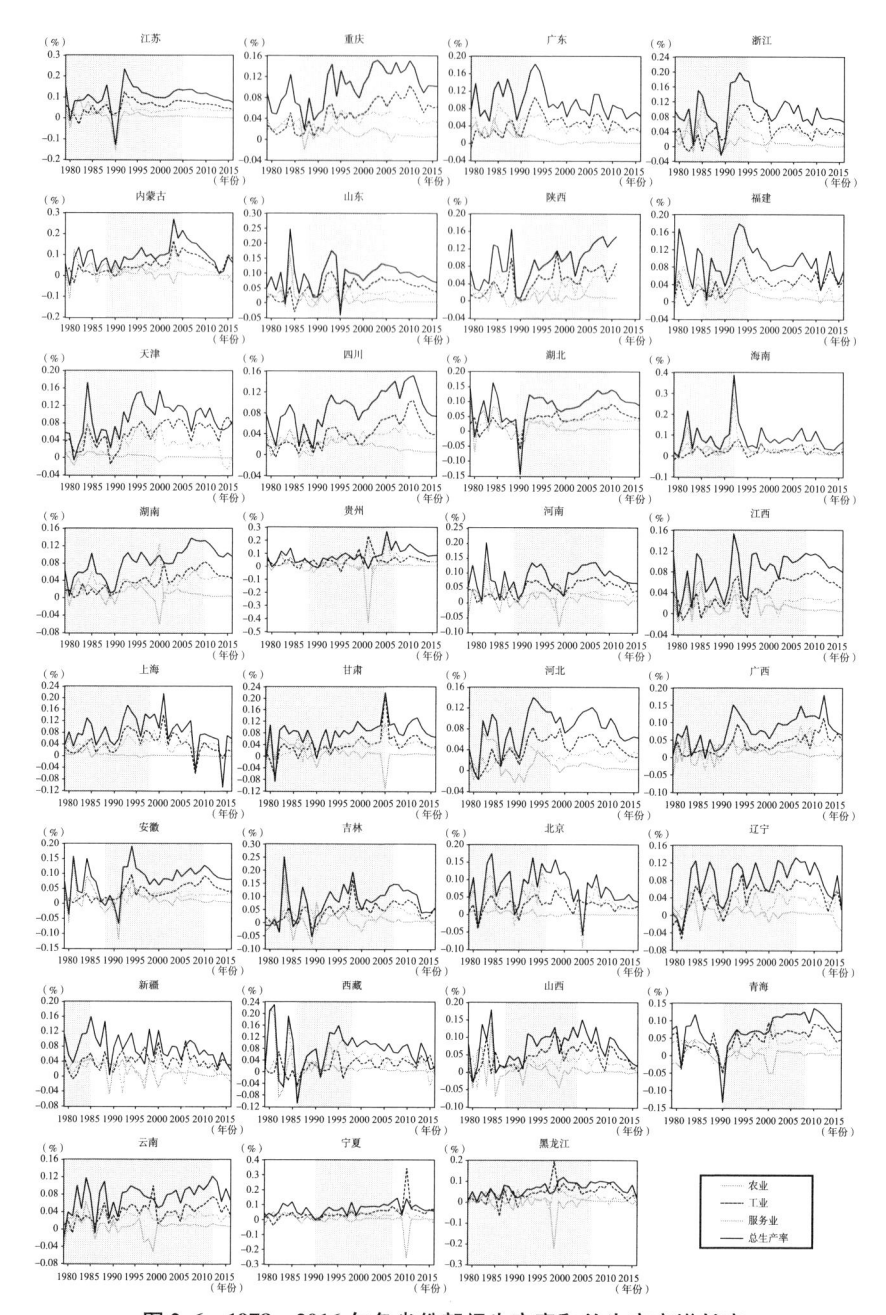

图 2.6　1978~2016 年各省份部门生产率和总生产率增长率

注：农业、工业、服务业和总生产率增长率都是包含了内部和结构效应的年度增长率，图中的阴影面积所表示的时间段是总生产率增长加速时期，右边区域是总生产率增长减速时期。

产率增长率则更低。简而言之，各省份总生产率增长减速的过程也是各部门生产率增长差距扩大的过程。

2.4 结构变化、生产率波动与中国经济增长减速

前面分析了各省份产业结构变化对生产率的影响，本节将中国作为一个整体集中分析结构变化与近期经济增长减速的关系，与前面不同的是，本节将采用多部门来计算结构效应。

自1978年至今，中国经济已经在1985~1990年和1993~1999年经历了两次持续的增长减速，2008年以来经济增长速度再次放缓，实际GDP增长率从2007年的14.2%下降到9.6%，实际人均GDP增长率从13.6%下降到9.1%。[①] 2010年中国经济增长出现小幅反弹，但是并未改变增长率放缓的趋势。事后的经济表现已经证明，前两次经济增长减速都是由于需求减少导致的，即周期性经济波动。那么，本次经济增长放缓是什么原因所致呢？不同的原因意味着不同的经济运行机制，因此，澄清经济增长放缓的原因对于理解经济运行和政策制定都极具意义。

基于"金砖国家"以及韩国和新加坡自2010年以来的经济增长表现，林毅夫（2014）认为，中国本次经济增长减速的原因仍然在于周期性因素，尤其是外部的国际周期性因素，而不是来自自身体制、机制和增长模式等内因。但是，更多的研究者强调经济增长的长期因素，即增长趋势的变化。基于该角度解释当前中国经济减速的文献大体上有三类观点：第一类是结构减速论。基于发达国家经济增长和三次产业结构变化关系的长期历史经验，一些研究者认为是产业结构的服务化造成了中国经济增长减速，即"结构性减速"，并在未来的时间里更为显著（袁富华，2012）。第二类是人口红利消失论。蔡昉（2011，2013）在一系列的文章中讨论了刘易斯效应和人口红利对中国经济增长的影响，他认为人口红利的核心是劳动力无限供给打破了新古典增长理论劳动力短缺的假设，从而抑制了资本边际报酬递减的性质，2004~2010年刘易斯拐点的到来以及人口红利的消失降低了中国潜在经济增长率。第三类是全要素生产率下降论。张军（2012）认为自2007年以来中国经济减速的原因在于全要素生产率的减

[①] 据《中国统计年鉴》计算所得。

速，国有部门和大企业所导致的要素跨部门流动受阻是生产率下降的主要原因。基于追赶理论（即绝对收敛），他认为，只要消除生产要素流动的结构性障碍，中国经济在未来10年仍然能够保持在8%~9%的增长范围。基于三次产业的经济增长核算框架，杨天宇和曹志楠（2015）的计算结果显示，三次产业全要素生产率对经济增长的贡献同时下降，是经济增长减速的真正原因。由于全要素生产率具有较强的顺周期性，因此，该类观点实际上并没有完全拒绝需求变化或者周期性的因素。

中国经济增长前沿课题组（2012，2013）的研究综合了上述长期增长趋势减缓的观点，将导致近期中国经济增长减速的因素扩展到六个：产业结构服务化、人口结构转型、收入分配调整、城市化率提高、资本效率递减和全要素生产率改进空间狭窄。

现存的研究至少在以下几点值得商榷：第一，除了对比各国自2010年以来的经济表现，林毅夫（2014）还认为，中国2008年的购买力平价人均GDP仅为美国的21%，按照日本、韩国、新加坡的发展经验，中国经济在未来20年内还会保持8%的增长潜力，因此得出了本次经济减速源于需求下降的结论。然而，实现这个增长潜力需要很多条件，经济发展的实践和理论都表明，一个经济体更可能收敛于自身的稳态或者与其相似的经济体（Barro and Sala-i-Martin，2010）。第二，结构减速论实际上就是"鲍默尔效应"（Baumol，1967）：由于服务业生产率较低，吸收较多的劳动力会拉低整体生产率。在实践中，鲍默尔效应并不具有普遍性。阿克和蒂米（Ark and Timmer，2003）发现许多经济发展较快的亚洲经济体，服务业对总体生产率的增长做出了巨大贡献。联合国工业发展组织对世界100多个经济体产业发展经验的研究结果显示，以信息业、金融中介和专业服务为核心的可贸易服务业，其劳动生产率不仅远远高于其他服务业，也高于第一产业和第二产业（UNDIO，2013）。第三，按照发展经济学的观点，经济发展需要结构变化，要素资源在部门间的重新配置会提高整体生产率增长率，这就是结构效应（Syrquin，1988）。在经济发展的较低水平，劳动力从农业部门转移到生产率更高的非农部门将会促进整个经济生产率的提高，这就是刘易斯效应（Lewis，1954）。即使刘易斯效应消失，只要各个部门之间的劳动生产率存在差异，结构效应仍然存在。另外，由于缺乏严格的判断标准，学术界对刘易斯拐点是否到来和人口红利是否消失还存在较大的争论（王向和聂鹏，2013）。第四，上述文献在分析中国和世界产业结构时，使用的都是三次产业的数据，这种分类方法过于笼统,不能够详细观察各个具体行业对生产率的影响。实际上,现代的产业发展理论不再关心三次产业结构的变化,而是关注各个产业的生产能力和价值链变化,即关注资源在产业内部的流动(Ocampo,2005;Gereffi,2005)。

格罗宁根大学(University of Groningen)增长和发展中心在最新公布的10部门数据库中加入了1950~2010年中国的产业数据,以及其他产业结构数据库的更新使得我们可以对上述观点进行检验,同时寻找导致近期中国经济增速放缓的真正原因。我们在实证分析时根据经济周期对样本期进行了阶段划分,排除了需求波动的影响,这种方法有助于判断经济增长放缓的原因是来自需求方面还是生产方面。

2.4.1 方法与数据

本部分的目的在于分析结构变化和生产率波动对经济增长的影响,因此将任意时期的人均实际 GDP 分解为:$Y_t/P_t = (Y_t/L_t)(L_t/P_t)$,式中的 Y_t、P_t 和 L_t 分别表示 t 时期的实际 GDP、人口总量和就业总量,上式表明,人均实际产出增长率等于劳动生产率增长率与就业—人口比的增长率之和。由于中国就业—人口比的增长率自 1991 年以来就近似等于零,因此,人均实际 GDP 的增长率主要取决于劳动生产率增长率,换言之,劳动生产率的变化反映了人均产出的变化。

作为对省际结构变化及其影响的一个补充研究,本部分采用式(2.7)的方法计算内部效应和结构效应,并分析它们对中国经济增长的影响。使用不同的计算方法和不同的数据集进行分析,有助于检验产业结构变化对经济的影响。

本部分的分析主要基于两个刚刚更新的数据库:(1)格罗宁根大学(University of Groningen)增长和发展中心公布的10部门数据库[GGDC 10-sector database(version 2014)];(2)日本经济产业研究所(RIETI)和一桥大学经济研究所(The Institute of Economic Research at Hitotsubashi University)联合发布的中国工业生产率数据[the CIP 3.0(2015)database]。前者提供了11个亚洲经济体、9个拉丁美洲经济体、11个撒哈拉以南非洲经济体、2个北非经济体和9个欧美发达经济体自1950年以来10个产业部门的名义增加值、实际增加值(2005年价格)和就业数据,该数据库以各国统计局的数据为基础编制出来,已经成为比较研究国际产业发展模式的权威数据库；后者提供了1981~2010年中国37个产业的名义增加值、实际增加值（上一年的价格）和就业数据，该数据库的研究团队由长期研究中国经济的伍晓鹰教授领衔。由于二者所选择的基期不同，所以数据不具有直接的可比性，但是相对变化基本一致。另外，在分析经济增长率和各省份产业结构变化与劳动生产率增长的关系时，我们使用了《中国统计年鉴（2015）》《中国统计摘要（2015）》《新中国六十年统计资料汇编（1949~2008）》和各省份统计年鉴（1983~2015年）中的数据并进行了调整。

2.4.2 1978~2010年中国的结构变化和生产率增长

2.4.2.1 生产率增长和结构效应

从1978年到2010年，中国实际劳动生产率的复合年均增长率为7.35%，其中，部门内部生产率提高带来的复合年均增长率为5.17%，部门之间资源配置产生的复合年均增长率为2.18%，内部效应和结构效应对生产率增长的贡献分别为70.29%和29.71%［见图2.7（a）］。换言之，部门内部生产率提高对1978~2010年中国生产率的增长贡献了70%，部门间的资源配置贡献了30%。1978~2010年中国实际人均GDP年均复合增长率为8.49%，上述结果意味着，结构效应对人均GDP增长做出的贡献为25.7%。尽管内部效应是生产率和经济增长的主导力量，但是结构变化确实对中国经济增长做出了巨大贡献。经济发展和结构变化的国际经验表明，结构效应甚至会影响到一国的经济表现（McMillan et al.，2014；Timmer et al.，2014）。

无论是内部效应还是结构效应，第二产业对1978~2010年中国生产率增长的贡献都超过了50%，复合年均增长率为3.79%［见图2.7（a）］。其中，制造业贡献最大，为36.31%，年均增长率为2.67%，远远超过了其他所有产业［见图2.7（b）］。制造业对中国平均生产率贡献超过1/3的事实说明中国仍然是一个以生产为主的经济体。整个服务业的年均增长率为2.47%，贡献了33.56%。在服务业中，增长率最高的是批发零售及住宿餐饮（TRH），主要来自结构效应的增长。这意味着，从农业部门流出的劳动力有很大一部分进入了该行业，因此，提高该部门的内部生产率会对整体生产率产生显著影响。社会及个人服务（SOC）部门的生产率几乎没有增长，因此导致了负的结构效应，劳动力流入该部门会降低整个生产率。在三次产业中，农业部门的劳动生产率增长极为缓慢，年均复合增长率仅为1.09%，对生产率增长的贡献为14.83%。

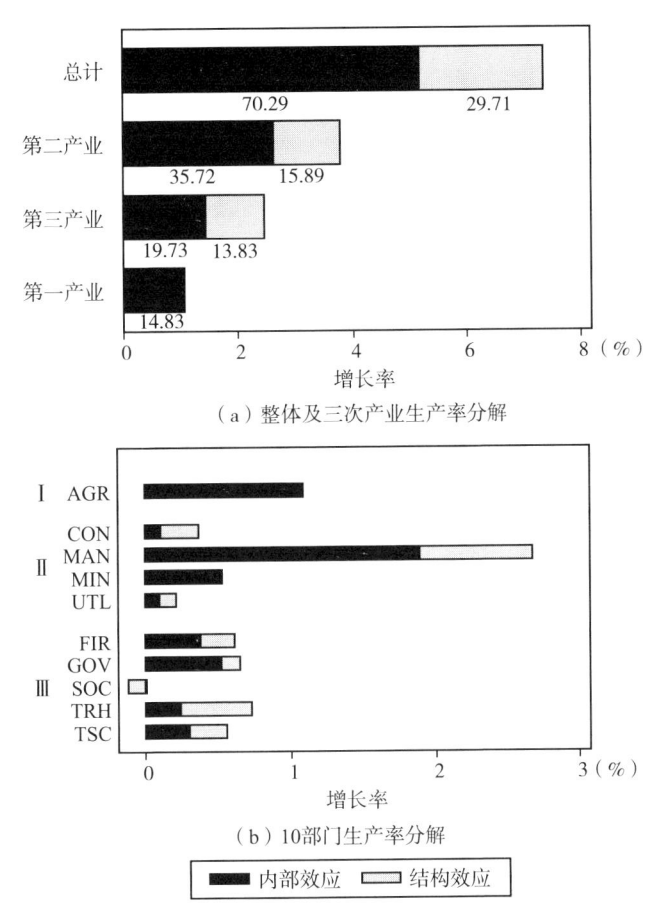

（a）整体及三次产业生产率分解

（b）10部门生产率分解

■ 内部效应　□ 结构效应

图 2.7　1978~2010 年中国的结构变化和生产率增长

注：图（a）中图形旁边的百分数为各个效应对整体生产力增长率的贡献。图（b）中的 Ⅰ、Ⅱ 和 Ⅲ 分别表示第一、第二和第三产业。10 个部门分别是农业 AGR、采掘业 MIN、制造业 MAN、水电气供给 UTL、建筑业 CON、批发零售及住宿餐饮 TRH、交通仓储通信业 TSC、金融保险地产 FIR、政府服务 GOV 和社会及个人服务 SOC。

资料来源：GGDC 10 Sector Database；作者的计算。

2.4.2.2 结构效应和刘易斯效应

图 2.8 直观地显示了 10 个部门的劳动力流动和生产率的关系。横轴表示从 1978 年到 2010 年就业份额的变化，纵轴表示 2010 年各个部门的生产率与收缩部门平均生产率的对数，图中圆环的大小表示了 2010 年该部门的就业份额。只要扩张部门的生产率高于收缩部门，该部门的结构效应为正，整个经济的平均劳动生产率就会提高。从 1978 年到 2010 年，农业和采掘业部门的劳动力份额分别下降了 33.8% 和 0.5%，其中的 12% 流向了第二产业，22% 流向了第三产业。由于农业部门是劳动力的主要提供者，因此，自 1978 年以来，中国经济的结构效应主要表现为刘易斯效应。

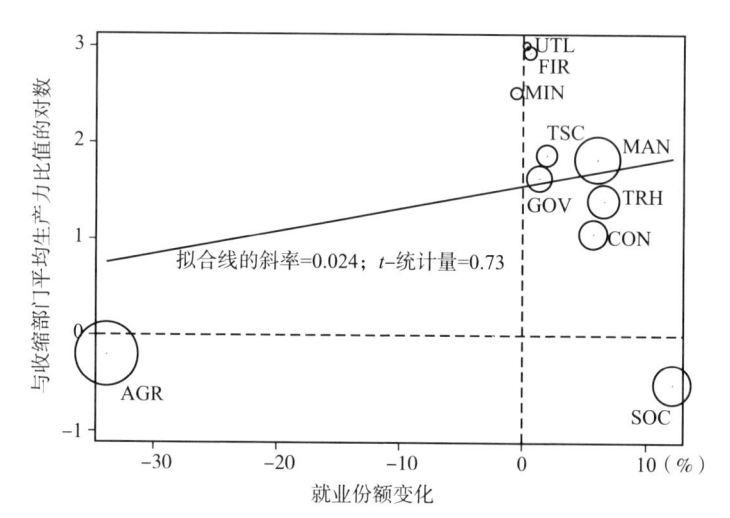

图 2.8　1978~2010 年中国各部门就业变化与生产率的关系

注：图中圆环表示 2010 年该部门就业占总就业的份额，10 个部门的名称与前图相同。
资料来源：GGDC 10 Sector Database；作者的计算。

进入第二产业的劳动力主要被制造业和建筑业吸收，其中，制造业的就业份额增加了 6%，在 2010 年达到了 19.2%，仅次于农业的 36.7%，建筑业吸纳了 5.7% 的劳动力。采掘业和水、电、气供应部门属于资本密集型行业，具有最高的劳动生产率，但是容纳的就业数量非常有限，1978~2010 年，前者的就业下降了 0.5%，后者增加了 0.3%，2010 年二者的就业比例分别为 1.3% 和 0.5%。进入第三产业的劳动力有一大半（12.1%）被社会和个人服务部门吸纳，使该部门的劳动力在 2010 年达到了13.7%，而该部门的劳动生产率低于收缩部门。另外有6.5%的农业劳动力流入了批发、零售及住宿餐饮业。[①]

从总体来看，向上倾斜的拟合线显示中国经济在1978～2010年经历了增长加强型的结构变化，刘易斯效应非常明显（但在统计上并不显著）。农业部门虽然已经流出了大量的劳动力，但是仍然具有最大份额的劳动力，而且农业劳动生产率远远低于非农生产率，因此，刘易斯效应在未来一段时间内还将存在。产业结构转型取决于非位似偏好的收入效应和基于部门生产率增长差异的替代效应，随着收入和各个部门生产率提高，农业部门的劳动份额将持续下降（Duarte and Restuccia，2010）。另外，从图2.8可以发现，2010年中国各个部门之间的劳动生产率还存在较大差异，对数变异系数为0.11，因此，结构效应还会比较显著。

2.4.3 生产率波动和经济增长减速

2.4.3.1 生产率和产业结构的变化特征

为了观察生产率波动和结构变化对经济增长的影响，我们按照生产率波动周期（与实际人均GDP的波动周期基本一致）将1978～2010年划分为1978～1990年、1991～1999年和2000～2010年三个阶段进行分析，每个阶段都包含了一个完整的波动周期，从而排除了需求变化对生产率的影响。另外，这种划分结果与按照中国改革进程划分的阶段也基本相同（干春晖、郑若谷和余典范，2011）。

将基于式（2.7）的计算结果总结在表2.4，从中可以发现以下几个非常显著的特征。

第一，无论在哪个时期，内部效应在绝大多数部门的生产率增长中占据主导地位，即资本积累和技术进步是生产率提高的决定因素，但是结构效应的作用也相当显著。在每个阶段，农业部门都是劳动力的主要贡献者，结构效应主要表现为刘易斯效应。

[①] 相关资料来自GGDC 10 Sector Database。

表 2.4　　1978~2010 年中国产业结构和生产率增长的阶段变化　　单位：%

行业	1978~1990 年			1991~1999 年			2000~2010 年		
	内部效应	结构效应	合计	内部效应	结构效应	合计	内部效应	结构效应	合计
第一产业	1.02	0.00	1.02	1.19	0.00	1.19	0.89	0.00	0.89
第二产业	0.71	0.38	1.09	5.01	0.26	5.27	3.29	1.34	4.63
采掘业	0.09	0.00	0.09	0.56	0.00	0.56	0.44	0.03	0.47
制造业	0.65	0.15	0.80	4.04	0.00	4.04	2.11	1.14	3.25
其他工业	-0.02	0.24	0.21	0.41	0.26	0.67	0.73	0.17	0.92
第三产业	0.98	0.72	1.70	2.28	2.55	2.55	2.73	0.81	3.54
批零及住宿餐饮	0.08	0.45	0.52	0.31	0.29	0.60	0.83	0.27	1.10
交通仓储和通信	0.14	0.20	0.34	0.70	0.06	0.76	0.55	0.16	0.71
金融保险和地产	0.49	0.06	0.55	0.55	0.11	0.66	0.52	0.25	0.78
政府和社会服务	0.27	0.02	0.29	0.72	-0.20	0.52	0.83	0.13	0.95
合计	2.71	1.11	3.82	8.49	0.52	9.01	6.90	2.15	9.05
贡献	70.99	29.01	100	94.21	5.79	100	76.26	23.74	100

注：(1) 其他工业包括水、电、气供给和建筑业；(2) 收缩部门的结构效应为 0。
资料来源：GGDC 10 Sector Database；作者的计算。

第二，农业部门的生产率水平和增长率一直比较低，并在 2000~2010 年小幅下降。基于 GGDC 数据库，麦克米伦等（McMillan et al., 2014）分析了世界各国农业生产率和非农生产率之间的变化关系。他们发现，二者之间的比例呈"U"型，即随着经济发展，农业的相对生产率先下降后上升，最终趋于 1，转折点处的生产率为 9000 美元（2005 年购买力平价美元计量）。中国的劳动生产率在 2006 年已经达到了 9358 美元（2005 年购买力平价美元计量），但是农业和非农部门的相对生产率仍然在持续下降。因此，相对于其他部门，农业生产率提高的需要更为迫切。

第三，从 1978 年到 2010 年的三个发展阶段，结构变化导致的生产率增长呈现"J"型变化，即结构效应在最初时较低，接着下降，然后大幅上升。使用三次产业的数据，干春晖和郑若谷（2009）也得到了相似结论。这种变化模式与国际经济发展规律明显不符，经济发展的理论和经验都表明，随着生产率的提高，各个部门的生产率水平将趋于一致，结构效应因此将会减弱（Lewis，1954；Syrquin，1988；Timmer et al.，2014）。在这三个阶段，从农业部门流出的劳动力份额都在10%左右，那么，结构效应为什么会出现这种变化特征呢？原因在于，在改革开放初期，中国各个部门的劳动生产率都比较低，部门间的劳动力流动属于一种在低水平上的无效配置，因此结构效应也比较低。1991~1999年结构效应较低的原因在于从农业部门释放的劳动力主要流向了生产率比较低的批发、零售和住宿餐饮业，资源在这段时期存在错误配置。进入21世纪，劳动力则主要流向了生产率更高的制造业，结构效应因此大幅提高。

第四，自1978年以来，虽然从农业部门流出的劳动力有2/3进入了服务业，但是该部门的结构效应一直比较低，这说明进入服务业的劳动力流向了该部门中生产率较低的行业。图2.9给出了1981~2010年流入服务业部门的劳动力分布和生产率之间的关系，拟合线的斜率为负表示流入服务业的劳动力更多地进入了生产率较低的部门。文体娱乐及个人服务业（SER）、批发零售业（SAL）以及公共服务（ADM）吸收了较多的劳动力，在2010年的劳动力份额分别为7.8%、8.7%和5.1%。而生产率较高的信息和计算机（P&T）、金融保险（FIN）和专业服务（BUS）则流入

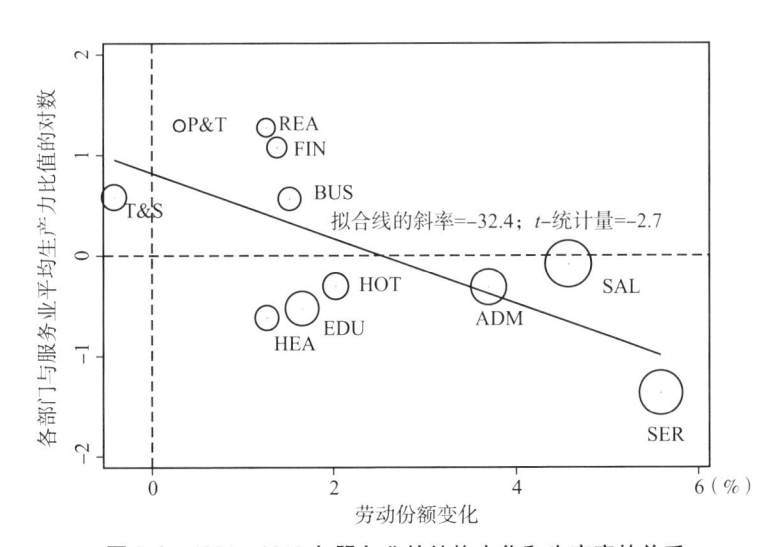

图2.9　1981~2010年服务业的结构变化和生产率的关系

注：（1）图中圆环表示2010年该部门就业占总就业的份额；（2）图中服务业部门分别是批发零售SAL、住宿餐饮HOT、交通仓储及邮政T&S、信息和计算机P&T、金融保险FIN、房地产服务REA、专业服务BUS、公共服务ADM、教育EDU、医疗保障HEA和文体娱乐及个人服务SER。

资料来源：the CIP 3.0（2015）database；作者的计算。

了较少的劳动力。服务业部门内部生产率的巨大差异意味着劳动力的重新配置可以提高平均生产率，尤其是应该提高生产率较高的生产性服务业的份额，如商业租赁、批发零售、专业服务、金融保险和信息技术等，这也有助于避免鲍默尔效应或结构减速的出现。

2.4.3.2 自2008年以来中国经济增速减缓的原因

表2.4显示，实际生产率的增长速度在1978~2010年逐渐加快，三个阶段的年度复合增长率分别为3.82%、9.01%和9.05%，增长率的递增再次确保了本部分的分析排除了需求因素。对生产率增长的分解发现了高增长之下的隐忧，较之1991~1999年，部门内部的生产率增长速度在2000~2010年显著减缓，从8.49%下降到6.90%，下降了1.6个百分点。其中，制造业的内部生产率增速下降最多，较之20世纪90年代下降了近1倍，其次是农业部门，生产率增长率下降了0.3%。正是结构效应的上升保持了2000~2010年生产率的高速增长，在此期间，农业部门的劳动力份额下降了13.3%，结构效应对生产率的贡献高达23.7%。但是，结构效应的贡献掩盖了生产率增长乏力的现实，也掩盖了经济增长波动的原因。

这个结论表明，自2008年以来中国经济增长速度放缓的原因主要在于制造业和农业部门内部生产率增长率的下降，而不在于结构效应或者说刘易斯效应的减弱，更不在于产业结构的服务化。对2000~2010年进一步的分段计算也对这个结论提供了支持。2000~2007年属于生产率和经济增长的加速时期，2008~2010年为减速时期，减速时期的结构效应比加速时期下降了0.9%，但是部门内部生产率增长率却下降1.6%，这导致总体生产率增长率下降了2.5个百分点，从8.8%下降到6.3%。

为了进一步验证上述结论，我们分析了三次产业的省际面板数据。图2.10给出了1978~2014年中国大陆31个省份每个部门的劳动份额变化率与该地区相对生产率增长率之间的关系。回归结果显示，农业劳动份额的变化对相对生产率增长率产生显著影响，农业劳动份额每下降1%，将会导致相对生产率增长提高0.037个百分点。1978~2014年各地区的农业劳动份额都经历了大幅度的下降，这意味农业发展对中国生产率提高起到了重要的推动作用。虽然第二产业（工业）劳动份额变化率与生产率增长率之间存在显著的正相关关系，但是影响程度没有农业那么大，工业劳动份额每上升1%，导致总体相对生产率增长率提高0.008%。服务业劳动份额变化与相对生产率增长之间不存在统计上的显著关系，而且系数非常小且为正。这说明，服务业劳动份额数量增加并不会导致生产率增长减速，换言之，结构变化不是近期中国生产率增长减速的原因。

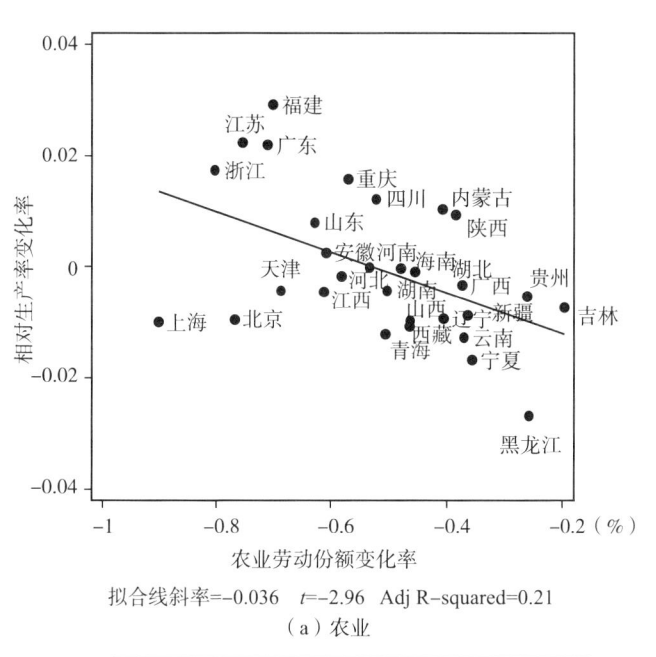

拟合线斜率=-0.036　　t=-2.96　Adj R-squared=0.21
(a) 农业

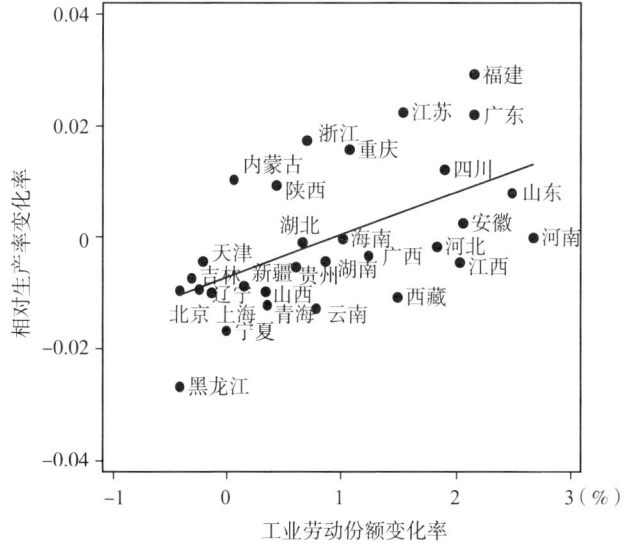

拟合线斜率=0.008　　t=3.58　Adj R-squared=0.29
(b) 工业

0.04

福建
广东 江苏
0.02
重庆
内蒙古 浙江
四川
陕西 山东
海南 河南
天津 湖北
0 新疆 贵州广西江西 湖南 安徽
北京 吉林 山西 西藏
辽宁 上海 青海 云南
宁夏
-0.02
黑龙江

-0.04
0　　　1　　　2　　　3　　　4　　　5（%）
服务业劳动份额变化率

纵轴：相对生产率变化率

拟合线斜率=0.004　t=1.67　Adj R-squared=0.06
（c）服务业

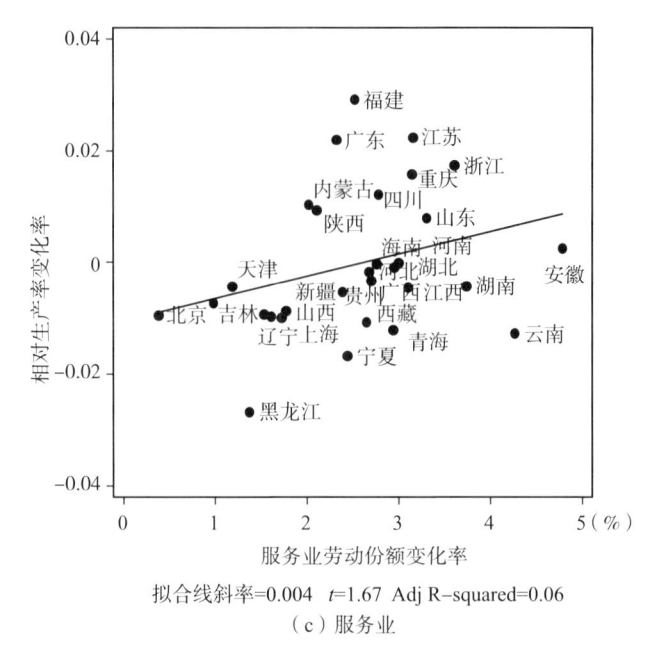

图 2.10　1978～2014 年中国各地区结构变化和总体生产率增长

注：根据 GDP 指数，我们将名义增加值转换为实际值（1978 年=100），并进行了 hodrick-prescott 滤波，平滑参数选取 100。天津、浙江、重庆、黑龙江和甘肃的部门劳动力可获得的数据始于 1985 年，我们根据 2011～2015 年三次产业劳动份额逆序列的平均变化率逆推出 1978～1984 年的部门劳动份额和劳动生产率。
资料来源：《中国统计年鉴（2015）》《中国统计摘要（2015）》《新中国六十年统计资料汇编（1949～2008）》和各省份的统计年鉴（1983～2015 年）。

使用 GGDC 和 RIETI 最新公布的中国多部门数据，并基于修正的转移—份额方法，本部分分析了 1978～1990 年、1991～1999 年和 2000～2010 年三个时期产业结构变化和生产率波动的特征，然后据此解释了 2008 年以来中国经济增长速度放缓的原因。由于每个时期都包含了一个完整的波动周期，因此排除了需求因素的影响。结果发现：

第一，尽管内部效应是生产率和经济增长的主导力量，但是结构变化也对中国经济增长做出了巨大贡献。从 1978 年到 2010 年，内部效应和结构效应对生产率增长的贡献分别为 70.29% 和 29.71%，对人均 GDP 增长做出的贡献分别为 74.3% 和 25.7%。

第二，从 1978 年到 2010 年，农业和采掘业部门的劳动力份额分别下降了 33.8% 和 0.5%，其中的 12% 流向了第二产业，22% 流向了第三产业。由于农业部门是劳动力的主要提供者，因此，自 1978 年以来，中国经济的结构效应主要体现为刘易斯效应。较高的农业劳动份额和较低的农业劳动生产率意味着刘易斯效应还在较长的一段时间存在。

第三，在1978~2010年，从农业部门流出的劳动力有2/3进入了服务业，由于服务业的平均劳动生产率高于农业，结构效应因此为正，正的结构效应否定了"结构减速论"。但是该部门的结构效应一直比较低，这说明进入服务业的劳动力流向了该部门中生产率较低的行业，促进生产性服务业的发展有助于避免鲍默尔效应或结构减速的出现。

第四，从1978年到2010年的三个发展阶段，结构变化带来的生产率增长呈现"J"型变化，即结构效应在最初时较低，接着下降，然后大幅上升。农业部门中大量的剩余劳动力和产业之间生产率的较大差异，导致了结构效应的不断上升。当前中国各个部门之间的生产率还存在较大差异，2010年10部门的劳动生产率变异系数为0.11，同期美国为0.07，这意味着，即使刘易斯拐点到来，只要部门之间的生产率差异依然存在，结构效应就不会消失。

第五，2000~2010年，制造业和农业部门的内部生产率增长显著放缓，其中，制造业的内部生产率增速下降最多，较20世纪90年代下降了近1倍，农业部门的生产率增长率下降了0.3%。制造业对经济增长的贡献超过了1/3，制造业生产率放缓直接对经济增长产生了影响。制造业生产率增速放缓的原因在于高技术行业的缓慢增长，制造业技术结构的静态化很可能使经济陷入"中等收入陷阱"。

上述结论表明，中国经济自2008年以来增长放缓的主要原因在于制造业和农业，尤其是制造业的部门内部生产率减速，而不在于产业结构服务化和人口红利的消失，那么，提高经济增长速度的有效方法就在于提高这些部门的技术水平和劳动生产率，向产业价值链的高端移动。另外，由于当前中国各个部门的劳动生产率还存在较大差异，结构效应还会在较长时间内存在，促进要素在部门之间或者部门内部流动仍然会对整体生产率产生显著的提升。结构效应的存在对部门内部生产率减速进行了弥补，为提高部门的技术水平和生产率争取了缓冲时间。问题在于，如果制造业和农业部门的内部生产率不能够有效提高，那么各个部门的生产率差异和结构效应将会很快消失，经济增长很可能会收敛于一个低水平的稳态。

2.5 本章小结

基于年度增长率形式的转移—份额方法，本章分析了中国各省份自1978年以来产业结构转型对总生产率增长及其变动趋势的影响，主要的结论和政策建议如下：

第一，部门内部生产率增长在所有省份的总生产率增长中都占据了主导地位，而产业结构转型则对绝大多数地区（尤其是高增长地区）的生产率增长产生了显著的正向影响，二者分别平均贡献了85%和15%。

第二，虽然部门内部生产率增长在各地区的总生产率增长中起到了主导作用，但是结构变化的不同却在很大程度上影响了地区增长差异，有将近50%的高增长地区和40%的低增长地区总生产率增长率与均值的差距主要取决于结构效应。农业和服务业生产率增长在各省份产业结构转型过程中发挥了重要作用。

第三，从部门影响角度看，工业生产率增长贡献了各地区总生产率增长的一半，但是，服务业在很大程度上解释了地区生产率增长的差异。对于高增长地区来说，分别有将近1/3的地区总生产率快速增长来自农业、工业和服务业生产率的快速增长，而服务业生产率增长较慢则是一半低增长地区总生产率增长低于均值的主要原因。通过改变产业结构，服务业加大了对总生产率的影响。总之，工业不是低增长地区总生产率增长缓慢的主要原因。

第四，随着时间推移，绝大多数省份的结构效应都呈现下降趋势，但是，结构效应不是各省份经济增长减速的原因，越来越低的结构效应只是加剧了减速。各省份总生产率增长率变化趋势与内部效应变化基本一致，结构效应的变化只是加剧了总生产率增长率的波动，而不能影响其变化趋势。

第五，三个部门的共同增长推动了绝大多数省份总生产率的增长加速，而同时减速（尤其是工业）则导致了增长减速。在增长加速时期，服务业和工业的生产率增长率非常接近，农业生产率增长率略低于二者，但是在减速时期，三个部门的生产率增长率差距就非常明显了，服务业生产率增长率远远低于工业，农业生产率增长率则更低。

虽然总生产率增长主要取决于部门内部生产率增长，但是结构效应对各地区的增长表现也产生了巨大影响,而部门内部生产率增长又会对产业结构产生影响,因此,促进总生产率有效增长的关键在于提高那些能够推动产业结构合理变化的部门的生产率。本章的分析表明,对于低增长地区来说,农业和服务业(尤其是服务业)生产率增长较慢是总生产率缓慢增长的主要原因,提高这两个部门的劳动生产率增长率,不仅可以直接促进总生产率增长,还会通过产生有利的结构变化来提高总生产率。

附录2.1 转移—份额方法及其扩展

2.1.1 生产率变化的分解

本附录详细地给出了转移—份额方法及其扩展结果的推导过程。

2.1.1.1 传统的转移—份额方法(模型Ⅰ)

传统的转移—份额方法源自法比亚坎特(Fabricant,1942),被广泛运用于分析结构变化对经济增长的影响(Broadberry and Crafts, 2003; Chenery et al., 1986; Crafts, 1993; McMillan et al., 2014; Timmer and de Vries, 2009)。按照该方法,任一时期的整体生产率等于经济中所有部门生产率的加权平均[①]:

$$y_t = \sum_{i=1}^{n} \alpha_{i,t} y_{i,t} \tag{1}$$

式中,y_t 表示 t 时期整个经济的劳动生产率,即所有部门的劳均GDP (假设经济中有 n 个部门),$y_{i,t}$ 表示 t 时期部门 i 的劳动生产率($i = 1, \cdots, n$),$\alpha_{i,t}$ 表示 t 时期部门 i 的就业数量占总就业量的份额。根据式(1),整体生产率水平从 t 期到 $t+h$ 期的变化值为[②]:

[①] 任意时期的劳动生产率:$y_t = \dfrac{Y_t}{L_t} = \dfrac{Y_{1,t} + \cdots + Y_{n,t}}{L_t} = \dfrac{Y_{1,t}}{L_{1,t}} \cdot \dfrac{L_{1,t}}{L_t} + \cdots + \dfrac{Y_{n,t}}{L_{n,t}} \cdot \dfrac{L_{n,t}}{L_t} = \sum_{i=1}^{n} \alpha_{i,t} y_{i,t}$。

[②] 验证方法是将式(2)展开,即加法符号展开,然后结合 $\Delta y_{i,t+h} = y_{i,t+h} - y_{i,t}$ 和 $\Delta \alpha_{i,t+h} = \alpha_{i,t+h} - \alpha_{i,t}$,抵消各项可以得到 $\Delta y_{t+h} = y_{t+h} - y_t$。

$$\Delta y_{t+h} = \sum_{i=1}^{n} \alpha_{i,t} \Delta y_{i,t+h} + \sum_{i=1}^{n} y_{i,t+h} \Delta \alpha_{i,t+h} \tag{2}$$

式（2）意味着，提高整体劳动生产率的方法有两种，一种是要素积累，即通过资本积累和技术创新使部门内的生产率提高从而提高整个经济的生产率［式（2）等号右边第一项］，另一种是要素流动，即通过重新配置劳动力资源来提高生产率，具体来说，劳动力从生产率较低的部门流向生产率较高的部门，整个经济的劳动生产率就会提高，反之则会降低。前者由于反映了部门内部生产率的变化，因此被称为部门内效应或内部效应（within-sector productivity changes），后者则反映了部门间资源配置对生产率的影响，所以被称为部门间效应（between-sector productivity changes）或结构效应（structural change）。

差分形式的多样化使得不同的研究者可以采取不同的生产率分解方法，其中，比较典型的是将结构效应进一步分解为静态效应和动态效应（Timmer and de Vries，2009），国内的研究者在分析中国的产业结构变化时也普遍采用了这种分解方法（刘伟和张辉，2008；干春晖等，2009，2011）[①]。这种分解方法的问题在于，当加入时间因素时，静态效应的经济含义并不完善，因为在 t 时期生产率较高的部门在 $t+h$ 时期未必具有较高的生产率，实际上静态效应与动态效应具有不可分割性，因为结构效应本身就是一个动态过程。基于这种原因，本部分不再区分静态效应和动态效应。而式（2）中的结构效应则十分清楚，从 t 期到 $t+h$ 期，如果劳动力流动方向与生产率变化方向一致，整体生产率将会提高，否则将会降低。实际上，更近期的结构分析文献也不再区分动态效应和静态效应（Diao et al.，2017；McMillan et al.，2017）。

生产率分解的另一表述形式为：

$$\Delta y_{t+h} = \sum_{i=1}^{n} \alpha_{i,t+h} \Delta y_{i,t+h} + \sum_{i=1}^{n} y_{i,t} \Delta \alpha_{i,t+h} \tag{3}$$

这种分解方法中内部效应的权重是期末的劳动份额，结构效应中的权重是期初的劳动生产率。对于农业部门来说，劳动生产率上升（$y_{i,t+h} > y_{i,t}$）而劳动份额下降（$\alpha_{i,t} > \alpha_{i,t+h}$），因此，相对于式（3），式（2）高估了内

---

① 式（2）中的结构效应可以进一步分解为：$\sum_{i=1}^{n} y_{i,t} \Delta \alpha_{i,t} + \sum_{i=1}^{n} (y_{i,t+h} - y_{i,t}) \Delta \alpha_{i,t+h}$，第一项被称为静态效应，表示劳动力流入生产率较高的部门对总生产率的贡献，第二项被称为动态效应，衡量劳动力流入生产率提升较快的部门对总生产率的贡献。由于结构效应本身就是一种动态过程，因此，将上述两项分别称为水平效应和增长效应更为合理。

部效应,也夸大了农业对结构效应的负贡献;对于工业和服务业部门来说,劳动生产率上升($y_{i,t+h} > y_{i,t}$)且劳动份额上升($\alpha_{i,t+h} > \alpha_{i,t}$),因此,式(2)低估了内部效应,高估了结构效应。为了解决这个问题,蒂米等(2009,2014)采用了就业份额和生产率在时期$[t, t+h]$的算术平均值作为权重来计算内部效应和结构效应:

$$\Delta y_{t+h} = \sum_{i=1}^{n} \bar{\alpha}_i \Delta y_{i,t+h} + \sum_{i=1}^{n} \bar{y}_i \Delta \alpha_{i,t+h} \tag{4}$$

将式(2)和式(3)相加即可得到式(4),其中,$\bar{\alpha}_i = (\alpha_{i,t} + \alpha_{i,t+h})/2$,表示就业份额均值,$\bar{y}_i = (y_{i,t} + y_{i,t+h})/2$,表示生产率均值。

2.1.1.2 区分了扩张部门和收缩部门的转移—份额方法(模型Ⅱ)

在观察单个部门对整体生产率贡献时,式(2)~式(4)中的结构效应(第二项)就会存在如下问题:无论一个部门的生产率有多高或者多低,只要该部门就业份额增加,对结构效应的贡献就为正;只要劳动份额减少,对结构效应的贡献就为负。例如,如果劳动力流入相对生产率较低的部门,根据这三个公式等号右边第二项计算的结构效应仍然为正,很明显高估了该部门所贡献的结构效应。反之,如果一个部门的劳动份额下降,对结构效应的贡献就为负,缺乏经济含义。为了解决这种不足,蒂米等(2009,2015)认为,应该根据样本期内就业份额的变化将所有的部门分为收缩部门和扩张部门,只有当扩张部门的平均生产率高于收缩部门的平均生产率时,该部门贡献的结构效应才为正,否则为负,而收缩部门不存在结构效应。依据他们提出的方法,我们根据式(4)分别得到了扩张部门(E)、收缩部门(S)以及所有部门的总生产率变化[①]:

$$\Delta y_{E,t+h} = \sum_{i \in E} \bar{\alpha}_i \Delta y_{i,t+h} + \sum_{i \in E} (\bar{y}_i - \bar{y}_{S,t+h}) \Delta \alpha_{i,t+h} \tag{5}$$

$$\Delta y_{S,t+h} = \sum_{i \in S} \bar{\alpha}_i \Delta y_{i,t+h} \tag{6}$$

$$\Delta y_{t+h} = \sum_{i \in E,S} \bar{\alpha}_i \Delta y_{i,t+h} + \sum_{i \in E} (\bar{y}_i - \bar{y}_{S,t+h}) \Delta \alpha_{i,t+h} \tag{7}$$

式(5)和式(6)相加即可得到式(7)表示的所有部门的总生产率

---

① 在考虑相对生产率时,如果扩张部门结构效应中的生产率采用的是时期$[t, t+h]$内的均值可能会导致如下问题:一个部门期初劳动生产率较低而导致样本期内生产率均值低于收缩部门的平均生产率,那么结构效应就会为负,但是该部门的期末生产率高于收缩部门的平均生产率,结构效应应该为正。

变化。根据蒂米等（2009）提出的理论，可将 $t+h$ 时期收缩部门的平均劳动生产率定义为：

$$\bar{y}_{S,t+h} \equiv \frac{\sum_{j \in S} \Delta\alpha_{j,t+h} \bar{y}_j}{\sum_{j \in S} \Delta\alpha_{j,t+h}} \tag{8}$$

上式中的 $\bar{y}_i$ 表示收缩部门生产率在时期 $[t, t+h]$ 的算术平均值。相对于传统的转移—份额法，修正后的方法存在两点改进：第一，扩张部门贡献的结构效应不再恒为正，而是取决于它与收缩部门平均生产率之差；第二，在式（2）中，收缩部门贡献的结构效应为负，而在式（6）中收缩部门贡献的结构效应为 0，即不存在结构效应。在绝大多数国家的发展过程中，劳动力一般从农业部门转移到第二产业和服务业，提高了整体生产率。根据传统的分析方法，农业部门贡献的结构效应为负，这显然与结构变化对经济增长影响的含义不符。

将式（8）代入式（7），并结合扩张部门增加的就业份额等于收缩部门减少的就业份额①，可以证明式（7）在进行总量分析时与式（2）完全相同，但是在观察单个部门对内部效应和结构效应的贡献时更为合理。

2.1.1.3 考虑了农村剩余劳动力的转移—份额方法（模型Ⅲ）

传统方法的第二个问题在于假设劳动的边际产出等于平均产出，劳动力数量的变化会导致产出相应变化，平均产出保持不变，这意味劳动生产率增长独立于劳动份额的变化②。然而在经济发展初期，许多国家的农业部门普遍存在剩余劳动力或者隐性失业，这使得劳动的边际产出低于平均产出，因此，劳动数量减少将会提高劳动的平均产出。换言之，当一个部门存在剩余劳动力时，劳动力流出会提高该部门的劳动生产率。在传统的转移—份额方法中，农业劳动力流出所导致的生产率提高包含在部门内效

---

① 所有部门劳动份额变化的总和为零：$\sum_{i=1}^{n} \Delta\alpha_{i,t} = 0$，得到：$\sum_{i \in E} \Delta\alpha_{i,t} = -\sum_{i \in S} \Delta\alpha_{i,t}$。

② 如果劳动的边际产出大于平均产出，平均产出（即劳动生产率）随劳动数量增加（减少）而上升（下降）；如果劳动的边际产出小于平均产出，平均产出随劳动数量的增加（减少）而下降（上升）；如果劳动的边际产出等于平均产出，即 $\Delta Y/\Delta L = Y/L$，我们来观察劳动数量变化对平均产出的影响：假设劳动力减少 ΔL 导致产出减少 ΔY，劳动平均产出 $= \dfrac{Y-\Delta Y}{L-\Delta L} = \dfrac{Y-\dfrac{\Delta Y}{\Delta L}\Delta L}{L-\Delta L} = \dfrac{Y-\dfrac{Y}{L}\Delta L}{L-\Delta L} = \dfrac{\dfrac{Y}{L}(L-\Delta L)}{L-\Delta L} = \dfrac{Y}{L}$，即劳动数量变化不影响劳动生产率。

应中,这高估了农业部门生产率提高的效应。因此,需要对传统方法进行修正,将农业剩余劳动力流出所提高的生产率计入结构效应中。

我们采用蒂米等(2009,2015)的方法进行分析,假设劳动的边际产出和平均产出之比为 β,该比例在 0 到 1 之间。从 t 到 $t+h$ 时期,离开农业的劳动力数量为 $L_{A,t} - L_{A,t+h}$,根据边际产出和平均产出的定义可以得到离开的劳动力在 t 时期的平均产出为总平均产出的 β 倍,即 $\beta y_{A,t}$[①]。那么,$t+h$ 期留在农业部门(stay in the agricultural sector)的劳动力($L_{A,t+h}$)在时期 t 的平均产出 $y_{SA,t}$ 为:

$$y_{SA,t} = \frac{Y_{A,t} - \beta y_{A,t}(L_{A,t} - L_{A,t+h})}{L_{A,t+h}} \quad (9)$$

式中的 A 表示农业部门,$Y_{A,t}$ 和 $y_{A,t}$ 分别表示 t 时期农业部门的总产出和平均产出。如果农业部门不存在剩余劳动力,可以假设边际产出等于平均产出,即 $\beta = 1$,那么得到:$y_{SA,t} = y_{A,t}$,这意味着劳动力流出将会导致产出相应下降从而使平均产出(即劳动生产率)保持不变。当农业部门存在剩余劳动力时,流出农业的劳动力的边际产出小于平均产出,即 $\beta < 1$,那么可以得到:$y_{SA,t} > y_{A,t}$,这意味着劳动力流出提高了农业生产率。当流出的剩余劳动力完全闲置时,即 $\beta = 0$,那么,$y_{SA,t} = Y_{A,t}/L_{A,t+h}$,由于 $L_{A,t+h} < L_{A,t}$,劳动力流出使农业生产率更大幅度地提高。如果在时期 $[t, t+h]$ 内劳动力流入农业部门,那么按照模型 Ⅱ 的方法进行分析,如果农业部门存在劳动力流出,属于收缩部门,那么就不存在结构效应,只有内部效应[②]:

$$eff_A^w = \bar{\alpha}_A(y_{A,t+h} - y_{SA,t}) \quad (10)$$

eff^w 表示内部效应。对于任一非农部门,内部效应为:

$$eff_i^w = \bar{\alpha}_i \Delta y_{i,t+h}, \quad \forall i \neq A \quad (11)$$

收缩的非农部门对结构效应的贡献为 0,而任一扩展部门贡献的结构效应(eff^b)为:

$$eff_i^b = (\bar{y}_i - \bar{y}_{S,t+h})\Delta\alpha_{i,t+h} + \frac{\Delta\alpha_{i,t+h}}{\sum_{i \in E}\Delta\alpha_{i,t+h}}(y_{SA,t} - y_{A,t})\bar{\alpha}_A \quad (12)$$

---

① 在时期 $[t, t+h]$ 中离开的劳动力数量为 $L_{A,t} - L_{A,t+h}$,劳动力流出使时期 t 的产出减少到 $Y'_{A,t}$,离开农业的劳动力的边际产出为:$MP_{LA,t} = (Y_{A,t} - Y'_{A,t})/(L_{A,t} - L_{A,t+h})$,这也是离开的劳动力的平均产出($y_{lA,t}$)。假设劳动的边际产出和平均产出之比为:$\beta = MP_{LA,t}/y_{A,t} = y_{lA,t}/y_{A,t}$ 可以得到:$y_{lA,t} = \beta y_{A,t}$。

② 如果没有考虑农村剩余劳动力,农业的内部效应为:$eff_A^w = \alpha_{A,t}(y_{A,t+h} - y_{A,t})$,$y_{A,t} = Y_{A,t}/L_{A,t}$。

与式（7）不同，式（12）的结构效应包含了农业剩余劳动力流出导致的生产率提高，即等号右边第二项，如果不考虑剩余劳动力，其将包含在农业的部门内生产率提高中，即包含在式（10）中，与模型Ⅰ、Ⅱ相同。式（12）第二项所采取的形式表示，每一个扩张部门被赋予的权重为该部门劳动份额增加量占扩张部门劳动份额总增加量的比例。对于中国来说，劳动力的流动主要体现为从农业流入到工业和服务业，因此，这种赋予权重的方法比较合理①。将农业和非农部门的内部效应和结构效应加总得到总生产率变化值：

$$\Delta y_{t+h} = eff_A^w + \sum_{i \neq A} eff_i^w + \sum_{i \in E} eff_i^b \tag{13}$$

这三种生产率分解方法都存在如下两个缺点：第一，在分析生产率变化的时候，只考虑了期初和期末两个时点的生产率和劳动份额水平，忽略了变量的连续变化过程，由于两个时点数据具有随机性，从而使分析结果也具有较强的随机性；第二，在计算内部效应和结构效应的增长率时，首先根据复合增长率方法计算出总生产率增长率，然后根据内部效应和结构效应的贡献分别计算出二者的增长率，使用年度复合增长率方法实际上假设了劳动生产率是按照恒定增长率增长，这与现实略有差异。

2.1.2　计算生产率增长率

为了解决上述方法中存在的问题，需要采用年度增长率法，即逐年计算出任一时期内部效应和结构效应的增长率，然后取算术平均值，总生产率增长率的均值等于二者之和。使用增长率分解方法有三个优点：第一，由于每年的劳动份额和生产率变化不大，逐年计算增长率的方法也有助于缓解前面所述的内部效应和结构效应的权重问题；第二，不再假设劳动生产率按照恒定增长率增长，有助于观察内部效应和结构效应的变化趋势；第三，计算生产率增长率可以方便地将其与 GDP 或人均 GDP 的增长率进行比较，以观察生产率增长对经济增长的贡献。

2.1.2.1　传统的转移—份额方法（模型Ⅰ）

根据式（4）可以得到每年的生产率增长率公式②：

---

① 将书中的式（8）~式（10）代入可以得到式（5），即总效应与模型Ⅱ相同，但是模型Ⅲ将农村剩余劳动力流出所提高的生产率计入结构效应中。
② 在式（2）两边同时除以 y_t，即可以得到生产率增长率。

$$g_{t+1} = \sum_{i=1}^{n} \bar{\alpha}_i \theta_{i,t} g_{i,t+1} + \sum_{i=1}^{n} \Delta \alpha_{i,t+1} \bar{\theta}_i \qquad (4')$$

式中的 g_{t+1} 表示从 t 到 $t+1$ 年的总生产率增长率，即 $g_{t+1} = (y_{t+1} - y_t)/y_t = \Delta y_{t+1}/y_t$，同样地，$g_{i,t+1}$ 表示从 t 到 $t+1$ 年部门 i 的生产率增长率，$\bar{\alpha}_i = (\alpha_{i,t} + \alpha_{i,t+1})/2$，表示劳动份额均值，$\theta_{i,t} = y_{i,t}/y_t$，表示 t 时期部门 i 的生产率与总生产率的比例，$\bar{\theta}_i = \bar{y}_i/y_t$，表示 t 时期部门 i 的生产率均值与总生产率的比例，其中 $\bar{y}_i = (y_{i,t} + y_{i,t+1})/2$。式（4'）表明，总生产率增长率可以分解为内部效应和结构效应所带来的生产率增长率[①]。从 t 期到 $t+h$ 期的平均增长率为：

$$\bar{g}_{t+h} = \bar{g}_{t+h}^w + \bar{g}_{t+h}^b \qquad (4'')$$

式中，$\bar{g}_{t+h}^w = \dfrac{1}{h}\sum_{i=1}^{n} \bar{\alpha}_i \theta_{i,t} g_{i,t+1}$，$\bar{g}_{t+h}^b = \dfrac{1}{h}\sum_{i=1}^{n} \Delta \alpha_{i,t+1} \bar{\theta}_i$ 分别表示部门 i 内部效应和外部效应所带来的生产率增长率的均值，总生产率增长率的均值等于二者之和。

2.1.2.2 区分了扩张部门和收缩部门的转移—份额方法（模型Ⅱ）

根据式（7）可以得到每年的生产率增长率分解公式：

$$g_{t+1} = \sum_{i=1}^{n} \bar{\alpha}_i \theta_{i,t} g_{i,t+1} + \sum_{i \in E} \Delta \alpha_{i,t+1} [\bar{\theta}_i - \theta_{S,t}(1 + g_{S,t+1})] \qquad (7')$$

式中，$g_{S,t+1} = (\bar{y}_{S,t+1} - \bar{y}_{S,t})/\bar{y}_{S,t}$，表示从 t 到 $t+1$ 年收缩部门的平均生产率增长率，$\theta_{S,t} = \bar{y}_{S,t}/y_t$，表示 t 时期收缩部门的相对生产率。[②] 等式右边第一项为内部效应增长率，第二项为结构效应增长率，任意时期平均增长率的计算方法同式（4''）。

[①] 由于 $\bar{\theta}_i = \bar{y}_i/y_t = \theta_{i,t}\left(1 + \dfrac{1}{2}g_{i,t+1}\right)$，因此用增长率表示的结构效应也可以拆分成两项：水平效应（$\theta_{i,t}$）和增长效应（$g_{i,t+1}$）。水平效应是指劳动力从生产率较低的部门流入到较高的部门，提高了总生产率水平，从而促使总生产率增长率加快；增长效应是指劳动力从生产率增长率较慢的部门流入到增长快的部门，提高了总生产率增长率。

[②] 如果只有农业部门是收缩部门，则农业部门的结构效应为 0。证明：$\bar{\theta}_a = \dfrac{\bar{y}_a}{y_t} = \dfrac{(y_{a,t} + y_{a,t+1})/2}{y_t}$，$\bar{\theta}_a - \theta_{S,t}(1 + g_{S,t+1}) = \bar{\theta}_a - \dfrac{\bar{y}_{S,t}}{y_t}\left(1 + \dfrac{\bar{y}_{S,t+1} - \bar{y}_{S,t}}{\bar{y}_{S,t}}\right) = \bar{\theta}_a - \dfrac{\bar{y}_{S,t+1}}{y_t}$，如果只有农业是收缩部门，根据式（8）得到 $\bar{y}_{S,t+1} = \bar{y}_a$，因此农业部门的结构效应为 0。

2.1.2.3 考虑了农村剩余劳动力的转移—份额方法（模型Ⅲ）

分别根据式（9）~式（13）得到逐年计算的生产率增长率：

$$g_{t+1} = \bar{\alpha}_A \theta_{SA,t} g_{A,t+1} + \sum_{i \neq A}^{n} \bar{\alpha}_i \theta_{i,t} g_{i,t+1}$$

$$+ \sum_{i \in E}^{n} \left\{ \Delta \alpha_{i,t+1} [\bar{\theta}_i - \theta_{S,t}(1 + g_{S,t+1})] + \frac{\Delta \alpha_{i,t+1}}{\sum_{i \in E} \Delta \alpha_{i,t+1}} \bar{\alpha}_A \theta_{A,t} g_{SA,t} \right\}$$

(13′)

式中，$g_{A,t+1} = (y_{A,t+1} - y_{SA,t})/y_{SA,t}$，表示从 t 到 $t+1$ 年考虑了剩余劳动力后的农业部门生产率增长率，$g_{SA,t} = (y_{SA,t} - y_{A,t})/y_{A,t}$，表示 t 时期剩余劳动力流出导致的农业部门生产率增长率。$\theta_{A,t} = y_{A,t}/y_t$ 和 $\theta_{SA,t} = y_{SA,t}/y_t$ 分别表示 t 时期没有考虑以及考虑了剩余劳动力后农业部门的相对生产率。等式右边第一、二项为内部效应增长率，第三项为结构效应增长率，任意时期平均增长率的计算方法同式（4″）。

在使用增长率分解方法时，农业劳动份额会出现反复，并不是一直递减，加之农业生产率较低，而农业劳动力数量巨大，考虑剩余劳动力流动并不会使农业生产率明显提高，对内部效应和结构效应影响不大，基于这些原因，本章正文中选择了模型Ⅱ进行分析。

附录2.2 测度刘易斯效应

将所有部门分为农业部门（A）和非农部门（N）有助于观察农业劳动力流动产生的结构效应及其变化趋势，换言之，可以用来观察刘易斯效应。将每个国家或地区分成不同的时期进行分析，不同时期农业劳动份额不同。计算出内部效应和结构效应，然后观察结构效应随农业劳动份额变化的情况（用结构效应所贡献的生产率增长率作为纵轴，农业劳动份额作为横纵，一个国家不同时期有不同的农业劳动份额）。一般来说，随着农业劳动份额下降，结构效应也将会减少，即刘易斯效应下降。

2.2.1 生产率变化的分解

如果将所有部门分为农业部门（A）和非农部门（N），那么总生产率为：

$$y_t = \sum_{i=A,N} \alpha_{i,t} y_{i,t} \tag{1}$$

根据式（1）可以得到 t 到 $t+h$ 期以算术平均值为权重的生产率变化：

$$\Delta y_{t+h} = \sum_{i=A,N} \bar{\alpha}_i \Delta y_{i,t+h} + \sum_{i=A,N} \bar{y}_i \Delta \alpha_{i,t+h} \tag{2}$$

我们将式（2）称为模型Ⅰ。任意一个时期农业部门流出的劳动份额都等于非农业部门流入的劳动份额，即：$\Delta \alpha_{N,t+h} = -\Delta \alpha_{A,t+h}$，代入式（2）得到 t 到 $t+h$ 期的生产率变化（模型Ⅱ）：

$$\Delta y_{t+h} = \sum_{i=A,N} \bar{\alpha}_i \Delta y_{i,t+h} + (\bar{y}_N - \bar{y}_A) \Delta \alpha_{N,t+h} \tag{3}$$

式中的 $\bar{y}_A$ 和 $\bar{y}_N$ 分别表示农业和非农部门劳动生产率从 t 到 $t+h$ 期的算术平均值。在式（2）表示的模型Ⅰ中，结构效应等于农业和非农部门的贡献之和，农业部门的劳动份额下降，因此对结构效应的贡献为负。与此不同的是，式（3）表示的模型Ⅱ意味着，当非农生产率高于农业，即劳动力从生产率较低的农业部门流入生产率较高的非农部门，结构效应为正，否则为负。模型Ⅱ较之模型Ⅰ更有经济意义。

接着来考虑农业剩余劳动力情况（模型Ⅲ）。我们采用蒂米等（2009，2014）的方法进行分析，假设劳动的边际产出和平均产出之比为 β，该比例在 0 到 1 之间。从 t 到 $t+h$ 时期，离开农业的劳动力数量为 $L_{A,t} - L_{A,t+h}$，根据边际产出和平均产出的定义可以得到离开的劳动力在 t 时期的平均产出为总平均产出的 β 倍，即 $\beta y_{A,t}$。①那么，$t+h$ 期留在农业部门（stay in the agricultural sector）的劳动力（$L_{A,t+h}$）在时期 t 的平均产出为：

$$y_{SA,t} = \frac{Y_{A,t} - \beta y_{A,t}(L_{A,t} - L_{A,t+h})}{L_{A,t+h}} \tag{4}$$

式中的 A 表示农业部门，$Y_{A,t}$ 和 $y_{A,t}$ 分别表示 t 时期农业部门的总产出和平均产出。如果农业部门不存在剩余劳动力，可以假设边际产出等于平均产出，即 $\beta = 1$，那么得到：$y_{SA,t} = y_{A,t}$，这意味着劳动力流出将会导致产出相应下降从而使平均产出（即劳动生产率）保持不变。当农业部门存在剩余劳动力时，流出农业的劳动力的边际产出小于平均产出，即 $\beta < 1$，那么可以得到：$y_{SA,t} > y_{A,t}$，这意味着劳动力流出提高了农业生产率。当流出的剩余劳动力完全闲置时，即 $\beta = 0$，那么，$y_{SA,t} = Y_{A,t}/L_{A,t+h}$，由于

---

① 在时期 $[t, t+h]$ 离开的劳动力数量为 $L_{A,t} - L_{A,t+h}$，劳动力流出使时期 t 的产出减少到 $Y'_{A,t}$，劳动的边际产出为 $(Y_{A,t} - Y'_{A,t})/(L_{A,t} - L_{A,t+h})$，这也是离开的劳动力的平均产出。

$L_{A,t+h} < L_{A,t}$，劳动力流出使农业生产率更大幅度地提高。如果在时期 $[t, t+h]$ 内劳动力流入农业部门，那么按照模型Ⅱ的方法进行分析，如果农业部门存在劳动力流出，属于收缩部门，那么就不存在结构效应，只有内部效应（within-sector effect）①：

$$eff_A^w = \bar{\alpha}_A(y_{A,t+h} - y_{SA,t}) \tag{5}$$

eff^w 表示内部效应。对于非农部门，对内部效应的贡献为：

$$eff_N^w = \bar{\alpha}_N \Delta y_{N,t+h} \tag{6}$$

非农部门贡献的结构效应（between-sector effect）为：

$$eff_N^b = (\bar{y}_N - \bar{y}_A)\Delta \alpha_{N,t+h} + (y_{SA,t} - y_{A,t})\bar{\alpha}_A \tag{7}$$

式（5）的结构效应包含了农业剩余劳动力流出导致的生产率提高，即等号右边第二项，如果不考虑剩余劳动力，$(y_{SA,t} - y_{A,t})\alpha_{A,t}$ 将包含在农业的部门内部生产率提高中，即包含在式（3）中，与模型Ⅰ、Ⅱ相同。将农业和非农部门的内部效应和结构效应加总得到：

$$\Delta y_{t+h} = \sum_{i=A,N} eff_i^w + eff_N^b \tag{8}$$

2.2.2 生产率增长率的分解

与前面一致，计算任意时期的生产率增长率同样有两种方法。根据模型Ⅰ得到的逐年增长率的计算公式如下：

$$g_{t+1} = \sum_{i=A,N} \bar{\alpha}_i \theta_{i,t} g_{i,t+1} + \sum_{i=A,N} \Delta \alpha_{i,t+1} \bar{\theta}_i \tag{2'}$$

式中的 g_{t+1} 表示从 t 到 $t+1$ 期的总生产率增长率，即 $g_{t+1} = (y_{t+1} - y_t)/y_t = \Delta y_{t+1}/y_t$，同样地，$g_{i,t+1}$ 表示从 t 到 $t+1$ 期部门 i 的生产率增长率，$\theta_{i,t} = y_{i,t}/y_t$，表示 t 时期部门 i 的相对生产率。上式表明，总生产率增长率可以分解为内部效应和结构效应所带来的生产率增长率。从 t 期到 $t+h$ 期的平均增长率为：

$$\bar{g}_{t+h} = \bar{g}_{t+h}^w + \bar{g}_{t+h}^b \tag{1''}$$

式中，$\bar{g}_{t+h}^w = \frac{1}{h}\sum_{i=1}^{n}\bar{\alpha}_i \theta_{i,t} g_{i,t+1}$，$\bar{g}_{t+h}^b = \frac{1}{h}\sum_{i=1}^{n}\Delta \alpha_{i,t+1}\bar{\theta}_i$ 分别表示部门 i 内部效应和结构效应所带来的生产率增长率的均值，总生产率增长率的均值

---

① 如果没有考虑农村剩余劳动力，农业的内部效应为：$eff_A^w = \alpha_{A,t}(y_{A,t+h} - y_{A,t})$，$y_{A,t} = Y_{A,t}/L_{A,t}$。

等于二者之和。

根据模型 II 得到的逐年增长率的计算公式如下：

$$g_{t+1} = \sum_{i=A,N} \bar{\alpha}_i \theta_{i,t} g_{i,t+1} + \Delta\alpha_{N,t+1}(\bar{\theta}_N - \bar{\theta}_A) \tag{2''}$$

式中，$g_{i,t+1} = (y_{i,t+1} - y_{i,t})/y_{i,t}$，表示从 t 到 $t+1$ 时期部门 $i(i=A,N)$ 的生产率增长率，$\theta_{i,t} = y_{i,t}/y_t$，$\bar{\theta}_N = [(y_{N,t} + y_{N,t+1})/2]/y_t$，$\bar{\theta}_A = [(y_{A,t} + y_{A,t+1})/2]/y_t$。等式右边第一项为内部效应增长率，第二项为结构效应增长率，任意时期平均增长率的计算方法同式（1''）。

分别根据式（5）~式（8）得到逐年计算的生产率增长率：

$$\begin{aligned} g_{t+1} = {} & \bar{\alpha}_A \theta_{SA,t} g_{A,t+1} + \bar{\alpha}_N \theta_{N,t} g_{N,t+1} \\ & + \Delta\alpha_{N,t+1}[\bar{\theta}_N - \bar{\theta}_A(1 + g_{A,t+1})] + \bar{\alpha}_A \theta_{A,t} g_{SA,t} \end{aligned} \tag{7'}$$

式中，$g_{A,t+1} = (y_{A,t+1} - y_{SA,t})/y_{SA,t}$，表示从 t 到 $t+1$ 期考虑了剩余劳动力后的农业部门生产率增长率，$g_{SA,t} = (y_{SA,t} - y_{A,t})/y_{A,t}$，表示 t 时期剩余劳动力流出导致的农业部门生产率增长率，$\theta_{A,t} = y_{A,t}/y_t$ 和 $\theta_{SA,t} = y_{SA,t}/y_t$ 分别表示 t 时期没有考虑以及考虑了剩余劳动力后农业部门的相对生产率。等式右边第一、二项为内部效应增长率，第三、四项为结构效应增长率，任意时期平均增长率的计算方法同式（1''）。

第 3 章

产业结构转型的推动力及其影响

自1978年以来,中国31个省份都经历了大幅度的经济增长,但是经济表现差异极大。相对于各地区实际劳动生产率(用实际劳均GDP表示)的平均值,一些地区的生产率持续上升,一些地区在快速增长后减速,还有一些地区则持续下降,从总体上看,省际经济增长并不存在收敛。在经济增长的同时,各个地区的产业结构也发生了巨大变化,第一产业劳动份额持续下降,第二、第三产业的劳动份额持续上升(为表述简单,以下将三次产业分别称为农业、工业和服务业部门)。与经济表现类似,各个地区产业结构转型过程也十分不同,对于生产率增长较快的地区,农业劳动份额下降速度和工业劳动份额上升速度都较快,从而拥有较高的工业劳动份额和较低的农业劳动份额;而增长较慢的地区则恰恰相反,农业部门劳动份额下降较为缓慢,工业劳动份额保持在较低水平甚至下降。简而言之,中国各省份经济增长和产业结构转型之间存在如下关系:高增长地区的产业结构转型较为合理,合理的产业结构又促进了生产率提高;而低增长地区的产业结构转型比较缓慢且不合理,不合理的结构变化则妨碍了生产率增长。

目前国内已有大量的文献从经济整体(即人均GDP)的角度研究了影响地区收敛的因素,如商品和要素市场扭曲以及劳动力流动存在阻碍(蔡昉等,2001;刘强,2001)、初始人力资本存量存在差异(蔡昉、都阳,2000;沈坤荣、马俊,2002)、各省在技术引进方面存在差异(李光泗、徐翔,2008)。也有文献从产业增长异质性的角度进行了研究,认为缺乏收敛的原因在于工业和服务业生产率增长的差异(彭国华,2005;石磊、高帆,2006),而更近期的研究则认为原因在于非工业部门的劳动生产率缺乏收敛,虽然工业生产率存在绝对收敛,但是工业劳动份额在落后省份较低,因此对整体经济增长贡献较小(戴觅、茅锐,2015)。从部门生产率对总生产率影响的方面来看,戴觅和茅锐(2015)的结论与本章的研究最为接近,不同的是我们通过三部门一般均衡模型,不仅定量地分析了各个部门对总生产率的影响,也定量地分析了部门生产率变化对产业结构转型的影响。

总之,目前国内学术界关于省际经济增长差异研究的共同不足在于没有充分考虑产业结构转型的内在机制,因此不能系统地分析产业结构转型的原因及其对总生产率增长所产生的影响,从而也不能提出有效的方法来优化低增长地区的产业结构以推动经济增长。国际经济发展经验表明,产业结构的变化将会对总生产率产生重要影响,资源从其他部门流入制造业有助于提高生产率并带动整体经济发展,制造业因此被称为经济增长的发动机(McMillan and Rodrik,2011;Rodrik,2015;Szirmai,Naude and Alcorta,2013;Szirmai and Verspagen,2011;UNIDO,2009),而较高的农业劳动份额和较低的农业劳动生产率是低收入经济体增长缓慢的主要原因(Caselli,2005;Restuccia et al.,2008),另外,产业结构服务化也会抑制总生产率的增长(Baumol,1965,1967,2012)。

认识到产业结构变化对经济发展的重要性,近年来,国际上研究产业结构转型原因的文献大量涌现,试图把单部门的新古典增长模型扩展为多部门模型,以同时包含平衡增长路径和产业结构转型。考虑到难以满足平衡增长路径的所有条件,目前的产业结构转型理论只保留了其中的实际利率不变,并称之为广义的平衡增长路径(Herrendorf et al.,2014)。从总体上看,解释产业结构转型原因的理论可分为三大类:第一类文献强调基于非位似偏好的收入效应,认为不同部门的产品具有不同的收入需求弹性,随着收入的提高,人们会更多地消费那些具有更高收入弹性的商品,从而导致资源在不同部门之间的重新配置(Matsuyama,1992,2002;Echevarria,1997;Laitner,2000;Kongsamut et al.,2001;Boppart,2011)。第二类文献强调基于相对价格变化的替代效应,该理论认为,由于不同产业之间产品的替代弹性不同,相对价格变化就会导致资源在不同部门之间流动。相对价格的变化可能源自不同部门劳动生产率增长的差异(Ngai and Pissarides,2007),也可能源自投入品相对价格的变化(Baumol,1967;Caselli and Coleman,2001;Acemoglu and Guerrieri,2008)。第三类文献则同时考虑了收入效应和替代效应,认为产业结构转型的推动力来自部门生产率增长及其差异所产生的收入效应和替代效应（Rogerson，2008；Duarte and Restuccia，2006，2010；Herrendorf et al.，2013）。

在产业结构转型原因的研究方面，只有较少的国内学者进行了理论分析（陈晓光和龚六堂，2005；陈体标，2007，2008；徐朝阳，2010；郭凯明等，2017），更多的学者从实证的角度分析了影响产业结构转型及其差异的因素，其中比较重要的因素包括政府行为、财政政策、FDI、技术选择和人力资本等（胡向婷、张璐，2005；刘宇，2007；黄茂兴和李军军，2009；张国强等，2011）。国内学术界关于产业结构转型原因研究的文献存在两点不足：第一，无论是理论研究还是实证分析，都没有对中国或者中国各省份产业结构转型的动态过程及其原因进行详细解释；第二，对产业结构转型的研究更多的是关注第二产业或者第三产业的比重变化，而不是从整体角度分析三次产业的联合演进。

国内现存文献尚不能将部门生产率增长、产业结构转型和各省份经济增长差异有机结合，本章试图弥补这一不足，从部门生产率增长角度分析各省份产业结构差异的原因及其在地区不平衡增长中的作用。为此，我们扩展了杜特和里斯图西亚（Duarte & Restuccia，2006；2010）的研究，构建了一个含有农业劳动力流动受阻因子的三部门一般均衡模型，并用该模型校准了1978～2015年31个省份的产业结构转型过程，然后使用基准模型进行了反事实实验，从而借此解释中国各省份产业结构转型和总生产率增长差异的原因。本章的贡献主要有：第一，通过模型系统地分析了中国各省份产业结构转型的推动力并解释了不同地区产业结构差异的原因；第二，定量地分析了各个部门生产率变化对产业结构和总生产率的影响，即从部门生产率和结构转型的角度解释了总生产率变化的原因；第三，基于反事实实验的结论，有助于选择适宜的产业发展政策以匹配各省份固有的产业结构转型模式。总之，我们的模型不仅有助于理解中国各省份的产业结构转型过程，也为评价产业政策提供了一个定量分析工具，制定产业政策必须要考虑一个产业发展对产业结构从而对总生产率的影响。

3.1 产业结构转型的内在机制

为了适应中国各省份产业结构转型的具体特征，我们对杜特和里斯图西亚（2010）的三部门一般均衡模型进行了扩展，加入一个时变参数以反映农业劳动力跨部门流动受阻情况。在该模型中,有两种力量推动劳动力在部门间流动:基于非位似偏好的收入效应和基于工业与服务业部门的替代效应。构建这个模型的作用在于可以定量地评价不同部门生产率增长对产业结构变化和总生产率的影响,然后据此选择产业发展策略,使产业结构向着合理的方向转型,有助于总生产率持续增长。

3.1.1 企业

在每一时期,经济生产三类商品:农产品(a)、工业品(m)和服务(s)。每个部门都存在大量同质企业展开竞争,生产函数采用如下规模报酬不变形式:

$$Y_i = A_i L_i, \quad i \in \{a, m, s\} \tag{3.1}$$

其中,Y_i、A_i 和 L_i 分别表示部门 i 的产出、劳动生产率和劳动投入量,A_i 反映了部门 i 的技术水平。在竞争性的商品市场和要素市场上,给定部门 i 的商品价格 p_i 和工资率 w_i,企业选择要素投入使利润最大化:

$$\max_{L_i \geq 0} \{p_i A_i L_i - w_i L_i\}, \quad i \in \{m, s\} \tag{3.2}$$

农产品市场是竞争性市场,但是农业劳动力跨部门流动受到约束,剩余劳动力的存在或者制度因素使农业部门的工资低于非农部门,农业劳动力成本较低将会促使农业部门使用劳动力代替资本,因此不利于现代技术的运用和农业生产率的提高。我们假设农业部门的劳动力收入为非农部门工资率的一个比例 h($0 < h \leq 1$),那么,农业部门生产者的问题转变为:

$$\max_{L_a \geq 0} \{p_a A_a L_a - hw L_a\} \tag{3.3}$$

其中,w 表示非农部门的工资率,用工业和服务业的平均工资率来衡量。随着农业部门剩余劳动力的减少,收入也将会随之变化,因此,工资比例 h 不会固定不变,而是取决于劳动力的流动状况以及政策、制度环境,是一个时变参数。在式(3.3)中,农村劳动力流出越困难,收入越低,即 h 越小。为了与习惯保持一致,我们将其倒数($1/h$)称为阻力因子,数值越大表示受到的阻力越大,同时也表示农业和非农部门收入差距越大。

3.1.2 家庭

假设经济由无限期界的家庭组成,且家庭规模不变,代表性家庭每期无弹性地提供 L 单位的劳动量,由于规模不变,可以将家庭的劳动量标准化为1。将总劳动量 L 标准为1，各个部门的劳动力数量就是劳动比例了。家庭的总效用和每期的效用函数分别为：

$$\sum_{t=0}^{\infty} \beta^t u(c_a, c_t), \beta \in (0,1) \quad (3.4)$$

$$u(c_{a,t}, c_t) = \alpha \ln(c_{a,t} - \bar{a}) + (1-\alpha)\ln(c_t), \alpha \in [0,1] \quad (3.5)$$

这种包含了非位似偏好项的 stone-geary 效用函数在近年来研究产业结构变化的文献中被广泛采用（Kongsamut et al., 2001; Herrendorf et al., 2013）。式中的 β 表示贴现率，$c_{a,t}$ 表示 t 时期家庭消费的农产品，$\bar{a}>0$ 表示农产品的需求收入弹性小于1，$\bar{a}$ 越大需求收入弹性越小，$\bar{a}<0$ 表示农产品的需求收入弹性大于1，$\bar{a}=0$ 则表示需求收入弹性为1[①]。α 是参数，c_t 即式（3.6）表示 t 时期工业品（m）和服务（s）的消费组合：

$$c_t = [b c_{m,t}^\rho + (1-b)(c_{s,t} + \bar{s})^\rho]^{1/\rho}, b \in [0,1], \rho < 1 \quad (3.6)$$

参数 b 表示工业品在消费中的份额，参数 ρ 反映了工业品和服务业之间的替代弹性。若 $\rho>0$，工业和服务业之间存在较高的替代弹性，$\rho<0$ 则替代弹性较低。如果 $\bar{s}>0$，它使得服务品的需求收入弹性大于1，在收入较低时，较少的资源用来提供服务，随着收入提高，较多的资源用来提供服务，非位似项 $\bar{s}$ 越大，需求收入弹性越高。如果 $\bar{s} \leq 0$，则意味着服务品的需求收入弹性小于或者等于1。另外，这种假设意味着工业品的需求收入弹性为1。模型不考虑跨期选择，给定每一期的价格和工资率，家庭在选择消费数量使自己在该时期的效用最大化 [即式（3.7）]：

$$\max_{c_i \geq 0} \left\{ \alpha \ln(c_a - \bar{a}) + (1-\alpha)\frac{1}{\rho}\ln[b c_m^\rho + (1-b)(c_s + \bar{s})^\rho] \right\}$$

$$\text{s.t. } p_a c_a + p_m c_m + p_s c_s = w(L - L_a) + hw L_a \quad (3.7)$$

3.1.3 均衡

在每一时期市场出清时，企业对劳动力的需求等于劳动供给，以及家庭对商品的需求等于产出：

$$L_a + L_m + L_s = 1 \quad (3.8)$$

[①] 式（3.5）实际上就是科布—道格拉斯效用函数的对数形式，这里以该函数的原始形式来说明需求收入弹性的大小。式（3.5）所对应的原函数就是：$v(c_{a,t}, c_t) = (c_{a,t} - \bar{a})^\alpha c_t^{1-\alpha}$，在给定收入和价格下可以得到农产品的需求函数，然后得到农产品的收入需求弹性为 $\dfrac{c_{a,t} - \bar{a}}{c_{a,t}}$，明显小于1。

$$c_a = Y_a, \ c_m = Y_m, \ c_s = Y_s \tag{3.9}$$

在均衡时，企业选择劳动力使其利润最大化，根据式（3.2）可以得到工业和服务业企业的一阶条件，即劳动的边际产品价值等于工资率，将工资率标准化为1，该条件表示如下：

$$p_i = \frac{1}{A_i}, \ i \in \{m, s\} \tag{3.10}$$

该条件意味着部门 i 的价格与该部门的劳动生产率反相关，即工业和服务业生产率提高将会使本部门产品价格下降，而价格下降带来两个效应：替代效应和收入效应。替代效应使家庭消费更多相对价格下降的商品，收入效应使家庭消费更多收入弹性较高的商品。

同样将市场的工资率标准化为1，得到农业部门生产者的一阶条件：

$$p_a = \frac{h}{A_a} \tag{3.11}$$

式（3.11）表明，相对于工业和服务业部门，剩余劳动的存在降低了农业部门边际产出价值：给定价格，农业劳动生产率下降；给定劳动生产率，农产品的价格下降。在剩余劳动状况给定时，农业生产率提高将会降低农产品价格，农产品价格下降只会产生收入效应，一般情况下农产品缺乏收入弹性，这意味着，随着农业生产率提高，家庭对农产品的消费支出（$p_a c_a$）下降。根据式（3.7）计算出家庭的一阶条件并结合市场出清条件可以得到农业部门的劳动投入份额：

$$L_a = \frac{(1-\alpha)h}{(1-\alpha)h+\alpha} \cdot \frac{\bar{a}}{A_a} + \frac{\alpha}{(1-\alpha)h+\alpha} \cdot \left(1 + \frac{\bar{s}}{A_s}\right) \tag{3.12}$$

如果 $\alpha = 0$，家庭每期消费的农产品数量都是 $\bar{a}$，农业的劳动份额仅仅依赖于农业劳动生产率的变化。当 $\alpha > 0$ 以及农业和服务业部门的劳动生产率持续上升时，农业部门的劳动份额将会逐渐下降并收敛于 $\alpha/[(1-\alpha)h+\alpha]$，效用函数中的非位似偏好项渐进地对劳动分配失去作用，最终，每单位劳动的农产品产出和消费的增长率与生产率的增长率相同。

根据家庭的一阶条件并结合式（3.12）可以得到工业部门的劳动投入份额：

$$L_m = \frac{1 - L_a + \bar{s}/A_s}{1+x}, \ x = \left(\frac{b}{1-b}\right)^{1/(\rho-1)} \left(\frac{A_m}{A_s}\right)^{\rho/(\rho-1)} \tag{3.13}$$

该式（3.13）意味着，长期的工业部门劳动力就业份额取决于农业劳动份额、效用函数中的偏好参数 α、b、ρ 以及工业和服务业的相对劳动生产率。式（3.11）反映了决定劳动力在工业和服务业部门流动的两种力量：第一，假设偏好是位似偏好，即 $\bar{s}=0$（工业品和服务业的收入需求弹性都为1，不存在收入效应），那么，$L_m/L_s=1/x$，工业和服务业部门的劳动力流动仅仅取决于这两个部门的劳动生产率差异。当两个部门的商品替代弹性较低时（$\rho<0$），家庭不会消费更多相对价格较低的商品，因此劳动力会从生产率增长较高的部门流入生产率增长较低的部门。例如，工业生产率的相对提高将会导致劳动力从工业流入服务业，这与大多数工业国家的发展现实吻合。而当替代弹性较高时（$0<\rho<1$），劳动力会从劳动生产率增长较低的部门流入增长率较高的部门。第二，假设偏好是非位似偏好，即 $\bar{s}>0$，服务业具有更高的收入需求弹性。当工业和服务业劳动生产率增长率相同，或者 $\rho=0$ 时，两个部门生产率的提高将会导致劳动力从工业流入服务业。当 $\rho<0$ 时，如果工业劳动生产率增长率相对于服务业提高，劳动力会从工业部门流入服务业；如果工业劳动生产率增长率相对于服务业降低，劳动力流动不确定。当工业和服务业替代弹性较高时（$\rho>0$），如果工业劳动生产率增长率相对于服务业提高，劳动力流动不确定；如果工业劳动生产率增长率相对于服务业降低，劳动力从工业流向服务业。

上述模型可以用来解释第二产业（主要是制造业）就业份额呈现倒"U"型的原因。在经济发展初期，人均收入水平较低，人们对工业品的需求较高，而对服务业的需求较低，服务业的需求收入弹性因此比较小，即 $\bar{s}\leq 0$。另外，在经济发展初期，制造业也刚刚起步，劳动生产率较低，而服务业则有较高的生产率增长率。根据式（3.12）和式（3.13），在 $\bar{s}\leq 0$ 且替代弹性较低（$\rho<0$）时，当工业生产率增长率不超过服务业，劳动力会从生产率增长较快的服务业流入工业部门，另外，从农业部门流出的劳动力也更多地流入了工业。随着经济发展和技术进步，制造业生产率增速超过了服务业，且对服务业的需求弹性增加（即 $\bar{s}>0$）[①]，生产率差异和收入效应的共同作用使劳动力从工业部门流入服务业。简而言之，在经济发展初期，较高的农业生产率增长率使大量的农业劳动力流出，而较高的服务业生产率增长率则使更多的劳动力流入到第二产业，其后则是因为第二产业劳动生产率提高和收入效应的共同作用使劳动力进入

---

① 虽然克拉克较早地指出随着经济发展，服务业在经济中的就业比重将会上升，但是他没有说明具体的影响机制。斯蒂格勒（Stigler，1956）对此进行了进一步解释，认为随着城市化进程、教育水平的提高和人口老龄化，人们对服务业的需求也在不断增加。因此，服务业的需求收入弹性随着经济发展而变化。

服务业。因此，随着经济发展，第二产业（主要是制造业）的就业份额就会先上升后下降。本部分理论的一个重要启示是，只有提高农业和服务业的生产率增长率才会增加第二产业的就业份额，为制造业充分发展提供了资源。

总之，各部门生产率增长及增长差异所产生的收入效应和替代效应推动了产业结构的转型，而每个地区的参数决定了该地区固有的产业结构转型模式。

如果 $h=1$，那么式（3.12）为：

$$L_a = (1-\alpha)\frac{\bar{a}}{A_a} + \alpha\left(1 + \frac{\bar{s}}{A_s}\right) \qquad (3.14)$$

工业劳动份额 L_m 具有与式（3.13）同样的形式，但是其中的 L_a 使用的是式（3.14）的计算结果。这就是杜特和里斯图西亚（2010）的模型，他们使用该模型校准了美国 1956~2004 年的产业结构转型过程，并使用美国的参数拟合了 29 个经济体，效果较好，该模型的隐含条件是三个部门的劳动力可以自由流动且各个经济体与美国具有类似的产业结构转型特征。但是，对于中国来说，由于户籍制度以及其他限制人口流动的因素使得农村存在大量的剩余劳动力，因此需要对模型进行扩展以适应不同省份农业劳动力流动受阻的具体情况。从校准角度来看，这种修正也是非常有必要的，因为如果式（3.14）与实际值误差较大，那么模型的校准参数将缺乏准确性，只有准确的校准参数才会使反事实实验更有参考价值。另外，之后的校准结果也显示，不同省份产业转型过程差异巨大，因此需要对各个省份进行分别校准。

在之后的校准中我们将式（3.14）所表示的模型作为模型Ⅰ（$h=1$），将加入阻力因子［式（3.12）］的模型作为模型Ⅱ（$0<h\leqslant 1$）。

3.2 各省份产业结构转型及其差异的原因

3.2.1 产业结构转型的推动力

本部分使用模型Ⅰ和模型Ⅱ对 1978~2015 年各省份的产业结构转型过程进行校准，即选择参数数值使模型的均衡值符合该地区产业结构变化的特征以得到基准模型，校准参数和部门生产率增长情况有助于观察不同力量对结构转型的作用，从而理解导致各地区产业结构差异的原因。我们首先使用模型Ⅰ进行校准，由于上海市的工业劳动份额经历了典型的"驼峰"型变化过程，因此我们以上海为例说明校准过程。

具体校准步骤分为四步：第一步，标准化生产率。将1978年上海市三个部门的生产率水平标准化为1，然后根据部门生产率的增长率得到各个部门生产率的时间变化路径。第二步，估算α。根据式（3.14），随着各部门生产率的增长，农业部门的劳动力份额将会收敛到α。因此，我们根据上海的农业劳动力变化趋势假设参数α（$\alpha=0.0001\%$），这个假设虽然有些武断，但是模型的结论对该变量并不敏感，尤其是模型Ⅱ的式（3.12）。第三步，计算$\bar{a}$和$\bar{s}$。给定b和ρ，根据式（3.14）和式（3.13）选择$\bar{a}$和$\bar{s}$以匹配1978年上海市农业部门和工业部门的劳动力份额。第四步，选择b和ρ。同时选择b和ρ来拟合1978~2015年上海市工业部门的劳动份额随时间的变化路径和总生产率的年度复合增长率。图3.1（a）给出了上海劳动份额变化过程的校准结果，图3.2给出了31个省份劳动份额和总相对生产率的水平值及其变化的校准结果，总相对生产率是各省份总生产率与平均总生产率的比值。

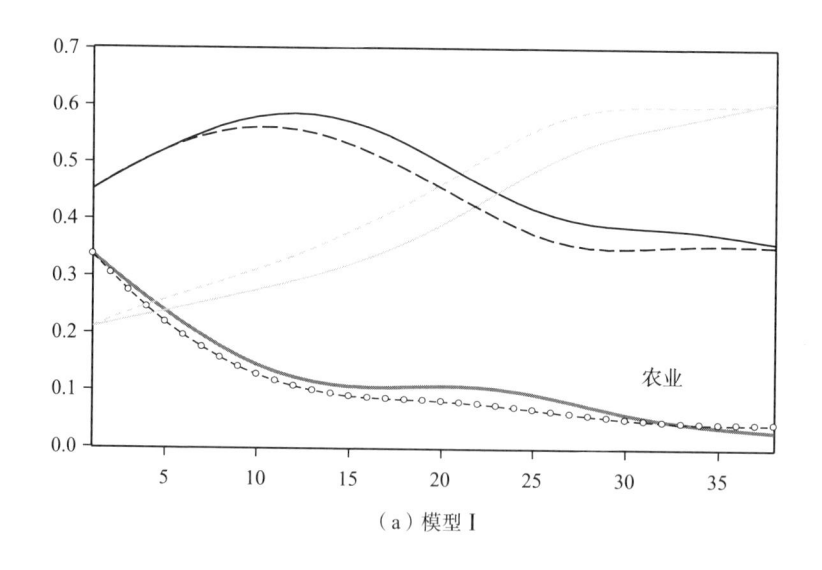

（a）模型Ⅰ

(b) 模型 Ⅱ

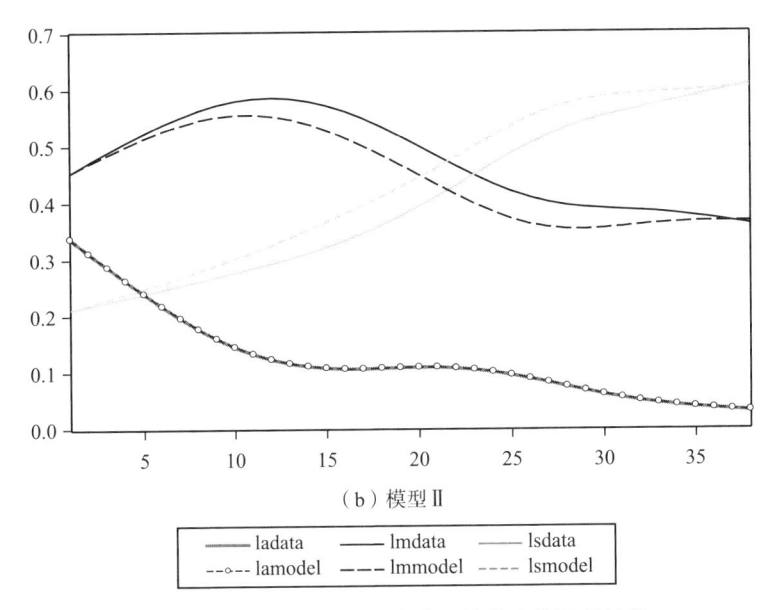

―――― ladata ―――― lmdata ―――― lsdata
--○-- lamodel ―――― lmmodel ―――― lsmodel

图 3.1　1978～2015 年上海产业结构变化及其校准

注：图中 Lidata 和 Limodel（$i=a, m, s$）分别表示农业、工业和服务业劳动份额的真实值和校准值。

资料来源：《上海统计年鉴》（2017）。

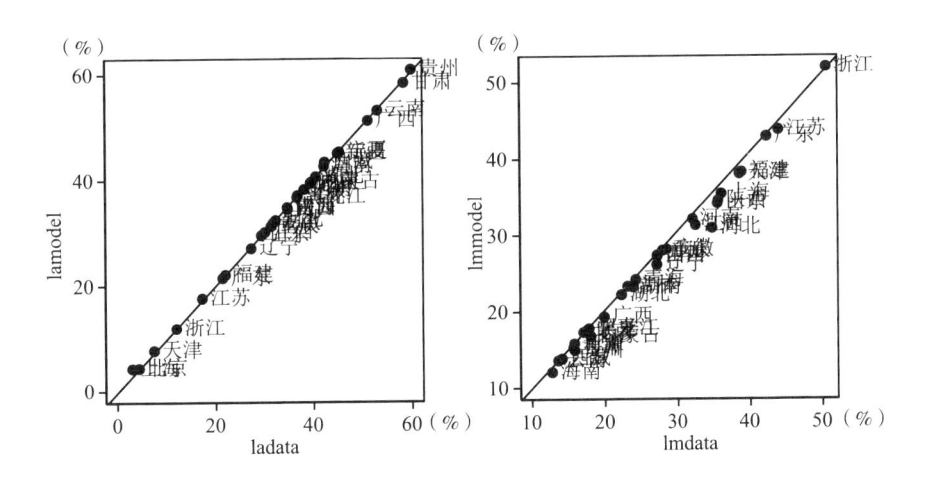

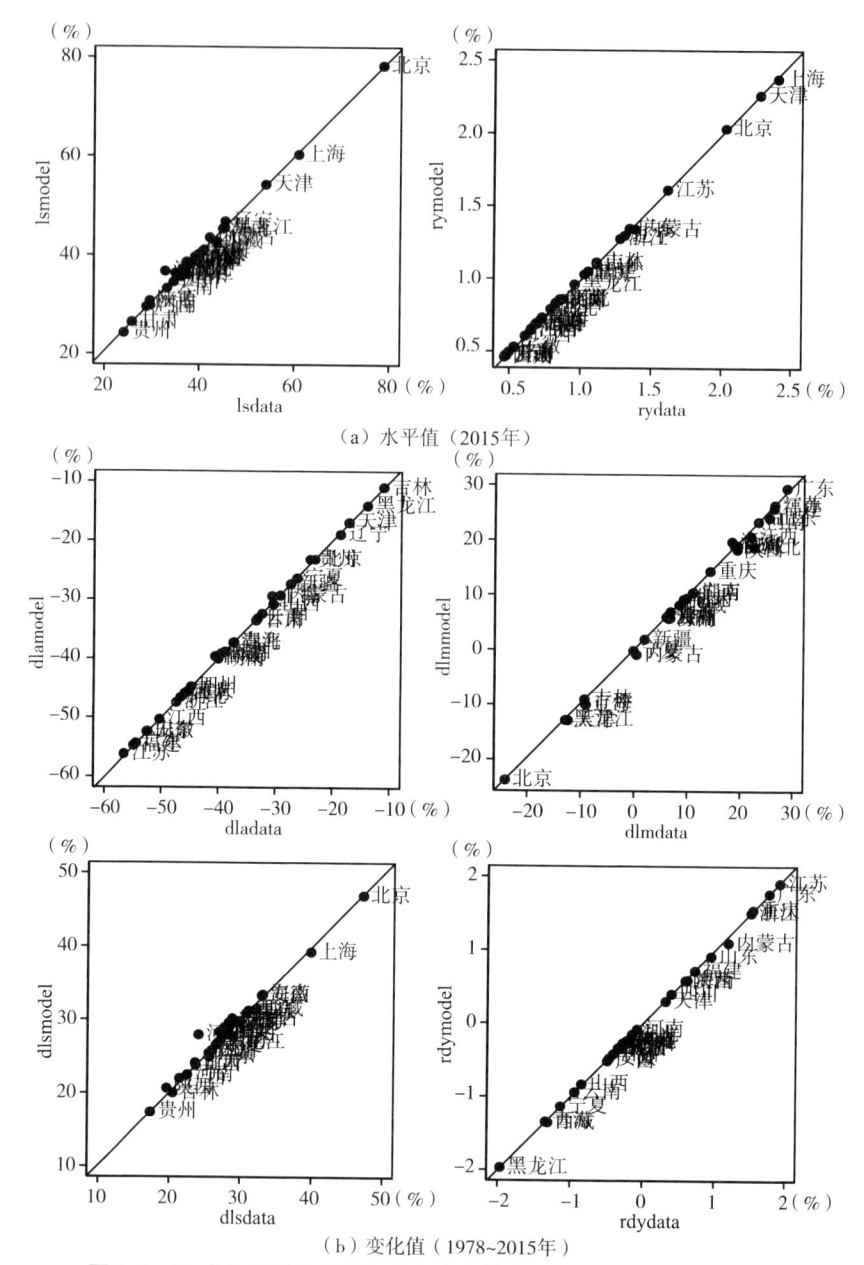

图 3.2　31 个省份劳动份额和总生产率的真实值和校准值（模型 I）

注：图中 limodel 和 lidata（$i=a, m, s$）分别表示农业、工业和服务业在 2015 年的劳动份额（%），rymodel 和 rydata 分别表示 2015 年总相对生产率的模型值和真实值，dlimodel 和 dlidata（$i=a, m, s$）以及 rdymodel 和 rdydata 则分别表示 1978～2015 年劳动份额变化量以及总相对生产率变化率的模型值和真实值（%）。

从总体来看，模型Ⅰ较为准确地把握了31个省份产业结构转型的主要特征，较好地解释了各省份部门劳动份额的变化路径，尤其是解释了一些省份工业劳动份额的"驼峰"型变化路径。因此，基于非位似偏好的收入效应以及工业和服务业之间的替代效应是中国各地区产业结构转型的主要推动力。但是，正如图3.1（a）所示，农业劳动份额实际变化路径要高于模型Ⅰ预示的路径，即实际农业劳动力流出数量小于理论值，这导致服务业劳动力的理论流入量要高于实际劳动流入量，这种结果在产业结构转型缓慢的地区更为显著。由于公式中包含了工业和服务业之间的替代弹性参数，这种误差将会使校准参数缺乏准确性。因此，需要根据模型Ⅱ进行校准，以消除实际值和理论值的差额，从而得到更为准确的校准参数。

在模型Ⅰ的基础上，模型Ⅱ的校准需要两步完成：第一，计算时变参数 h。给定 α、$\bar{a}$ 和 $\bar{s}$，将式（3.12）减去式（3.14），并令式（3.12）等于真实的农业劳动份额可以得到 h。第二，重新调整 b 和 ρ 来拟合 1978 ~ 2015 年上海市工业部门的劳动份额随时间的变化路径和总生产率的年度复合增长率。图3.1（b）给出了上海市的校准结果，图3.3给出了所有省份产业结构转型过程的真实值和校准值，表3.1给出了所有地区的校准参数。

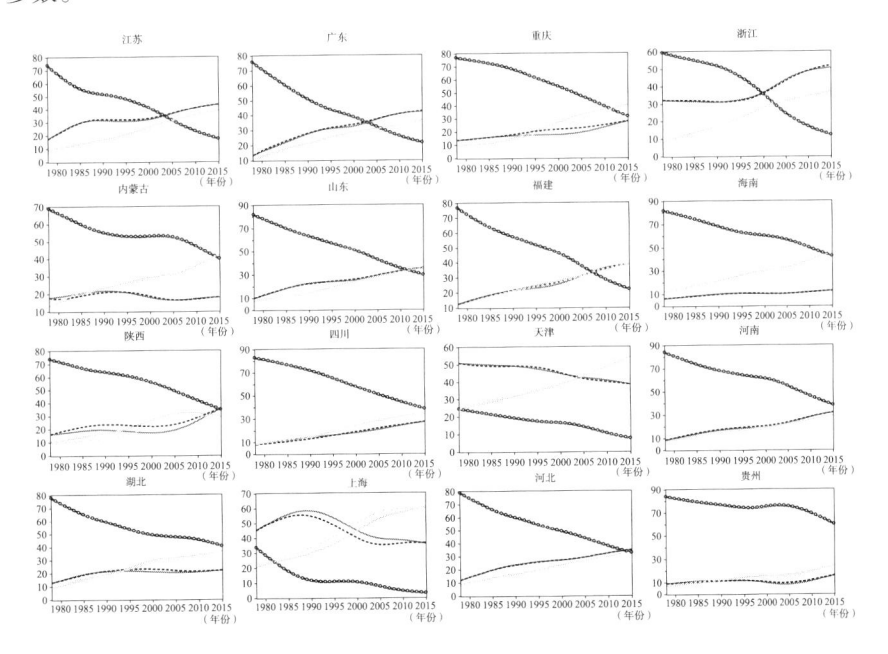

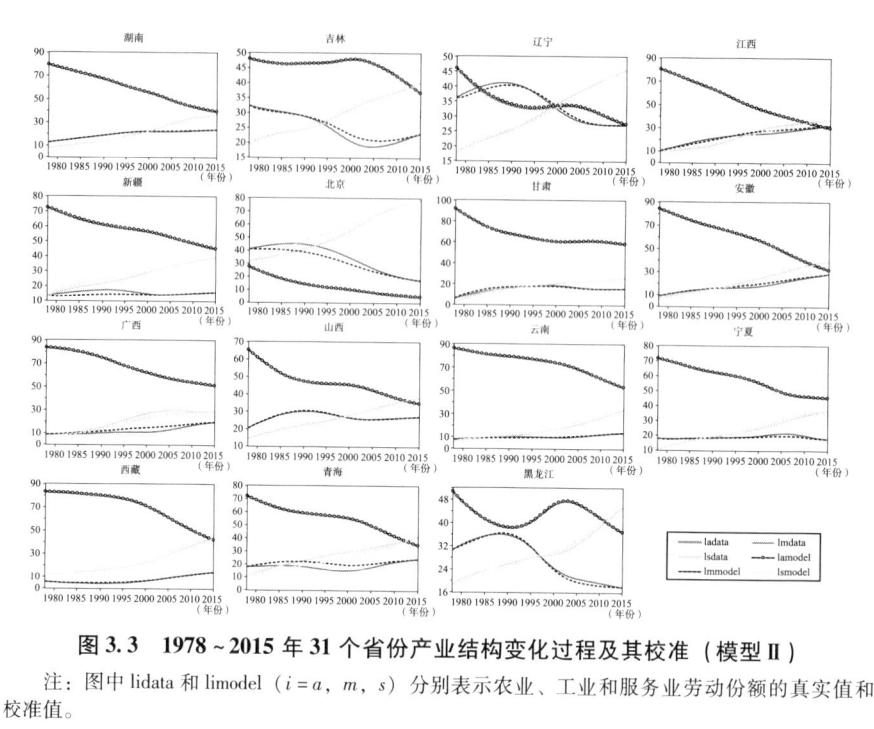

图 3.3　1978～2015 年 31 个省份产业结构变化过程及其校准（模型 Ⅱ）

注：图中 lidata 和 limodel（$i=a, m, s$）分别表示农业、工业和服务业劳动份额的真实值和校准值。

表 3.1　　　　　　　　　　　校准参数（模型 Ⅱ）

地区	校准参数					地区	校准参数				
	α	b	ρ	$\bar{a}$	$\bar{s}$		α	b	ρ	$\bar{a}$	$\bar{s}$
江苏	0.12	0.80	-5.00	0.69	0.05	湖南	0.31	0.52	-1.00	0.68	0.04
广东	0.14	0.59	-0.20	0.72	-0.01	辽宁*	0.25	0.22	-1.50	0.14	0.42
重庆	0.26	0.50	-0.80	0.67	0.04	江西	0.23	0.50	-0.30	0.74	0.01
浙江	0.07	0.97	-1.50	0.56	0.00	新疆	0.43	0.31	0.10	0.37	0.20
内蒙古	0.37	0.26	-0.50	0.38	0.22	北京*	0.01	0.00	-5.40	0.26	0.90
山东	0.23	0.59	-0.80	0.76	0.00	甘肃	0.53	0.33	-0.50	0.74	0.07
福建	0.16	0.50	0.00	0.72	0.02	安徽	0.21	0.51	-0.50	0.79	0.02
海南	0.40	0.13	-1.00	0.67	0.04	广西	0.46	0.91	-2.00	0.73	-0.03
陕西	0.28	0.57	-2.50	0.61	0.05	山西	0.22	0.39	-2.50	0.53	0.09
四川	0.32	0.44	0.00	0.74	0.02	云南	0.45	0.16	-1.50	0.68	0.09
天津	0.06	0.56	-1.00	0.18	0.21	宁夏	0.39	0.34	-0.40	0.42	0.18

续表

地区	校准参数					地区	校准参数				
	α	b	ρ	$\bar{a}$	$\bar{s}$		α	b	ρ	$\bar{a}$	$\bar{s}$
河南	0.31	0.52	0.00	0.77	0.01	吉林*	0.36	0.32	-0.80	0.01	0.30
湖北	0.32	0.47	-1.50	0.65	0.05	西藏	0.29	0.32	0.20	0.75	0.03
上海*	0.00	0.02	-25.00	0.34	0.31	青海	0.22	0.74	-2.00	0.63	0.03
河北	0.25	0.50	-0.70	0.71	0.03	黑龙江*	0.36	0.05	-3.00	-0.03	0.47
贵州	0.55	0.39	-0.50	0.58	0.05						

注：本表按照各省份实际总生产率增长率从高到低排序，带"*"地区的工业劳动份额持续下降。

从图3.3中可以看出，模型Ⅱ良好地拟合了各省份产业结构的转型过程，这再次表明中国各省份产业结构转型过程在很大程度上取决于各部门生产率增长及其差异所产生的收入效应和替代效应。图3.3是按照各省份实际总生产率的年度复合增长率从高到低依次排序，从中可以直观地发现各省份市产业结构转型的特征：总生产率增长越慢的省份，农业劳动份额下降速度和工业劳动份额增加速度也越慢。

3.2.2 各省份产业结构转型差异的原因

前面的分析表明，部门生产率增长和每个地区产业结构转型的具体特征导致了各地区产业结构转型的差异，本部分将对此进行更为细致的讨论。

3.2.2.1 部门生产率增长差异

图3.4给出了1978~2015年31个省份的部门和总体生产率的年化增长率。各地区总劳动生产率的年化增长率平均值为8.6%，其中，工业劳动生产率增长最快，年化增长率的平均值为8.7%，服务业次之，为7.1%，农业生产率增长最慢，为5.3%。这种部门生产率增长模式与发达经济体的经历不同，发达经济体的农业生产率增长最快，工业次之，服务业生产率增长率略低于工业（Duarte and Restuccia，2010；Herrendorf et al.，2014）。后面的分析表明，正是农业生产率增长缓慢导致中国许多地区农业劳动份额下降速度极为缓慢。

(a) 农业

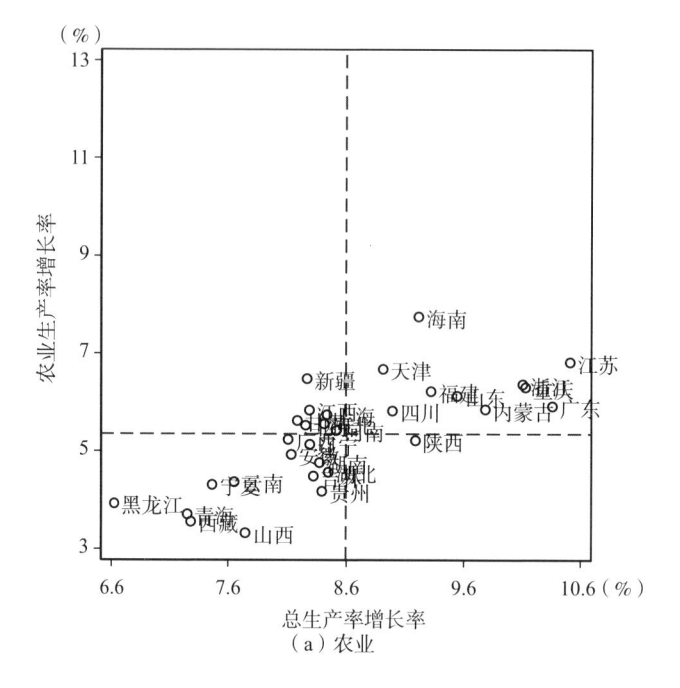

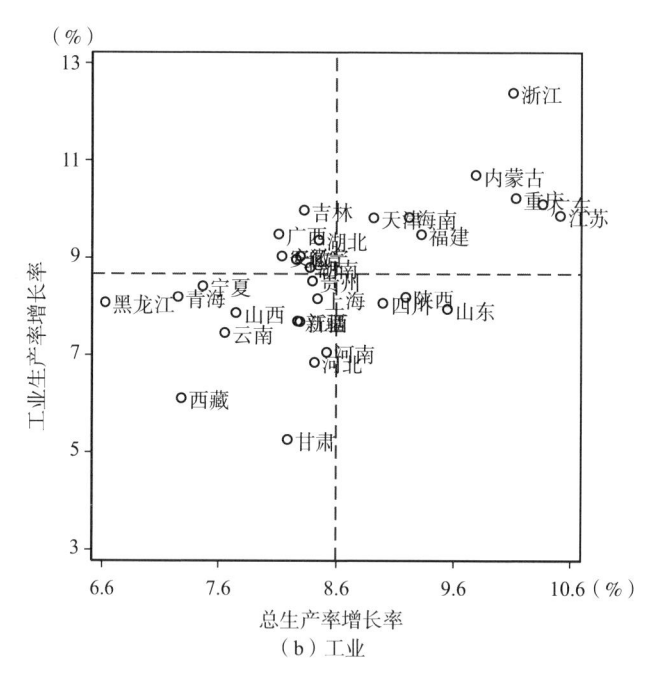

(b) 工业

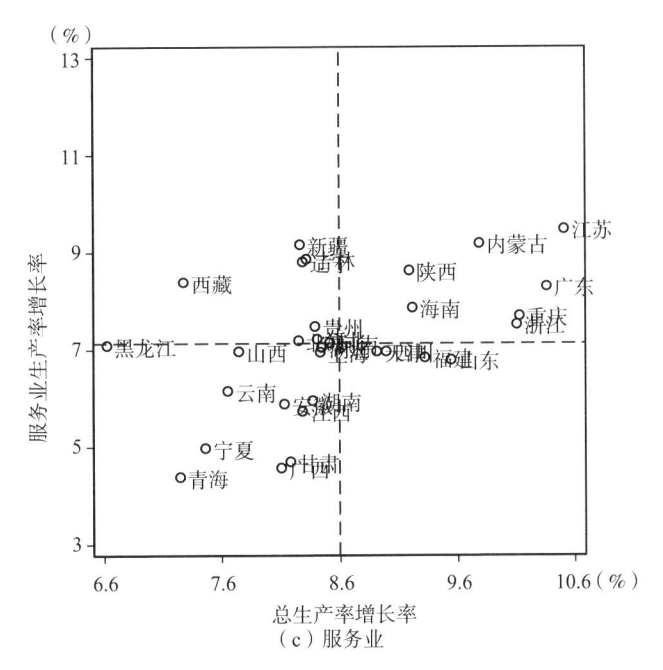

图 3.4　1978～2015 年各地区的部门生产率和总生产率增长率

注：图中横向的虚线表示相应部门的生产率增长率均值，纵向虚线表示总生产率增长率均值。

图 3.4 显示，各地区总生产率增长差异巨大，增长较快的主要是东部省份和部分中、西部省份，绝大部分西部省份增长较慢。增长率低于均值使那些初始相对生产率水平（相对于各省份总生产率均值）比较低的省份仍然处于较低水平（例如大多数西部省份和部分中部省份），而原本相对生产率较高的地区则缩小了与其他地区的差距（例如东北三省）。具体来说，有将近一半的省份没有改变初始生产率相对较低的局面，因此，各省份经济增长并不存在收敛。生产率水平的离散程度也验证了这一点，各省份总生产率的标准差在 1978 年和 2015 年都为 0.51。图 3.4 呈现的另一个明显特征是，总生产率增长较快的地区，三个部门的生产率增长也倾向于较快，尤其是农业和工业，这种增长模式使各个省份的部门生产率相对水平发生了变化。1978 年，各地区的农业生产率水平差距最小（标准差为 0.33），工业和服务业的生产率差距较大（标准差分别为 0.46 和 0.49），随着时间推移，工业和服务业的部门生产率存在绝对收敛，而农业生产率则无收敛趋势。大多数总生产率增速快于均值的地区（以下称为高增长地

区）在 1978 年具有较低的工业和服务业相对生产率水平，工业相对生产率尤其较低，但是随后时间里的快速增长使得这些地区工业和服务业相对生产率大幅上升。与此相反的是，总生产率增速低于均值的地区（以下称为低增长地区）的工业和服务业相对生产率则下降到较低水平，尤其是服务业的相对生产率大幅下降。收敛使各地区工业和服务业生产率差距小幅下降（标准差分别降低到 0.40 和 0.44）。由于低增长地区在 1978 年具有较低的农业相对生产率水平，农业增长无收敛使得这些地区的农业相对生产率进一步下降，即各地区的农业生产率差距进一步扩大（标准差上升到 0.41）。

从总体来看，低增长地区工业和服务业生产率的相对优势自 1978 年以来发生逆转，从而拉大了与高增长地区生产率的差距，尤其是服务业生产率的差距，而农业生产率的差距则持续扩大。总生产率的增长速度不仅与部门生产率增长有关，还与产业结构的转型密切相关，低增长地区这种部门生产率增长模式会导致非常不利的产业结构转型模式，从而对总生产率增长产生不利影响。

3.2.2.2 转型模式的差异

表 3.1 中校准参数的不同反映了各地区产业结构转型速度和模式的不同，具体的参数数值可以解释不同地区产业结构转型的差异。在农产品的收入效应方面，除了黑龙江，其他地区的非位似偏好项 $\bar{a}$ 都为正且相当高，也就是说绝大多数地区农产品的需求收入弹性都小于 1。从总体上看，东北三省的参数 $\bar{a}$ 都远远小于其他地区，这意味着农业生产率提高对这些地区农业劳动力的流出影响幅度较小，这在一定程度上解释了东北地区农业部门劳动力份额下降较为缓慢的原因。在服务业的收入效应方面，除了广东和广西（$\bar{s}<0$）、浙江和山东（$\bar{s}=0$），其他地区服务业的非位似偏好项 $\bar{s}$ 也都为正，意味着绝大多数地区服务业的需求收入弹性都大于 1。在替代效应方面，除了新疆和西藏，其他地区的替代弹性参数 ρ 非正，这表明绝大多数地区工业和服务业之间的替代弹性较低，劳动力会从生产率增长较高的部门流入增长较低的部门，而新疆和西藏的劳动力则从生产率增长较低的部门流入增长较高的部门。

从表 3.1 中可以发现，不同增长类型的地区，位似偏好项的数值存在明显差别。位似偏好项的不同意味着农业和服务业劳动生产率增长对不同地区农业和服务业劳动力流动影响程度不同。从总体上看，高增长地区的

$\bar{a}$ 普遍比较高，$\bar{s}$ 普遍较小，低增长地区则恰恰相反，尤其是产业结构服务化的地区，即大量劳动力从工业流入服务业（见表 3.1 中加"*"的地区），这表明高增长地区对农产品和服务业的收入需求弹性较低，而低增长地区则对二者的收入弹性较高。对农产品的收入需求弹性较高，以及较低的农业和服务业生产率增长率共同解释了低增长地区农业劳动力的缓慢下降。对服务业的需求收入弹性较高意味着服务业生产率提高将会吸引更多劳动力，而工业与服务业之间较低的替代弹性使工业生产率增长快于服务业时，劳动力会从工业流入服务业，因此，服务业生产率增长率低于工业以及较高的服务业收入需求弹性共同解释了低增长地区产业结构转型的服务化。

简而言之，较高的农产品和服务业需求收入弹性，以及较低的农业和服务业生产率增速所产生的收入效应和替代效共同解释了低增长地区产业结构转型的缓慢和不合理。这个结论的含义是，需要提高低增长地区的农业和服务业（特别是相对于工业）劳动生产率增速才能降低农业劳动份额，提高工业劳动份额。

3.3 部门生产率增长对产业结构和总生产率的影响

本部分使用模型 II 的校准参数进行反事实实验，以观察部门生产率变化对结构转型和总体生产率的影响，从而尝试着解释不同地区生产率增长差异的原因。具体来说，我们进行两类反事实实验：第一类实验用来观察每个部门生产率增长对不同地区产业结构转型和总生产率变化的作用机制，以及不同部门和地区生产率增长差异对劳动力配置和总体生产率的影响；第二类实验用来观察不同地区特定的部门生产率增长模式对本地区产业结构转型和总生产率增长的影响，以解释不同地区总生产率增长差异的原因。

3.3.1 部门生产率增长的影响机制

本部分假设各地区任意一个部门的生产率增长率等于 0，其他部门的生产率保持原来的增长率，以观察每个部门生产率增长对本地区劳动力流动和总生产率所产生的作用。为了观察部门生产率变化对不同增长类型地区的影响，我们依据总生产率增长率的高低将 31 个省份分成三个组别：高于均值的增长组（简称高增长组，共 11 个）、均值组（河南）和低于均值的增长组（简称低增长组，共 19 个），然后按照低增长组产业结构转型和生产率增长的具体特征，我们将其分成三个组别：高替代弹性组（新疆和西藏的替代弹性参数 ρ 为正）、结构减速组（北京、上海和东北三省）和其他 12 个地区。图 3.5 显示了每个地区三个部门劳动份额和总生产率变化率的实验值和真实值，表 3.2 给出了劳动份额和总生产率变化的平均值。

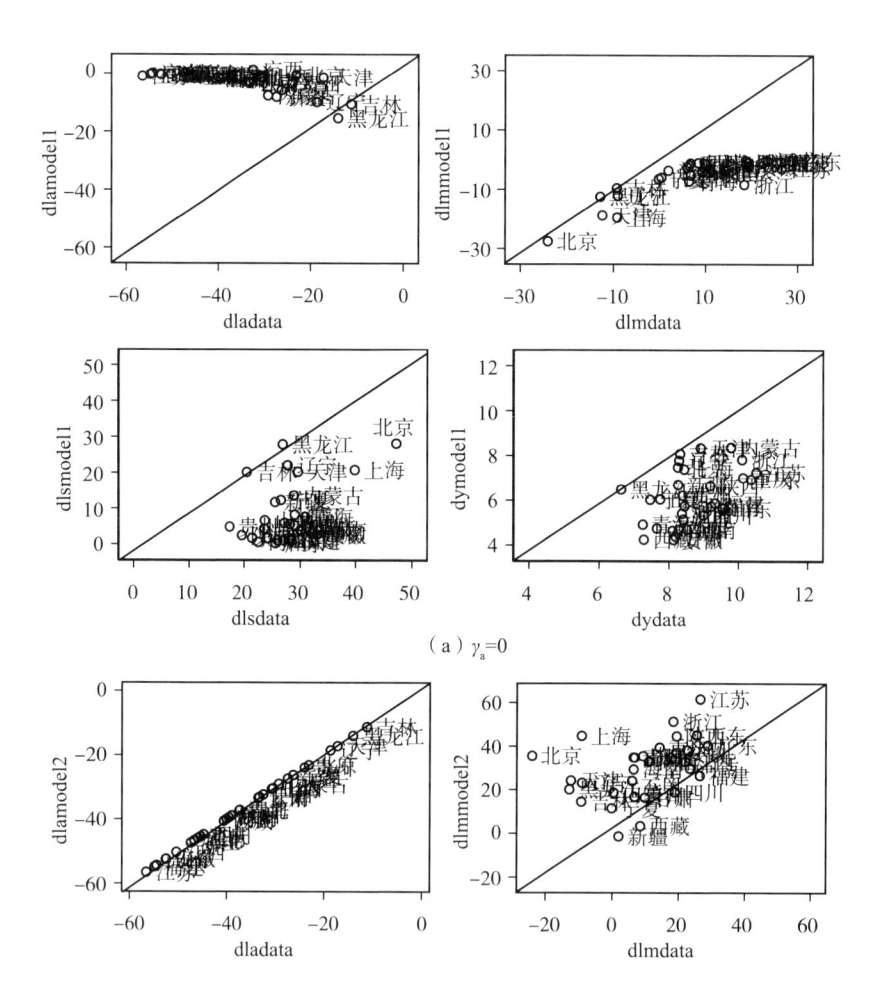

(a) $\gamma_a = 0$

（b）$\gamma_m=0$

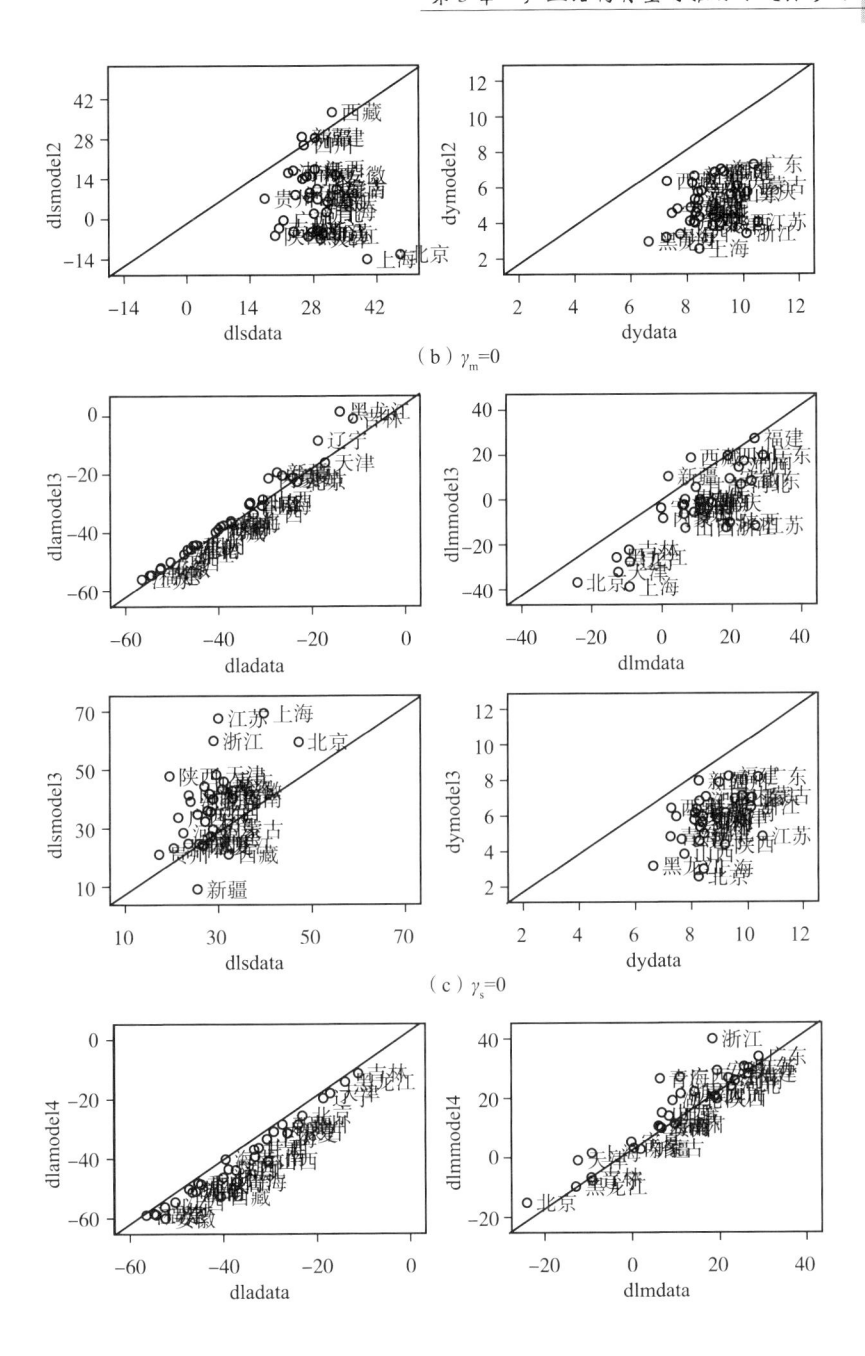

（c）$\gamma_s=0$

(d) $\gamma_i = \gamma^{AV}$

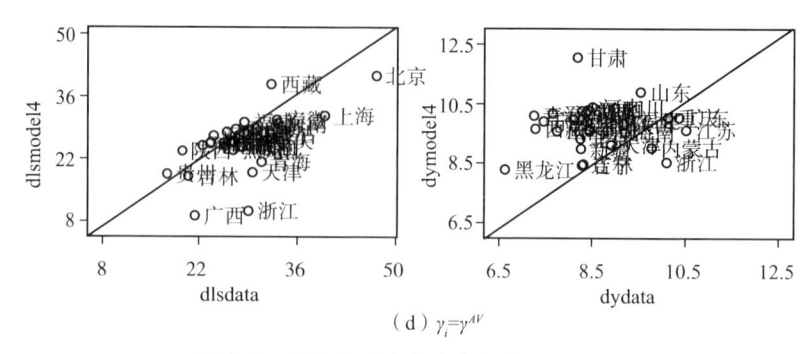

图 3.5　部门劳动生产率变化的影响机制

注：图中的 dlamodeli、dlmmodeli、dlsmodeli 和 dymodeli 分别表示第 i（$i=1,2,3,4$）种假设下农业、工业和服务业劳动份额变化量以及总生产率增长率的模型值，dladata、dlmdata、dlsdata 和 dydata 分别表示农业、工业、服务业劳动份额变化量和总生产率增长率的真实值，γ_i（$i=a,m,s$）和 γ^{AV} 分别表示农业、工业和服务业的生产率增长率及其总生产率增长率的平均值。

表 3.2 显示，31 个省份自 1978 年以来农业劳动份额平均下降了 37%，工业和服务业劳动份额分别上升了 9% 和 28%。各个地区产业结构转型的速度和模式差距巨大，较之低增长地区，高增长地区和均值增长地区的农业劳动份额下降更快，工业劳动份额也增加更快。结构减速组的农业劳动份额下降最慢，其中主要是由于东北三省的农业劳动份额下降过慢所致，这三个地区农业劳动份额平均下降了 15%。除了结构减速组，其他低增长地区的农业劳动份额也下降较慢且主要流入了服务业，总之，低增长地区的产业结构转型不仅速度较慢，而且也不合理，我们接着观察产业结构转型的推动力。

表 3.2　部门生产率增长、劳动力流动和总生产率增长率变化　　单位：%

项目			劳动份额变化			生产率变化	
			农业	工业	服务业	增长率	变化
全部地区	真实值/校准值		−36.6/−36.6	8.8/8.9	27.9/27.7	8.6/8.6	
	实验	$\gamma_a = 0$	−2.7	−5.5	8.2	6.1	−28.5
		$\gamma_m = 0$	−36.6	29.6	7.0	5.0	−42.0
		$\gamma_s = 0$	−34.0	−3.5	37.5	5.8	−32.6
		$\gamma_i = \gamma^{AV}$	−40.8	15.1	25.7	9.7	14.6

续表

项目			劳动份额变化			生产率变化	
			农业	工业	服务业	增长率	变化
高增长组	真实值/校准值		−43.7/−43.7	15.7/15.9	28.0/27.8	9.6/9.6	
	实验	$\gamma_a=0$	−1.4	−4.1	5.5	6.8	−29.3
		$\gamma_m=0$	−43.7	36.4	7.3	5.5	−42.4
		$\gamma_s=0$	−42.4	−0.5	42.8	6.6	−31.0
		$\gamma_i=\gamma^{AV}$	−46.5	21.6	24.9	9.7	1.2
均值增长组	真实值/校准值		−45.9/−45.9	23.4/23.4	22.5/22.5	8.5/8.5	
	实验	$\gamma_a=0$	−0.3	−0.3	0.6	4.7	−44.7
		$\gamma_m=0$	−45.9	29.7	16.2	5.8	−31.8
		$\gamma_s=0$	−45.6	17.1	28.5	7.1	−17.1
		$\gamma_i=\gamma^{AV}$	−50.9	25.9	25.0	10.4	22.1
高替代弹性组	真实值/校准值		−34.0/−34.0	5.1/5.1	28.9/28.9	7.8/7.8	
	实验	$\gamma_a=0$	−5.0	−2.3	7.3	5.5	−30.3
		$\gamma_m=0$	−34.0	1.0	33.0	6.5	−16.1
		$\gamma_s=0$	−29.5	14.4	15.2	7.2	−7.8
		$\gamma_i=\gamma^{AV}$	−40.6	8.4	32.1	9.3	20.7
结构减速组	真实值/校准值		−19.5/−19.5	−12.9/−12.7	32.4/32.3	8.0/8.0	
	实验	$\gamma_a=0$	−7.5	−16.3	23.8	7.4	−6.5
		$\gamma_m=0$	−19.5	27.6	−8.1	3.6	−54.5
		$\gamma_s=0$	−12.2	−30.3	42.5	3.7	−53.2
		$\gamma_i=\gamma^{AV}$	−20.8	−7.6	28.3	8.8	11.2

续表

项目			劳动份额变化			生产率变化	
			农业	工业	服务业	增长率	变化
其他地区	真实值/校准值		−37.0/−37.0	10.9/10.9	26.1/26.1	8.0/8.0	
	实验	$\gamma_a = 0$	−1.7	−3.3	5.0	5.2	−35.2
		$\gamma_m = 0$	−36.9	29.0	7.9	4.7	−41.5
		$\gamma_s = 0$	−35.2	0.2	35.1	5.5	−31.0
		$\gamma_i = \gamma^{AV}$	−43.1	18.9	24.2	10.1	26.6

注：γ_i ($i=a, m, s$) 和 γ^{AV} 分别表示农业、工业和服务业的生产率增长率及其总生产率增长率的平均值，最后一列的"变化"是指实验值相对于真实生产率增长率的变化率。

首先，考虑农业生产率增长率等于零（$\gamma_a = 0$）的影响。从图 3.5（a）中非常直观地看出，农业部门生产率无增长将会对产业结构和总生产率产生显著影响。除了黑龙江，其他地区农产品的需求收入弹性都小于1（见表 3.1），因此，农业生产率不增长使农业部门的劳动力流出量大幅减少，农业劳动份额将会平均下降 2.7% 而不是下降 36.6%，与此相应的是，工业劳动份额将减少 5.5%，服务业劳动份额仅仅上升 8.2%，这使得所有地区的总体平均生产率增长率下降了 28.5%。其中，均值增长组受到的影响最大，农业劳动份额仅仅下降了 0.3%，导致总生产率增长率下降了 45%，结构减速组则受到的影响最小，总生产率增长率仅仅下降不足 7%。农业生产率不增长对结构减速组影响较小的原因如下：第一，较低的非位似偏好项 $\bar{a}$ 以及农业生产率增长缓慢使得东北地区的农业劳动份额本来就下降非常缓慢；第二，北京和上海的农业劳动份额本来已经处于较低水平。从总体上看，农业部门发展对各省份产业结构转型产生了最为重要的影响，农业生产率提高以及由此释放的劳动力解释了中国生产率增长的近 30%。

其次，来分析工业生产率增长率等于零（$\gamma_m = 0$）的影响。图 3.5（b）显示，工业生产率变化对农业部门劳动力的流动没有作用力，但是推动了工业和服务业部门之间的资源转移。表 3.1 中的校准参数表明，新疆和西藏的替代弹性较高（$\rho > 0$），福建的替代弹性为 1（$\rho = 0$），其他地区的替代弹性都较低（$\rho < 0$），因此，除了上述三个地区，工业生产率不增长使劳动力从服务业部门转移到工业部门。由于各地区工业和服务业的替代弹性以及收入弹性不同，工业和服务业劳动份额的变化也不相同。劳动力流

入没有增长的工业部门使得所有地区的生产率增长率平均下降了42%（见表3.2）。工业生产率不增长对结构减速组影响最大，极低的替代弹性使劳动力大量从服务业流入工业，导致总体生产率增长率平均下降了55%。工业增长在北京、上海和东北三省中发挥着极为重要的作用，与这些地区经济发展的实践一致。工业（或者服务业）生产率增长率等于0时，高替代弹性组的总生产率变化不大，这是因为较高的替代弹性使劳动力从低增长部门流入到高增长部门，抵消了生产率不增长的负向影响。

再次，服务业生产率无增长（$\gamma_s=0$）同样会对产业结构和生产率增长产生重要影响。由于收入效应的存在，服务业生产率不增长使农业部门的劳动力流出数量小幅下降，而替代效应使工业和服务业部门的劳动力流动发生巨大变化，服务业部门吸引了更多的劳动力，工业部门的劳动份额则下降了3.5%，总体生产率增长率平均下降了33%，见表3.2和图3.5（c）。其中，结构减速组受到的影响最大，一方面农业劳动力流出数量下降，另一方面大量劳动力从生产率增长较高的工业部门流入到无增长的服务业部门，导致总生产率平均下降53%。正是服务业生产率的增长抑制了结构减速组产业结构的进一步服务化，因此，提高服务业生产率增速有助于优化这些地区的产业结构并有效提高生产率增长率。需要注意的是，服务业生产率不增长使黑龙江的农业劳动份额上升［见图3.5（c）］，而农业生产率无增长却使其农业劳动份额下降［见图3.5（a）］，原因在于黑龙江的农产品和服务业的需求弹性比较高，因此，提高服务业生产率增长率有助于该省农业劳动份额的下降。

最后，假设所有地区和所有部门的生产率增长率都等于全部地区总生产率增长率的均值（$\gamma_i=\gamma^{总体}$），用来观察不同地区不同部门生产率增长差异的影响。由于总生产率增长率均值要高于大多数省份，尤其是高于低增长地区农业和服务业的生产率增长率，因此，这两个部门生产率的提高有助于促进产业结构优化。具体来说，农业生产率提高进一步推动劳动力从农业部门流出，农业劳动份额下降幅度提高到41%，而服务业生产率提高则减缓了劳动力流入速度，从28%下降到26%，从而使工业部门劳动力流入量大幅增加，从9%提高到15%［见图3.5（d）和表3.2］。这种部门生产率增长模式及由此导致的产业结构变化，基本上消除了各地区增长差异，除了结构减速组，其他组别的总生产率增长率平均值都提高到10%左右。总之，提高农业和服务业的劳动生产率增长率以消除部门生产率增长差异，有助于优化低增长地区的产业结构，提高总生产率增长率。

需要注意的是，即使三个部门的生产率增速都等于均值，结构减速组中东北三省的总生产率增长仍然缓慢［见图3.5（d）］。原因在于三个部门生产率增速相同无助于改变东北地区产业结构服务化的趋势，因此，要促进这些地区的生产率增长，不仅要提高各部门生产率增长，也要采取适宜的产业发展模式，例如服务业生产率增长率快于工业生产率增速才能促进产业结构的合理转型，有效提高总生产率。

上述反事实实验结果表明，自1978年以来，三次产业部门劳动生产率的增长推动了中国各地区产业结构转型，从而对总生产率产生了重要影响。随着农业劳动生产率增长，对农产品缺乏收入弹性解释了农业劳动力的跨部门流动，① 收入效应和替代效应解释了劳动力在工业和服务业之间的流动，其中替代效应占据了主导地位。农业生产率提高对各省份产业结构转型的影响最大，促使劳动力从农业大规模地流入了工业和服务业部门，对各地区生产率的提高做出近30%的贡献，而工业生产率提高对总生产率影响最大，解释了总生产率增长的42%，服务业增长总体上解释了生产率增长的1/3。

3.3.2　部门生产率增长模式与增长差异

本部分将评价不同的部门生产率增长模式在各地区产业结构转型和总生产率增长差异中所起的作用。前面的分析表明，随着时间推移，低增长地区三个部门生产率水平与均值的差距都在加大，尤其是农业和服务业。为了观察这种部门生产率发展模式对地区经济增长的影响，我们首先假设一个部门的生产率增长率等于总体均值，其他部门的生产率保持原增长率不变；其次我们实验了三个部门的生产率增长率同时收敛于相应部门生产率增长率均值所产生的影响；最后，我们将各省份服务业生产率增长率提高到本省份工业生产率增长率以观察服务业生产率提高对产业结构和总生产率的影响（由于陕西、河南、河北、新疆和西藏的工业生产率增长率低于服务业，因此在反事实实验中将这些地区的服务业生产率增长率提高10%）。将根据模型得到的计算结果总结在表3.3中，图3.6和图3.7显示了具体的影响结果。

虽然各地区农业劳动生产率存在较大差异，但是由于农业生产率水平较低，且农业劳动份额随着生产率增长而下降，因此，农业生产率增长率

---

① 农业生产率提高导致农产品价格下降，农产品价格下降只有收入效应，价格下降使实际收入上升，但是农产品缺乏收入需求弹性使农产品消费支出减少。

收敛对绝大多数地区产业结构转型和总生产率增长影响不大，见表 3.3 和图 3.6（a）。高增长地区的总相对生产率增长率从 1.05% 下降到 0.92%，仅仅减少了 12%，高替代弹性组、结构减速组和其他低增长地区与均值的差距分别缩小了 16%、8% 和 22%，均值增长组的农业生产率增速高于均值，等于均值使其总相对生产率下降了 25%。值得强调的是，西藏的农业生产率增长较慢且对农产品缺乏收入弹性，提高农业生产率增速促使劳动力从农业大幅流入工业和服务业，显著提高生产率增长。

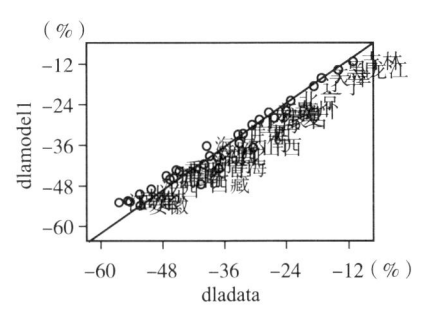

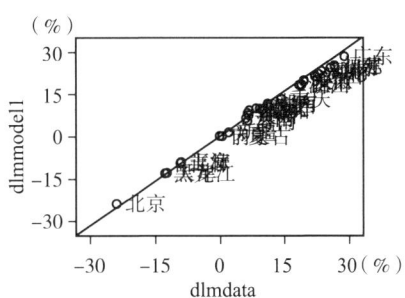

表 3.3　　　　　　部门生产率增长模式和相对总生产率变化　　　　　单位：%

项目	高增长组	均值组	低增长组		
			高替代弹性组	结构减速组	其他地区
真实值/校准值	1.05/1.05	−0.08/−0.08	−0.83/−0.83	−0.61/−0.61	−0.56/−0.56
反事实实验					
（1）单部门收敛 $\gamma_a = \gamma_a^{AV}$	0.92	−0.10	−0.69	−0.57	−0.44
$\gamma_m = \gamma_m^{AV}$	0.55	0.93	0.17	−0.70	−0.26
$\gamma_s = \gamma_s^{AV}$	0.71	−0.09	−1.37	−0.92	0.02
（2）同时收敛 $\gamma_i = \gamma_i^{AV}, \forall i$	0.08	0.92	−0.02	−0.95	0.41
（3）服务业收敛 $\gamma_s = \gamma_m^{本省}$	1.94	0.17	−0.41	0.05	0.50

注：γ_i 和 γ_i^{AV}（$i = a, m, s$）分别表示农业、工业和服务业的劳动生产率增长率及其平均值，$\gamma_m^{本省}$ 表示本省工业生产率增长率。

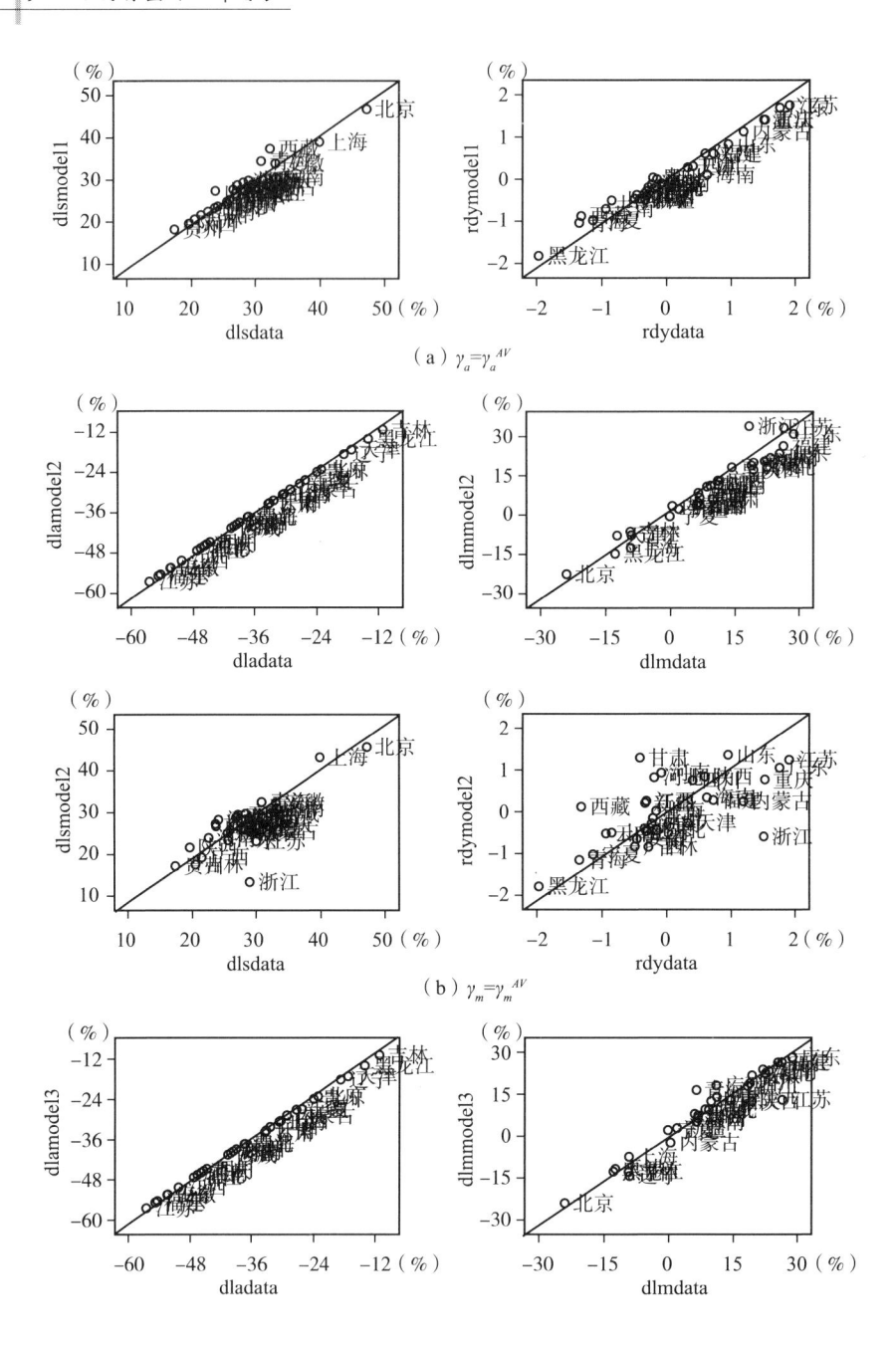

(a) $\gamma_a = \gamma_a^{AV}$

(b) $\gamma_m = \gamma_m^{AV}$

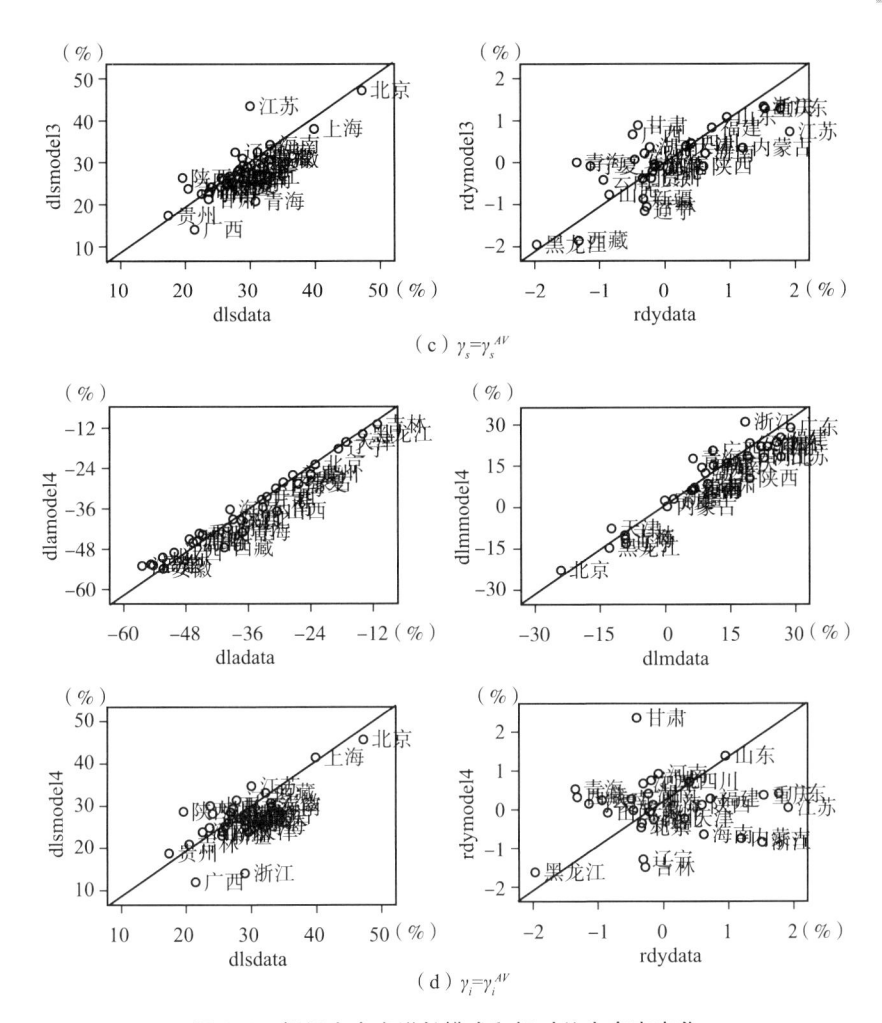

图 3.6　部门生产率增长模式和相对总生产率变化

注：γ_i 和 γ_i^{AV}（$i=a, m, s$）分别表示农业、工业和服务业的生产率增长率及其平均值，其他字母含义与图 3.5 相同。

与农业不同，工业生产率增长差异对各地区总生产率产生了重要影响。工业生产率增长率下降到均值使高增长地区的总相对生产率增长率从 1.05% 下降到 0.55%，降低了 48%，换言之，工业劳动生产率较快增长解释了高增长地区生产率增长快于均值的一半。从图 3.6（b）的最后一个图可以直观地发现，将工业生产率增速降低到均值使绝大多数高增长地区的生产率显著下降。由于工业生产率增长较慢，因此，提高工业生产率增速使均值增长组的总生产率大幅上升，高于总体均值 0.93%。工业生产率增长速度等于均值对低增长地区影响的差异巨大。除了上海和黑龙江的工业生产率增速略低于均值，结构减速组中其他三个地区的工业生产率增长率高于均值，降低到均值使这些地区的总生产率增长率与总体均值的差距进一步拉大。上海和黑龙江的总生产率增速虽然略有上升，但是工业劳动份额进一步下降。与此不同的是，高替代弹性组的总生产率则大幅上升，原因有两点：第一，这些地区原来的工业生产率增长较为缓慢；第二，较高的替代弹性使得劳动力从服务业转移到工业部门，强化了工业生产率提高的效果。工业生产率提高对其他低增长地区也产生了较大影响，总生产率增速与均值的差距也缩小了 53%，但是，需要注意的是工业生产率提高推动这些地区的劳动力从工业流入到服务业，工业劳动份额进一步下降［见图 3.6（b）］，即单纯强调工业的发展会导致工业萎缩。这使得低增长地区原本就不合理的产业结构更加扭曲，影响未来发展。

与工业相比，服务业生产率增长率降低到均值对高增长地区的影响没有那么大，增长率与均值的差距缩小 32%，而均值增长组几乎没有受到影响。由于结构减速组和高替代弹性组的服务业生产率增长较快，因此，服务业生产率增长降低到均值使得这两组的相对生产率增速分别下降了 51% 和 65%。服务业生产率提高到均值对其他低增长地区则产生了巨大影响，使这些地区总生产率增长率与均值的差距完全消失，同时推动劳动力从服务业流入到工业［见图 3.6（c）］。第一个实验的第 3、4 个假设表明①，提高服务业的生产率增速将会优化结构减速组的产业结构并有效促进总生产率增长。因此，对于绝大多数低增长地区来说，发展服务业不仅可以促进经济增长，而且也有助于优化产业结构，正是服务业生产率增长缓慢以及由此导致的产业结构服务化抑制了低增长地区的经济增长。

第二个实验是令所有地区三个部门生产率增长率都等于相应部门的增长率均值，以观察各地区部门生产率增长模式对产业结构转型从而对总生产率的影响。表 3.3 和图 3.6（d）中的结果显示，即使各个地区具有相同的部门生产率增长率，但是产业结构转型和总生产率增长率也并不相同，实际上仍然存在较大差异。增长差异的原因有两个，一个是各地区三次产业的初始劳动份额不同，劳动份额较高产业的生产率可能较低，而生产率较高产业的劳动份额则较低，另一个是各地区产业结构转型模式不同

---

① 第 3 个假设是服务业生产率不增长；第 4 个假设是所有地区和所有部门的生产率增长率都等于全部地区总生产率增长率的均值。

(体现在校准参数的不同)。

平均来看,高增长地区的总生产率增长率仍然高于均值,但是差距下降到0.08%,缩小了92%。均值组的总生产率增速大幅提高到均值之上,主要原因仍然在于工业生产率的提高。除了上海和黑龙江,结构减速组中其他地区三个部门的生产率增长都比较快,等于相应的部门均值使这些地区的增长速度进一步放缓,与均值的差距扩大到-0.95%。同时提高三个部门的生产率增长率会使高替代弹性组和其他低增长地区的总生产率增长率大幅提高,前者与均值的差距消失了,后者则高于均值0.41%。虽然三个部门生产率同时提高有助于大幅提高低增长地区的经济增长速度,但是会对产业结构产生不同的影响。新疆和西藏的替代弹性较高,工业生产率增长加快会提高工业劳动份额,但是其他地区的情况就不同了[见图3.6 (d)]。例如,黑龙江三个部门的生产率增长率都低于相应均值,但是将部门生产率增长率提高到均值并不会使总体生产率增速等于均值,原因在于这种产业增长模式使更多的劳动力从工业部门流入到服务业,抑制了总生产率的增长。与黑龙江不同,各部门生产率增长率等于均值会使甘肃的总生产率增长率显著提高,原因在于该省工业和服务业的替代弹性不太低($\rho = -0.5$),同时,服务业的收入需求弹性也不太高($\bar{s}=0.07$),因此服务业生产率提高只会使工业劳动份额小幅下降。第二个实验的结果显示了产业结构转型在总生产率增长中的重要性,不同地区具有不同的产业结构转型模式,即使各省份三次产业生产率的增长速度都相同,也会因为产业结构转型的不同而导致非常不同的经济增长速度。

前面的分析显示,低增长地区除了部门生产率增长较慢,产业结构转型也不合理,为了进一步观察部门生产率增长差异对产业结构和总生产率的影响,我们进行了第三个反事实实验,假设各地区服务业生产率增长率等于本地区工业生产率增长率(计算结果见表3.3最后一行和图3.7)。提高服务业生产率增长率对所有地区的产业结构和总生产率都产生了巨大影响。高增长组工业劳动份额的增加量从原来的16%上升到21%,服务业劳动份额增长量从28%下降到23%,总相对生产率增长率从1.05%提高到1.94%。均值增长组的总相对生产率增长率也提高到均值之上。服务业生产率提高使结构减速组中5%的劳动力从服务业流入到工业部门,工业劳动份额的减少量从原来的13%下降到8%,与总生产率增长率均值的差距完全消失。基于与前面两个实验同样的原因,将服务业生产率增长率提高到工业生产率增速仍然不足以改变黑龙江省工业劳动份额下降的趋势,因此总生产率增长率提高有限。与其他组别不同,高替代弹性组的服务业生产率提高10%使劳动力从工业流入服务业,总相对生产率增长率提高了51%。其他低增长地区平均有6%的劳动力从服务业转移到工业部门,总相对生产率增长率从原来的-0.56%提高到0.5%。总之,除了高替代弹性组,将服务业生产率增长率提高到各省工业生产率增速使各地区产业结构得到优化,并将绝大多数低增长地区的总生产率增长率提高到均值之上,消除了相对生产率的减速、停滞和持续下降。

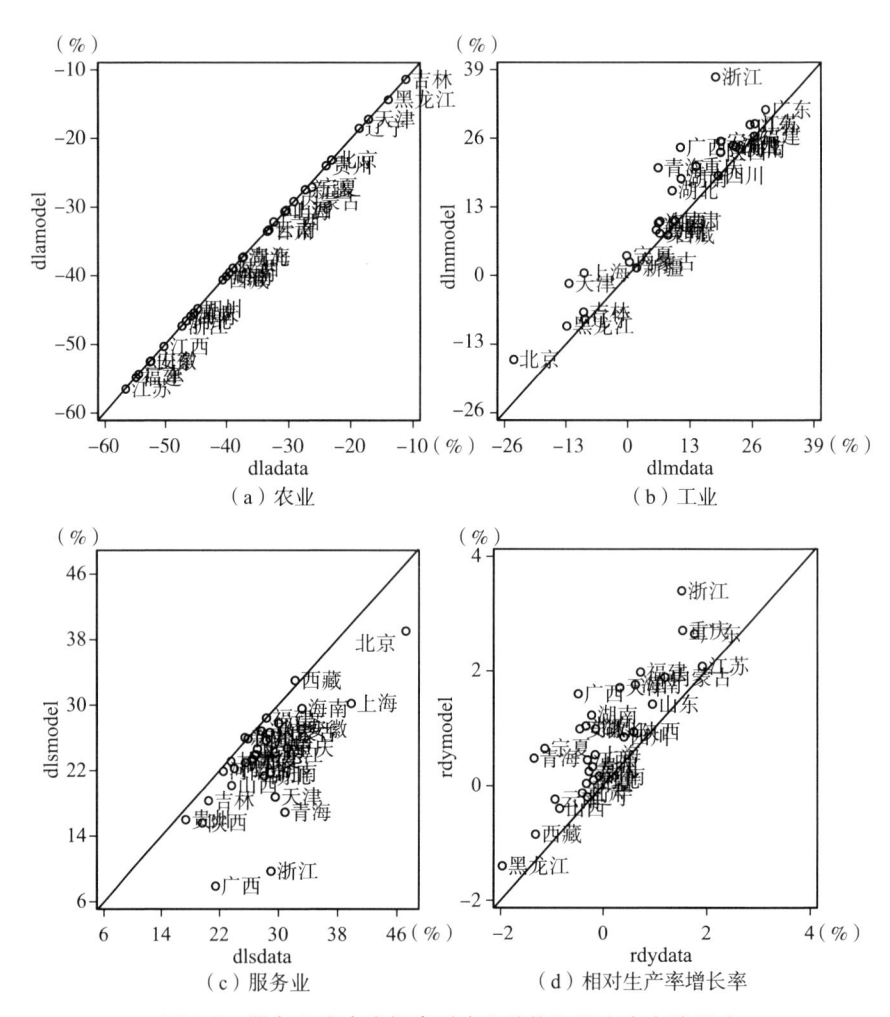

图 3.7 服务业生产率提高对产业结构和总生产率的影响

注:图中字母含义与图3.5相同。

这部分的分析说明，部门生产率增长模式对产业结构和总生产率产生了重要影响，不同的部门生产率增长模式会导致不同的产业结构转型结果，进一步来说，不同的产业结构又会对总生产率增长产生不同影响。对于高增长地区来说，工业部门生产率发展解释了这些地区生产率增长率高于均值的50%，而对于低增长地区来说，服务业生产率缺乏增长以及由此导致的产业结构不合理是总生产率增长缓慢的主要原因。因此，工业增长的同时必须辅之以服务业生产率的提高，服务业生产率增长缓慢将会导致产业结构服务化，从而抑制总生产率的增长，出现减速或者持续的缓慢增长。

3.4 本章小结

中国绝大多数省份在1978年具有非常相似的产业结构，但是转型速度和模式的不同使各地区在2015年呈现出非常不同的产业结构。从总体上看，各地区产业结构转型过程在总体上符合传统的产业发展理论，但是，低增长地区的产业结构转型缓慢且不合理，具有较高的农业劳动份额和较低的工业劳动份额，而高增长地区则正好相反。为了对此进行解释，本章扩展了杜特和里斯图西亚（2006，2010）的三部门一般均衡模型，加入了一个反映各地区农业劳动力流动受阻情况的时变参数，并用其校准了1978~2015年中国31个省份的产业结构转型过程，主要结论和政策建议如下：

第一，校准结果显示，各部门生产率增长及其差异所产生的收入效应和替代效应良好地解释了31个省份产业结构的转型过程。绝大多数省份农产品的需求收入弹性小于1，服务业的收入弹性大于1，工业和服务业之间的替代弹性较低。

第二，低增长地区对农产品和服务业的需求收入弹性要普遍大于高增长地区。农产品收入需求弹性较高以及较低的农业和服务业生产率增长率共同解释了低增长地区农业劳动力的缓慢下降，而服务业生产率增长率低于工业以及较高的服务业收入需求弹性共同解释了低增长地区产业结构的服务化。

第三，农业生产率提高对各省份产业结构转型影响最大，农业发展促使劳动力从农业部门大规模地流入了工业和服务业部门，对各地区生产率的提高做出了29%的贡献。而工业部门生产率提高对总生产率影响最大，解释了总生产率增长的 42%，服务业增长总体上解释了生产率增长的近 33%。

第四，各部门生产率增长差异和不同的产业结构转型过程共同解释了各地区总生产率增长的差异。对于高增长地区来说，工业部门生产率较快增长解释了这些地区生产率增长率高于均值的 48%，而对于低增长地区来说，服务业生产率缺乏增长以及由此导致的产业结构服务化是总生产率增长缓慢的主要原因。

第五，提高低增长地区农业和服务业，尤其是服务业的劳动生产率增长率，不仅有助于提高总生产率增长率，也有助于提高工业劳动份额以优化产业结构，单纯强调工业发展则会导致工业的萎缩。

总之，部门生产率增长对结构转型和总生产率产生了重要影响，不同的部门生产率增长模式会导致不同的产业结构转型结果，进一步来说，不同的产业结构又会对总生产率增长产生不同影响。由于不同地区的产业结构转型模式不同，必须根据一个地区具体的产业结构转型模式来选择适宜的部门生产率增长模式，才能有效地促进总生产率的增长。换言之，部门生产率增长模式要匹配本地区产业结构转型模式，过度强调工业发展可能会导致工业的萎缩。

附录3.1 模型 I 的推导

3.1.1 企业最优化

假设每个部门都存在大量同质企业展开竞争，生产函数采用如下规模报酬不变形式：

$$Y_i = A_i L_i, \ i \in \{a, m, s\} \tag{1}①$$

式中，Y_i、A_i 和 L_i 分别表示部门 i 的产出、劳动生产率和劳动量，A_i 反映了部门 i 的技术水平。在竞争性的商品市场和要素市场上，给定部门 i 的商品价格 p_i 和工资率 w_i，企业选择要素投入使利润最大化：

$$\max_{L_i \geq 0} \{p_i A_i L_i - w_i L_i\} \tag{2}②$$

---

①② 式 (1)、式 (2) 即正文中式 (3.1)、式 (3.2)。

达到均衡时，企业选择劳动力使其利润最大化，根据上式可以得到企业的一阶条件，即劳动的边际产品价值等于工资率，将名义工资率标准化为1，该条件可以表示如下：

$$p_i = \frac{1}{A_i} \tag{3}$$

式（3）即正文中式（3.10）。

3.1.2 家庭最优化

根据正文中的家庭目标函数和约束条件，构建拉格朗日函数：

$$L = \alpha \ln(c_a - \bar{a}) + (1-\alpha)\frac{1}{\rho}\ln[bc_m^\rho + (1-b)(c_s+\bar{s})^\rho] \\ + \lambda[L - p_a c_a - p_m c_m - p_s c_s] \tag{4}$$

家庭的一阶条件为：

$$\frac{\partial L}{\partial c_a} = 0 \Rightarrow \frac{\alpha}{c_a - \bar{a}} - \lambda p_a = 0 \tag{5}$$

$$\frac{\partial L}{\partial c_m} = 0 \Rightarrow \frac{(1-\alpha)bc_m^{\rho-1}}{bc_m^\rho + (1-b)(c_s+\bar{s})^\rho} - \lambda p_m = 0 \tag{6}$$

$$\frac{\partial L}{\partial c_s} = 0 \Rightarrow \frac{(1-\alpha)(1-b)(c_s+\bar{s})^{\rho-1}}{bc_m^\rho + (1-b)(c_s+\bar{s})^\rho} - \lambda p_s = 0 \tag{7}$$

$$\frac{\partial L}{\partial \lambda} = 0 \Rightarrow p_a c_a + p_m c_m + p_s c_s = 1 \tag{8}$$

由式（5）/式（6）得到：

$$\frac{\alpha}{(1-\alpha)b} \cdot \frac{bc_m^\rho + (1-b)(c_s+\bar{s})^\rho}{(c_a-\bar{a})c_m^{\rho-1}} = \frac{p_a}{p_m} \tag{9}$$

由式（6）/式（7）得到：

$$\frac{b}{1-b} \cdot \left(\frac{c_m}{c_s+\bar{s}}\right)^{\rho-1} = \frac{p_m}{p_s} \tag{10}$$

变换上式得到：

$$c_m = \left(\frac{p_m}{p_s} \cdot \frac{1-b}{b}\right)^{\frac{1}{\rho-1}}(c_s+\bar{s}) \tag{11}$$

将式（11）代入式（9）得到：

$$\frac{\alpha(1+x)(c_s+\bar{s})}{(1-\alpha)(c_a-\bar{a})} = \frac{p_a}{p_s}, \quad x = \left(\frac{1-b}{b}\right)^{\frac{1}{\rho-1}}\left(\frac{p_m}{p_s}\right)^{\frac{\rho}{\rho-1}} \tag{12}$$

变换上式得到：

$$c_s = \frac{1}{\alpha(1+x)}\frac{p_a}{p_s}(1-\alpha)(c_a - \bar{a}) - \bar{s} \tag{13}$$

将式（13）代入式（11）得到：

$$c_m = \left(\frac{p_m}{p_s} \cdot \frac{1-b}{b}\right)^{\frac{1}{\rho-1}} \cdot \frac{1}{\alpha(1+x)}\frac{p_a}{p_s}(1-\alpha)(c_a - \bar{a}) \tag{14}$$

将式（13）和式（14）代入式（8）并简化得到：

$$c_a + \frac{1-\alpha}{\alpha}(c_a - \bar{a}) = \frac{1+p_s\bar{s}}{p_a} \tag{15}$$

3.1.3 均衡

式（15）结合 $c_a = Y_a = A_a L_a$ 以及企业的一阶条件：$p_a = 1/A_a$，$p_s = 1/A_s$ 得到正文中均衡时的农业就业份额：

$$L_a = (1-\alpha)\frac{\bar{a}}{A_a} + \alpha\left(1 + \frac{\bar{s}}{A_s}\right) \tag{16}$$

将 $c_m = Y_m = A_m L_m$，$c_s = Y_s = A_s L_s$ 和 $p_m = 1/A_m$，$p_s = 1/A_s$ 代入式（11）得到：

$$A_m L_m = \left(\frac{A_s}{A_m}\right)^{\frac{1}{\rho-1}} \left(\frac{1-b}{b}\right)^{\frac{1}{\rho-1}} (A_s L_s + \bar{s}) \tag{17}$$

两边除以 A_m，并将 A_s 从小括号中提取出来，得到：

$$L_m = \frac{A_s}{A_m}\left(\frac{A_s}{A_m}\right)^{\frac{1}{\rho-1}}\left(\frac{1-b}{b}\right)^{\frac{1}{\rho-1}}\left(L_s + \frac{\bar{s}}{A_s}\right) = \left(\frac{A_s}{A_m}\right)^{\frac{\rho}{\rho-1}}\left(\frac{1-b}{b}\right)^{\frac{1}{\rho-1}}\left(L_s + \frac{\bar{s}}{A_s}\right) \tag{18}$$

将 $L_s = L - L_m - L_a$ 代入式（18）得到均衡时的工业就业份额：

$$L_m = \frac{\left(\frac{A_s}{A_m}\right)^{\frac{\rho}{\rho-1}}\left(\frac{1-b}{b}\right)^{\frac{1}{\rho-1}}\left(L - L_a + \frac{\bar{s}}{A_s}\right)}{1 + \left(\frac{A_s}{A_m}\right)^{\frac{\rho}{\rho-1}}\left(\frac{1-b}{b}\right)^{\frac{1}{\rho-1}}}$$

$$= \frac{L - L_a + \frac{\bar{s}}{A_s}}{1 + \left(\frac{A_m}{A_s}\right)^{\frac{\rho}{\rho-1}}\left(\frac{b}{1-b}\right)^{\frac{1}{\rho-1}}} = \frac{L - L_a + \frac{\bar{s}}{A_s}}{1 + x}$$

$$x = \left(\frac{A_m}{A_s}\right)^{\frac{\rho}{\rho-1}}\left(\frac{b}{1-b}\right)^{\frac{1}{\rho-1}} \tag{19}$$

附录3.2 模型Ⅱ的推导

3.2.1 企业最优化

假设各个部门的工资率都相等（标准化为1），在中国不太合理，农业和非农工资率差别极大，因此假设农业工资率是非农工资率的 h 倍 $(0<h\leqslant 1)$，那么企业的问题如正文所述：

$$\max_{L_a\geqslant 0}\{p_aA_aL_a-hwL_a\} \tag{1}$$

式（1）即正文中式（3.3）。

将非农部门的工资率标准化为1，得到农业部门生产者的一阶条件：

$$p_a=\frac{h}{A_a} \tag{2}$$

式（2）即正文中式（3.11）。

上式表明，剩余劳动的存在降低了农业部门边际产出价值：给定价格，农业劳动生产率下降；给定劳动生产率，农产品的价格下降。

3.2.2 家庭最优化

家庭在劳动资源约束下选择消费使效用达到最大化：

$$\max_{c_i\geqslant 0}\left\{\alpha\ln(c_a-\bar{a})+(1-\alpha)\frac{1}{\rho}\ln[bc_m^\rho+(1-b)(c_s+\bar{s})^\rho]\right\}$$
$$\text{s.t.}\quad p_ac_a+p_mc_m+p_sc_s=w(L-L_a)+hwL_a \tag{3}$$

式（3）即正文中式（3.7）。

构建拉格朗日函数：

$$L=\alpha\ln(c_a-\bar{a})+(1-\alpha)\frac{1}{\rho}\ln[bc_m^\rho+(1-b)(c_s+\bar{s})^\rho]$$
$$+\lambda[L-(1-h)L_a-p_ac_a-p_mc_m-p_sc_s] \tag{4}$$

家庭的一阶条件为：

$$\frac{\partial L}{\partial c_a}=0\Rightarrow\frac{\alpha}{c_a-\bar{a}}-\lambda p_a=0 \tag{5}$$

$$\frac{\partial L}{\partial c_m}=0 \Rightarrow \frac{(1-\alpha)bc_m^{\rho-1}}{bc_m^\rho+(1-b)(c_s+\bar{s})^\rho}-\lambda p_m=0 \qquad (6)$$

$$\frac{\partial L}{\partial c_s}=0 \Rightarrow \frac{(1-\alpha)(1-b)(c_s+\bar{s})^{\rho-1}}{bc_m^\rho+(1-b)(c_s+\bar{s})^\rho}-\lambda p_s=0 \qquad (7)$$

$$\frac{\partial L}{\partial \lambda}=0 \Rightarrow p_a c_a+p_m c_m+p_s c_s=L-(1-h)L_a \qquad (8)$$

由式（5）/式（6）得到：

$$\frac{\alpha}{(1-\alpha)b}\times\frac{bc_m^\rho+(1-b)(c_s+\bar{s})^\rho}{(c_a-\bar{a})c_m^{\rho-1}}=\frac{p_a}{p_m} \qquad (9)$$

由式（6）/式（7）得到：

$$\frac{b}{1-b}\times\left(\frac{c_m}{c_s+\bar{s}}\right)^{\rho-1}=\frac{p_m}{p_s} \qquad (10)$$

变换上式得到：

$$c_m=\left(\frac{p_m}{p_s}\times\frac{1-b}{b}\right)^{\frac{1}{\rho-1}}(c_s+\bar{s}) \qquad (11)$$

将式（11）代入式（9）得到：

$$\frac{\alpha(1+x)(c_s+\bar{s})}{(1-\alpha)(c_a-\bar{a})}=\frac{p_a}{p_s},\ x=\left(\frac{1-b}{b}\right)^{\frac{1}{\rho-1}}\left(\frac{p_m}{p_s}\right)^{\frac{\rho}{\rho-1}} \qquad (12)$$

简化式（12）得到：

$$c_s=\frac{1}{\alpha(1+x)}\frac{p_a}{p_s}(1-\alpha)(c_a-\bar{a})-\bar{s} \qquad (13)$$

将式（13）代入式（11）得到：

$$c_m=\left(\frac{p_m}{p_s}\times\frac{1-b}{b}\right)^{\frac{1}{\rho-1}}\times\frac{1}{a(1+x)}\frac{p_a}{p_s}(1-a)(c_a-\bar{a}) \qquad (14)$$

将式（13）和式（14）代入式（8）并简化得到：

$$c_a+\frac{1-\alpha}{\alpha}(c_a-\bar{a})=\frac{L-(1-h)L_a+p_s\bar{s}}{p_a} \qquad (15)$$

3.2.3 均衡

式（15）结合 $c_a=Y_a=A_a L_a$ 以及企业的一阶条件：$p_a=h/A_a$，$p_s=1/A_s$ 得到正文中的农业就业份额：

$$L_a=\frac{(1-\alpha)h}{(1-\alpha)h+\alpha}\times\frac{\bar{a}}{A_a}+\frac{\alpha}{(1-\alpha)h+\alpha}\times\left(1+\frac{\bar{s}}{A_s}\right) \qquad (16)$$

式（16）即正文中式（3.12）。

通过与标准模型相同的方法，得到均衡时第二产业就业份额：

$$L_m = \frac{\left(\dfrac{A_s}{A_m}\right)^{\frac{\rho}{\rho-1}}\left(\dfrac{1-b}{b}\right)^{\frac{1}{\rho-1}}\left(L - L_a + \dfrac{\bar{s}}{A_s}\right)}{1 + \left(\dfrac{A_s}{A_m}\right)^{\frac{\rho}{\rho-1}}\left(\dfrac{1-b}{b}\right)^{\frac{1}{\rho-1}}}$$

$$= \frac{L - L_a + \dfrac{\bar{s}}{A_s}}{1 + \left(\dfrac{A_m}{A_s}\right)^{\frac{\rho}{\rho-1}}\left(\dfrac{b}{1-b}\right)^{\frac{1}{\rho-1}}} = \frac{L - L_a + \dfrac{\bar{s}}{A_s}}{1 + x}$$

$$x = \left(\dfrac{A_m}{A_s}\right)^{\frac{\rho}{\rho-1}}\left(\dfrac{b}{1-b}\right)^{\frac{1}{\rho-1}} \tag{17}$$

第 4 章

产业发展路径选择

自 1978 年以来,与中国各省份经济高速增长相伴随的是每个省份部门之间增长的不平衡程度日益加剧。在几乎所有省份中,都是工业生产率(实际劳均 GDP)增长最快,服务业次之,农业生产率增长最慢,这导致农业和服务业的劳动生产率与工业生产率的差距越来越大。从 1978 年到 2015 年,各省份农业与工业相对生产率的平均值从 0.34 下降到 0.11,服务业相对生产率均值从 0.96 下降到 0.53。[①] 各个省份部门生产率增长不平衡的另一个显著特征是,总生产率增长越慢的地区,部门之间的生产率水平差距越大。理论上,劳动力和其他资源在部门间流动会使各个部门的生产率趋于一致,即各部门生产率应该存在收敛,然而实际并非如此,部门生产率不平衡增长现象在世界各国普遍存在,尤其在发展中经济体(Gollin et al.,2013;UNIDO,2013)。当前中国各省份部门生产率发展模式的问题在于,与世界经济的增长经验相比,各地区部门之间的生产率差距远远超过了在当前发展阶段应有的差距。例如,葛林等(Gollin et al.,2013)对 151 个经济体自 1985 年以来的部门生产率分析结果显示,农业与非农业部门的生产率之比平均约为 1/3,如果考虑了部门劳动时间和人力资本因素,农业生产率差距降低到 1/2 左右,而高收入经济体的部门生产率差距则完全消失。

部门生产率之间存在较大的差距意味着资源存在错配,将劳动力从生产率较低的部门转移到较高的部门有助于提高总生产率,这种收益对于部门生产率差距较大且具有较高农业劳动份额的低增长地区更大。从这个角

---

① 相关数据均基于各省份统计年鉴(1983~2017 年)计算整理所得。

度看，理解部门生产率关系具有重要的政策含义，有助于合理地配置资源。另外，分析部门生产率也有助于解释不同地区经济增长差异，因为部门生产率增长及其差异会对产业结构和总生产率产生影响。基于上述原因，本章将分析中国各省份部门之间生产率差距缩小所产生的影响，具体来说，相对于国际经验，各省份农业和服务业与工业生产率的比例收敛到当前发展阶段的平均水平对产业结构和总生产率的影响。

早已有文献指出发展中经济体农业和非农业部门之间在收入和生产率方面存在显著的差距（Lewis，1954；Kuznets，1971），经济发展过程的一个重要特征就是劳动力从生产率较低的农业部门流入到生产率较高的现代非农部门（Rosenstein-Rodan，1943；Lewis，1954；Rostow，1960），近期的研究则试图更准确地衡量农业生产率的差距以及找寻差距产生的原因。一些研究者认为，农业部门的人力资本以及增加值等方面的衡量存在不足夸大了农业生产率差距（Caselli and Coleman，2001；Herrendorf and Schoellman，2013），然而，戈林等（2013）的计算表明，即使考虑了部门劳动时间和人力资本差异，农业生产率差距仍然巨大。农业生产率较低的原因可能在于一国的技术水平、基础设施、制度因素等基本面因素以及农业部门使用高技术投入品存在障碍（Restuccia et al.，2008），也可能在于劳动者基于不可观测技术的自我选择（Young，2013）以及农业收入被低估（Herrendorf and Schoellman，2013），这些文献同时都认为人力资本的差异也是农业生产率差距产生的一个重要原因。随着产业结构的服务化，研究者开始关注服务业与工业之间的关系及其影响，其中最具影响力就是"鲍默尔效应"（Baumol，1965；1967；2012），即服务业的生产率低于工业，劳动力从工业流入到服务业将会使总生产率增长放缓。但是，这种分析忽略了反向因果，即低生产率的工人可能自我选择地进入了服务业。另外，各国发展经验显示，服务业与工业的相对生产率关系随时间而变化，在经济发展初期，制造业发展刚刚起步，服务业的劳动生产率会高于制造业，随后慢慢收敛（UNIDO，2013）。这些研究部门生产率关系的文献并没有定量分析如果消除了部门生产率差距会对经济产生何种影响，本章的分析试图弥补这一不足。

部门生产率的跨国比较也揭示了农业和服务业生产率提高对经济发展的重要作用。一些研究结果显示较低的农业生产率是导致低收入国家总生产率缓慢增长的关键原因（Caselli，2005；Restuccia et al.，2008），农业生产率增长缓慢抑制了农业劳动力流出，延迟了工业化进程（Gollin et al., 2002); 而另一些研究结果则表明服务业生产率在国际间是否收敛决定了总生产率的收敛情况 (Bernard & Jones, 1996; Duarte and Restuccia, 2010)。这些文献的结论出现差别的原因在于使用了不同的理论模型, 前者使用的是两部门一般均衡模型, 即农业部门和非农部门, 农业生产率提高释放的劳动力进入生产率更高的非农部门会提高总生产率是这类文献的核心。但是, 在很多发展中国家, 从农业流出的劳动力更多地进入了服务业, 这种结构变化并不会推动总生产率显著提高。提高服务业生产率一方面可以直接提高总生产率, 另一方面通过替代效应促使劳动力流入工业部门从而进一步提高总生产率。因此, 两部门模型不能区分工业和服务业对经济体所做的贡献, 而使用了三部门一般均衡模型的后一类文献更符合实际情况。国内文献同样关注的是部门生产率的横向比较, 即同一部门的生产率在区域之间是否收敛 (彭国华, 2005; 刘黄金, 2006; 石磊、高帆, 2006; 戴觅、茅锐, 2015), 或者分析与美国部门生产率收敛情况的异同 (郑江淮, 沈春苗, 2016)。

本书前几章的分析也表明, 农业和服务业生产率增长差异在很大程度上解释了中国各省份产业结构转型和经济增长的差异。本章将会根据美国及其他高收入经济体的发展实践, 找到农业和服务业生产率的合理水平, 从而为各省份提出具体的产业发展目标。换言之, 为各省份产业发展提出一条合理的发展路径。

4.1 美国产业结构百年转型过程[①]

自 2010 年以来, 中国经济增长持续减速, 2018 年进一步下降到 6.6%。根据奥肯定律, 实际 GDP 每下降 1 个百分点, 失业率将会上升 0.5 个百分点, 即使该比例关系在中国不成立, 经济增长减速对就业的不利影响确实存在。基于这个背景, 本部分将对 20 世纪初期以来美国产业结构的变化过程进行详细分析, 观察经济发展过程中劳动力的流动趋势, 以及各产业在经济中的地位变化, 并结合产业结构发展理论及国际产业发展实践, 探究产业结构转型的一般规律以及经济持续稳定增长的结构性原因, 为中国产业发展提供具体的借鉴措施。

---

① 该部分资料除特别标注外均来自美国商务部经济分析局 (BEA)。

早期研究美国产业结构的文献主要集中于各部门就业、产出和生产率变化趋势的分析。巴格和兰德斯伯格（Barger and Landsberg，1942）及法比亚坎特（Fabricant，1942）分别分析了美国农业和制造业就业份额以及技术水平在1899~1939年的变化情况，斯蒂格勒（Stigler，1947）分析了同一时期农业、制造业、采掘业、天然气和电力供应以及铁路等部门的就业和产出变动趋势，这5个部门在1899年吸纳了整个就业的2/3，提供了90%的工业品和10%的服务。斯蒂格勒（Stigler，1956）进一步分析了美国服务业就业份额在1870~1950年的变化趋势及原因，他认为，人们对服务业需求不断增加的主要原因在于城市化、教育水平的提高和人口老龄化。综合上述文献可以发现，美国第二产业和制造业就业份额在1900年就分别达到了39%和22%，并在随后的时间里缓慢上升。

20世纪晚期以来的文献则开始研究产业结构转型的推动力。正如第3章所述，解释产业结构转型原因的理论可以分为三大类：第一类文献强调基于非位似偏好的收入效应，认为不同部门的产品具有不同的收入需求弹性，随着收入的提高，人们会更多地消费那些具有更高收入需求弹性的商品，从而导致资源在不同部门之间的重新配置。第二类文献强调基于相对价格变化的替代效应，该理论认为，由于不同产业之间产品的替代弹性不同，相对价格变化就会导致资源在不同部门之间的流动。相对价格的变化可能源自不同部门全要素生产率的不同，也可能源自投入品相对价格的变化。第三类文献则同时考虑了收入效应和替代效应，认为产业结构转型的推动力来自部门生产率增长及其差异所产生的收入效应和替代效应。

衡量产业结构的指标主要有三个：就业份额、增加值份额和最终消费支出份额，不同的研究者从不同角度分析了美国产业结构转型的原因。奈和皮萨里德（Ngai and Pissarides，2008）从部门生产率增长差异所产生的替代效应解释了美国三次产业就业份额在1900~2004年的变化原因，而杜特和里斯图西亚（Duarte and Restuccia，2010）的三部门一般均衡模型不仅包括了替代效应，同时考虑了非位似偏好的收入效应，因此较好地拟合了美国三次产业就业份额在1956~2004年的变化过程。赫伦多夫等（Herrendorf et al.，2013b）区分了收入效应和替代效应的适用范围，他们的实证结果表明，收入效应是美国三次产业支出份额在1947~2010年变化的主要推动力，而价格效应（即替代效应）则是美国增加值份额变化的主要原因。总之，不同产业生产率增长及其差异所产生的收入效应和替代效应较好地解释了美国产业结构变化的原因。

基于当前的产业结构转型理论，本章做了如下贡献：第一，从较长的时间维度上详细梳理了美国各具体行业的演进历程，总结了美国就业变动趋势和各部门相对生产率的变化特征；第二，基于美国和其他经济体的发展实践，不仅检验了产业结构转型理论，也解释了第二产业（主要是制造业）就业份额倒"U"型变化模式的原因；第三，分析了部门生产率差异影响经济增长的具体机制，并得到了实证支持。

4.1.1 美国产业结构变化趋势

1900年，美国第二产业和制造业的就业份额就分别达到了38.6%和21.6%，农业和服务业的就业份额分别为37.3%和24.1%。1920年，农业、第二产业和服务业就业份额分别为27%、45.5%和27.5%。农业就业份额在20年里下降了10.3%，其中6.9%进入了第二产业，3.4%进入服务业，前者吸纳的劳动力是后者的两倍。制造业就业份额在这个时期增加了4.5%，提高到26.1%（Stigler，1947；1956）。这意味着，在美国经济增长初期，从农业流出的劳动力主要进入了制造业。从农业流出的劳动力首先进入制造业而非服务业，是高收入经济体的一个共同特征，而大多数低收入经济体则恰好相反。

由于1929年以后可以获得美国各具体行业就业和增加值的时间序列，因此，本部分将对1929~2017年的产业结构进行更为详尽的分析。首先从总体上观察美国产业结构自1929年以来的变动趋势，然后再对具体行业进行分析。从图4.1可以发现，美国的产业结构变化过程与典型的国际产业结构转型模式完全一致，农业就业份额持续下降，服务业就业份额持续上升，工业和制造业的就业份额呈现倒"U"型变化过程。

美国的农业就业份额在1929年已经下降到18.9%这一较低水平，其后继续迅速下降，1966年达到4.7%后开始缓慢下降，2005年以来稳定在1.4%左右，农业的增加值份额在2017年仅为0.9%（见表4.1）[①]。无论是就业还是增加值，农业在美国经济中的比重都下降到了极低水平。服务业就业份额从1929年的49.6%持续上升到2017年的83.5%，增加值份额上升到80.9%，就业份额与增加值份额几乎相同，说明了美国服务业的劳动生产率与总体生产率基本相等。表4.1的数据验证了该结论，2017年美

[①] 在1870年，美国还有一半的劳动力在农业部门，1920年下降到27%，农业就业份额在半个世纪里减少了23%（Stigler，1956）。

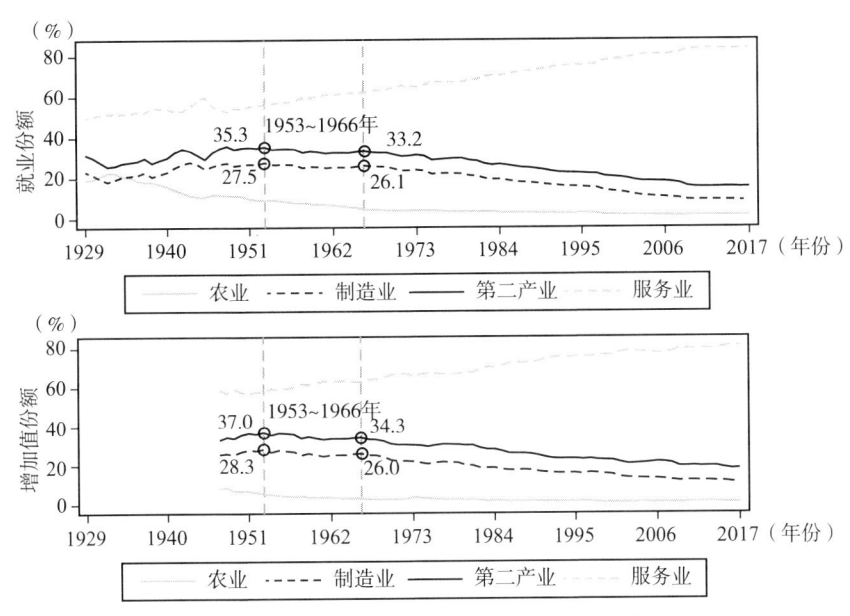

图 4.1　1929~2017 年美国产业结构变化过程

资料来源：作者据美国商务部经济分析局（BEA）相关资料整理而得。

国服务业生产率是总体生产率的 0.97①。第二产业和制造业的变化趋势几乎完全相同，二者之间的差额即为采掘业、建筑业和水电气供应行业的就业份额。从图 4.1 可以看出，第二产业和制造业就业份额之间的差额较小且相当稳定，这意味着制造业在第二产业中占据主导地位。第二产业和制造业的就业份额从 1929 年的 31.5% 和 23.3% 分别震荡上升到 1953 年的 35% 和 28%，然后缓慢下降到 1966 年的 33% 和 26%，随后开始以较快的速度持续下降，2017 年分别为 15.2% 和 8.6%，增加值份额分别为 18.2% 和 11.2%。在 1953 年以前，美国的农业就业份额下降较快，农业劳动力流入了第二产业和服务业，1953~1966 年，农业和第二产业劳动力缓慢流入服务业，1966 年以后，农业就业份额下降缓慢，流入服务业的劳动力主要来自第二产业。

---

① 根据生产率的定义，部门与总体的相对生产率等于该部门的增加值份额与就业份额之比（见第 1 章脚注的详细推导）。

表 4.1　　　　　　　　2017 年美国产业结构和相对生产率　　　　　　单位：%

行业	就业	增加值	生产率	行业	就业	增加值	生产率
第一产业	1.38	0.90	0.65	管道运输	0.03	0.20	6.2
农牧业	0.97	0.70	0.72	其他运输	0.96	0.60	0.63
林渔（猎）业	0.41	0.20	0.49	仓储	0.67	0.30	0.45
第二产业	15.15	18.20	1.2	信息	1.90	5.40	2.84
采掘业	0.43	1.40	3.27	出版业	0.56	1.40	2.48
油气开采	0.10	0.90	9.17	影视业	0.32	0.50	1.57
其他采掘业	0.13	0.30	2.39	广播电视业	0.72	2.20	3.04
采掘辅助业	0.20	0.20	0.98	信息和数据处理	0.29	1.40	4.76
水电气供应	0.38	1.60	4.26	金融和保险	4.34	7.50	1.73
建筑业	5.79	4.00	0.69	央行及信用中介	1.79	3.20	1.79
制造业	8.56	11.20	1.31	证券及投资业	0.68	1.50	2.20
耐用品	5.33	6.30	1.18	保险及相关活动	1.86	2.80	1.51
木材制品	0.28	0.20	0.72	基金及其他金融	0.01	0.10	12.15
非金属矿产品	0.29	0.30	1.04	房地产及租赁	1.70	13.30	7.81
基本金属品	0.25	0.30	1.21	房地产活动	1.32	12.20	9.26
金属制品	0.97	0.80	0.83	租赁活动	0.38	1.10	2.86
机械	0.73	0.80	1.09	专业技术服务	6.69	7.40	1.11
计算机及电子	0.71	1.40	1.97	法律服务	0.87	1.30	1.5
电力设备	0.27	0.30	1.13	计算机系统设计	1.43	1.70	1.19
汽车及附件	0.67	0.80	1.20	其他专业技术	4.39	4.50	1.02
其他运输设备	0.46	0.80	1.73	企业管理	1.50	1.90	1.27
家具产品	0.28	0.20	0.71	行政及清洁服务	6.48	3.10	0.48
其他制造业	0.43	0.50	1.17	行政及辅助活动	6.19	2.80	0.45
非耐用品	3.22	4.90	1.52	清洁服务	0.29	0.30	1.02
食品饮料烟草	1.26	1.40	1.11	教育	2.38	1.30	0.55
纺织和服装	0.28	0.10	0.36	医疗和社会救助	12.78	7.50	0.59
纸制品	0.25	0.00	1.21	流动医疗服务	4.79	3.60	0.75

续表

行业	就业	增加值	生产率	行业	就业	增加值	生产率
印刷及辅助业	0.31	0.30	0.65	医院	3.31	2.40	0.73
石油和焦炭	0.08	0.20	7.81	医护和家庭服务	2.11	0.80	0.38
化学制品	0.57	0.60	3.16	社会救助	2.57	0.70	0.27
塑料橡胶制品	0.49	1.80	0.82	艺术和娱乐	1.63	1.10	0.68
第三产业	83.47	80.90	0.97	娱乐和体育	0.61	0.60	0.99
批发业	4.03	6.00	1.49	博彩业	1.02	0.50	0.49
耐用品	2.32	—	—	食宿服务	7.81	3.00	0.38
非耐用品	1.70			住宿	1.25	0.80	0.64
零售业	9.99	5.60	0.56	食品和饮料供应	6.55	2.20	0.34
汽车及零部件	1.23	1.10	0.89	其他服务	4.80	2.10	0.44
食品和饮料	1.90	0.80	0.42	政府	13.78	12.60	0.91
一般商品	1.87	0.80	0.43	联邦政府	2.86	3.90	1.36
其他零售业	4.98	3.00	0.60	普通政务	2.48	3.60	1.45
运输和存储	3.67	3.10	0.84	市政服务	1.47	1.50	1.02
空中运输	0.32	0.70	2.17	国防	1.01	2.10	2.09
铁路运输	0.12	0.20	1.70	政府企业	0.38	0.30	0.78
水上运输	0.04	0.10	2.39	州和地方政府	10.92	8.70	0.80
汽车运输	1.11	0.80	0.72	普通政务	10.16	7.90	0.78
近郊陆运	0.43	0.20	0.46	政府企业	0.76	0.80	1.06

注：表中的就业和增加值指各行业就业和增加值占总就业和GDP的百分比（%），生产率指各个行业劳动生产率与总体生产率的比例。

资料来源：作者根据美国商务部经济分析局（BEA）相关资料整理而得。

图4.1所呈现的一个非常显著的特征是，美国就业份额和增加值份额在相当长的时期内都保持一致。这意味着美国各产业的劳动生产率非常接近，都位于均值附近。各部门生产率均衡发展是近一个世纪以来美国产业发展最为关键的特征，对产业结构产生了重要影响。

图4.2给出了美国采掘业、建筑业和水电气供应行业的就业份额变化

过程，这三个行业具有一个共同特征，那就是长期的变化幅度非常小，就业份额相当稳定。从1929年到2017年，建筑业的就业份额仅仅增加了0.7%，2017年为5.8%，在第二产业就业中占据的比例超过了1/3（见表4.1）。而采掘业和水电气供应行业的就业份额则一直处于较低水平且持续下降，从1929年的2.2%和1.1%到2017年的0.4%和0.4%，分别下降了1.8%和0.7%。由于这两个行业的生产率较高，在2017年的增加值份额分别为1.4%和1.6%（见表4.1）。

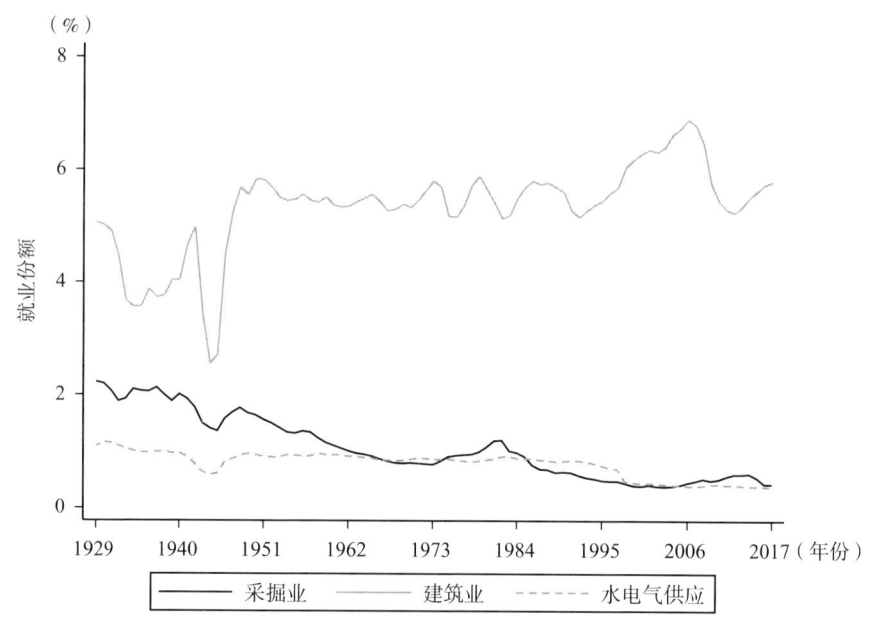

图4.2　1929~2017年美国第二产业（除了制造业）就业份额变化过程

资料来源：BEA；作者的整理。

从图4.3（a）可以看出，耐用品制造业中大多数行业的就业份额都经历了倒"U"型变化过程。金属及非金融矿物制品和汽车及交通运输设备行业的就业份额都在1943年（"二战"时期）达到了顶点，分别为5.4%和5.7%，战后都迅速回落，前者的就业份额下降到5%左右，直到1953年以后开始持续下降，后者的就业份额大幅下降到2%，随后回升的3%左右，从1968年以后开始持续下降，二者的就业份额在2017年分别为1.5%和1.1%。电子电器及机械行业就业份额经历了更为典型的倒"U"型变化，从1929年的2.8%持续上升到1967年的5.8%，然后开始缓慢下降，保持在5.5%左右，直到1982年（5.2%）以后才开始持续下降，2017年为1.7%。需要注意的是，从1952年到1986年的35年中，美国的电子电器及机械行业就业份额都保持在5%以上，是制造业中吸纳劳动力最多的行业。1986年，美国的实际人均GDP为33222美元（2011年平价美元表示），因此，该行业的就业份额是在经济发展到较高阶段才开始下降的。木制品及家具行业的就业份额一直都比较低，1948年上升到2.3%，然后持续下降到2017年的0.6%。

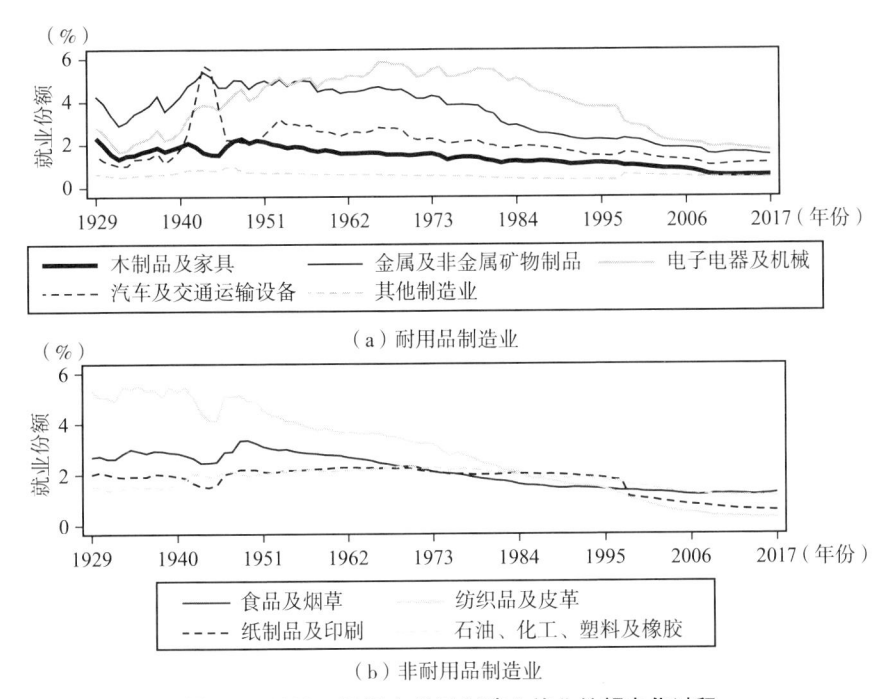

(a) 耐用品制造业

(b) 非耐用品制造业

图4.3　1929~2017年美国制造业就业份额变化过程

资料来源：作者据美国商务部经济分析局（BEA）相关资料整理而得。

非耐用品制造业中的食品及烟草和纺织品及皮革业的就业份额从1929年的2.7%和5.3%持续下降到2017年的1.3%和0.3%［见图4.3（b）］。作为生活必需品，食品及纺织业在经济发展初期就开始上升，然后随着收入提高而持续下降。造纸及印刷业和石油、化工、塑料及橡胶业的就业份额经历了微弱的倒"U"型变化，前者在1960~1970年维持在2.3%，随后持续下降，2017年为0.6%，后者在1969年达到2.3%的顶点后缓慢下降，2017年为1.1%。

对制造业行业的详细划分使我们可以清楚发现，制造业就业份额的倒"U"型变化模式主要取决于耐用品制造业，具体来说，取决于电子电器及机械行业、金属及非金融矿物制品行业和汽车及交通运输设备行业。由于采掘业、建筑业和水电气供应行业的就业份额并没有出现倒"U"型变化，因此，耐用品制造业的就业变化模式也决定了第二产业就业份额的变化模式。

接着转向服务业，图4.4显示，批发和零售业以及政府部门一直拥有较高的就业份额，2017年都下降到14%（见表4.1），医疗和社会救助以及专业服务的就业份额自1929年以来持续上升，2017年分别达到13%和15%，其他私人服务（主要包括艺术和娱乐以及食宿提供服务）的就业份额经历了"U"型变化，2017年也上升到14%，这5个部门的就业份额总和达到了70%，即吸纳了整个社会70%的劳动力。这意味着，当经济发展到较高水平，绝大多数劳动力从事于为提高生活质量而提供的各项专业服务。金融和保险业的就业份额持续缓慢上升，从1929年的2.6%上升到2017年的4.3%，教育业和生产率较高的信息业以及房地产和租赁业的就业份额则以更为缓慢的速度上升，2017年稳定在2.4%、1.9%和1.7%，运输和仓储业的就业份额则持续下降，2017年为3.7%。

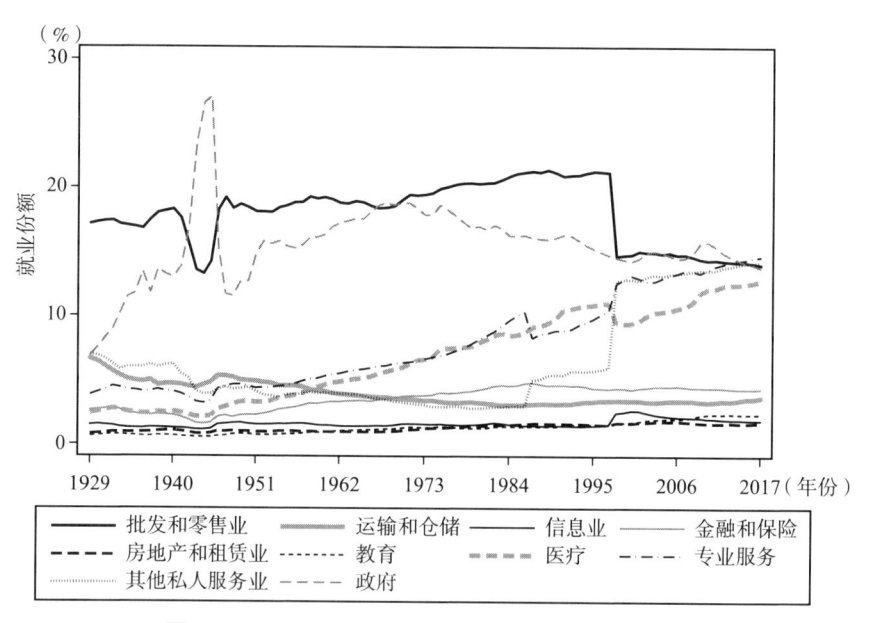

图4.4　1929～2017年美国服务业就业份额变化过程

注：图中的专业服务包括专业技术服务、企业管理和行政及清洁服务。
资料来源：作者根据美国商务部经济分析局（BEA）相关资料整理而得。

4.1.2 美国各产业相对生产率的变化趋势

我们进一步观察美国各行业生产率的长期变动趋势,图 4.5 给出了 1947 年到 2017 年美国各行业生产率与总体生产率的比例。

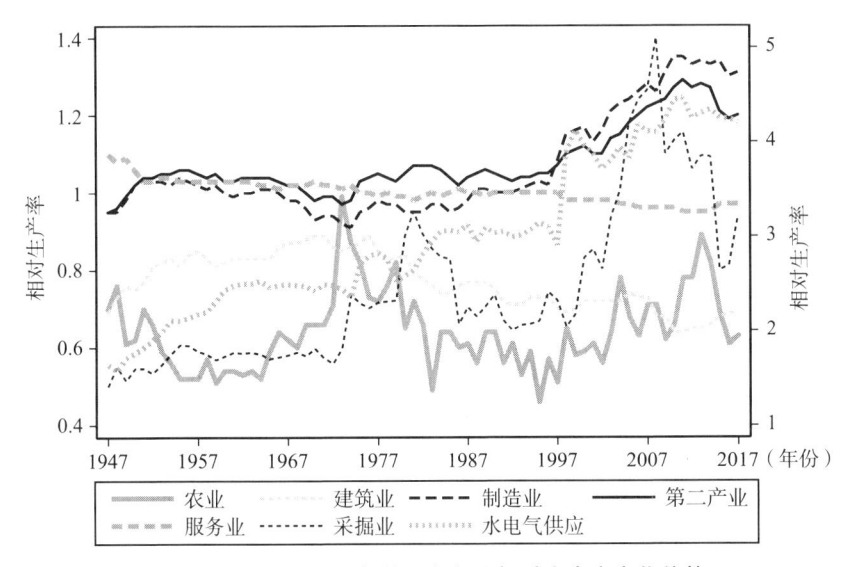

图 4.5 1947~2017 年美国各行业相对生产率变化趋势

注:相对生产率是指各行业与总体生产率的比例,采掘业和水电气供应的相对生产率较高,用副坐标轴表示。由于增加值数据的缺失,关于部门生产率的分析只能始于 1947 年。
资料来源:作者根据美国商务部经济分析局(BEA)相关资料整理而得。

图 4.5 显示,美国的农业生产率在各行业中最低,并且经历了较大幅度的波动,在 1973 年一度达到了总体生产率水平。从总体上看,农业相对生产率既无上升趋势也无下降趋势,在 0.64 左右波动,这意味着,美国农业生产率与总体生产率增速基本相同。这里隐含了两个较为重要的结论,第一,尽管在美国的各行业中,农业生产率最低,但是,相对于其他国家来说,0.64 的农业相对生产率已经相当高了,因此,美国具有较高的农业生产率水平;第二,美国农业生产率的增长速度也较高,与总体生产率增速保持一致。另外,美国的服务业也具有较高的生产率,从 1947 年到 1992 年,服务业与第二产业和制造业的生产率几乎相同,都在均值附近。1992 年以后,第二产业和制造业的生产率开始快速提高,加大了与服

务业的差距,而服务业的生产率始终维持在总体生产率水平。在第二产业中,具有较高生产率的采掘业和水电气供应行业吸纳的劳动力一直较少,对第二产业生产率影响不大,建筑业的相对生产率自1977年后持续缓慢下降,因此,第二产业生产率增速提高的主要动力在于制造业。

4.1.3 就业份额变化与相对生产率

前面分析了美国各行业就业份额和相对生产率随时间的变化趋势,本部分将二者联系起来,以观察美国劳动力跨行业流动是否属于增长加强型结构变化,并检验部门生产率增长对产业结构转型的影响。

由于缺乏制造业具体部门的增加值数据,因此本部分将制造业分为耐用品和非耐用品制造业两个大类,共分析如下16个行业的就业变化和相对生产率:第一产业用农业(agr)表示,第二产业包括采掘业(min)、建筑业(con)、水电气供应(utl)、耐用品制造业(dur)和非耐用品制造业(non),第三产业包括批发和零售业(wrt)、运输和仓储业(twh)、信息业(inf)、金融和保险(fir)、房地产和租赁业(rrl)、教育(edu)、医疗和社会救助(hcs)、专业服务(pbl)、其他私人服务(oth)和政府部门(gov)。其中,专业服务包括专业技术服务、企业管理和行政及清洁服务。

图4.6给出了1929~2017年美国上述16个行业就业份额变化和2017年这些行业与整体的相对生产率。图形显示,农业部门流出的劳动力最多,就业份额下降了17.5%,其次是非耐用品制造业,从1929年的11.6%到2017年的3.2%,就业份额下降了8.4%,耐用品制造业的劳动份额也下降较多,从11.6%到5.3%,下降了6.3%。批发和零售业以及运输和仓储业的就业份额都下降了3%,2017年分别为14.0%和3.4%,因此,批发和零售业仍然吸纳了较多的劳动力。自1929年以来,美国劳动力流入最多的行业是专业服务,就业份额增加了10.8%,其次是医疗和社会救助,增加了10.4%,然后是其他私人服务(主要包括艺术和娱乐以及食宿提供服务)和政府部门,就业份额分别增加了7.2%和6.9%。金融和保险以及教育部门的就业份额都增加了1.7%,2017年分别为4.3%和2.4%。其他行业的就业份额变化非常小,其中,房地产和租赁业、水电气供应、采掘业和信息业这些具有最高生产率的行业吸纳的劳动力也非常少,而生产率较低的建筑业则吸纳了较多的劳动力(具体行业的相对生产率和就业份额见表4.1)。

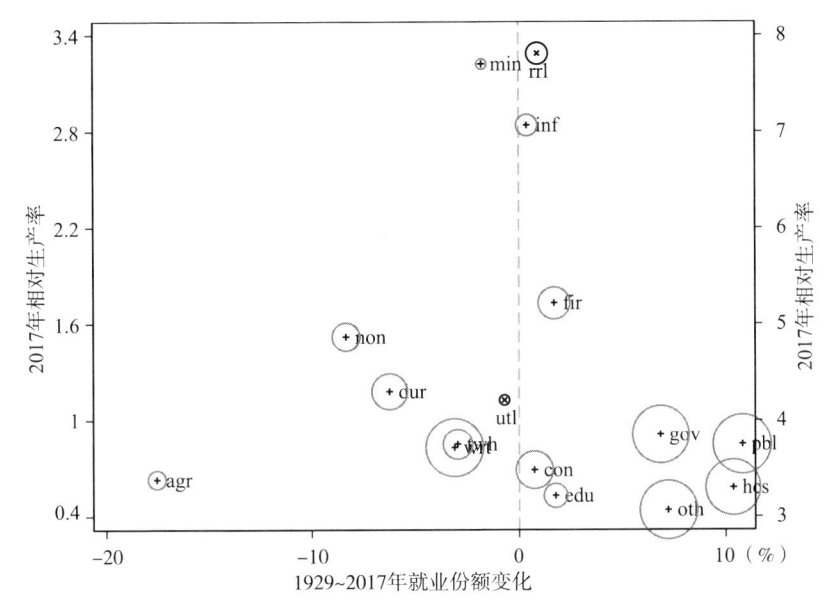

图 4.6　1929~2017 年美国各行业就业份额变化和相对生产率

注：相对生产率是指该行业与总体生产率的比例，图中的圆环表示 2017 年的就业份额，由于房地产及租赁（rrl）和水电气供应（utl）的相对生产率较高，因此用副坐标轴表示。
资料来源：作者根据美国商务部经济分析局（BEA）相关资料整理而得。

从总体上看，自 1929 年至今，美国从农业和制造业流出的劳动力主要进入了专业服务，医疗，政府和主要包括了艺术、娱乐和食宿提供的其他服务业，这些行业的就业份额在 1929~2017 年共增加了 35%，2017 年吸纳了 55% 的劳动力。加上批发零售业，这 5 个部门的劳动份额达到了 70%。需要注意的是，吸纳了较多劳动力的政府、专业服务和批发及零售业都具有比较高的劳动生产率。

从图 4.6 中可以直观地看出，1929~2017 年的 89 年时间里，美国劳动力流动与各部门的相对生产率并没有明显的规律性，即劳动力既没有流向高生产率部门的趋势，也没有流向低生产率部门的趋势。总体时间上的分析忽略了其中的变化过程，接下来根据各部门劳动力流动的具体特征进行阶段划分，以观察美国就业结构变化与部门相对生产率的关系。

根据美国第二产业和制造业的就业份额变化过程（见图 4.1），将 1929~2017 年分成两个阶段：1929~1966 年和 1967~2017 年（见图 4.7）。首先来观察第一个阶段，在该阶段，劳动力主要从农业流出，农业就业份额下降了 14.2%，其次是其他私人服务业以及运输和仓储，就业份额分别下降了 3.4% 和 3%，采掘业和非耐用品制造业的就业份额都下降了 1%。政府部门流入的劳动力最多，就业份额上升了 11.2%，1966 年达到了 18.1%，其次是耐用品制造业，就业份额增加了 3.9%，1966 年为 15.5%，医疗和社会救助也流入了较多劳动力，从 1929 年的 2.4% 上升到了 1966 年的 5.3%，专业服务和批发零售业的就业份额分别增加了 2.1% 和 1.4%。在劳动力流入较多的部门中，除了医疗和社会救助，其他行业的生产率都要高于农业。因此，1929～1966 年这 38 年间，美国经历了增长加强型结构变化。

其次来观察第二阶段，1967～2017 年，美国耐用品制造业就业份额下降最多，其次是非耐用品制造业，分别下降了 10.2% 和 7.3%，很明显，这个阶段美国经历了去工业化过程。政府部门和批发零售业就业份额在该时期分别下降了 4.3% 和 4.5%，农业就业份额进一步下降了 3.3%。与第一阶段的劳动力流动方向相反，其他私人服务（主要包括艺术和娱乐以及食宿提供服务）自 1967 年以后流入的劳动力最多，就业份额提高了 10.6%。专业服务以及医疗和社会救助流入的劳动力进一步上升，就业份额分别增加了 8.7% 和 7.5%。从制造业和其他部门流出的劳动力主要进入了这三个部门。教育、金融保险和建筑业的就业份额继续小幅上升，分别增加了 1.2%、1% 和 0.4%，其他行业的就业份额仍然比较稳定。

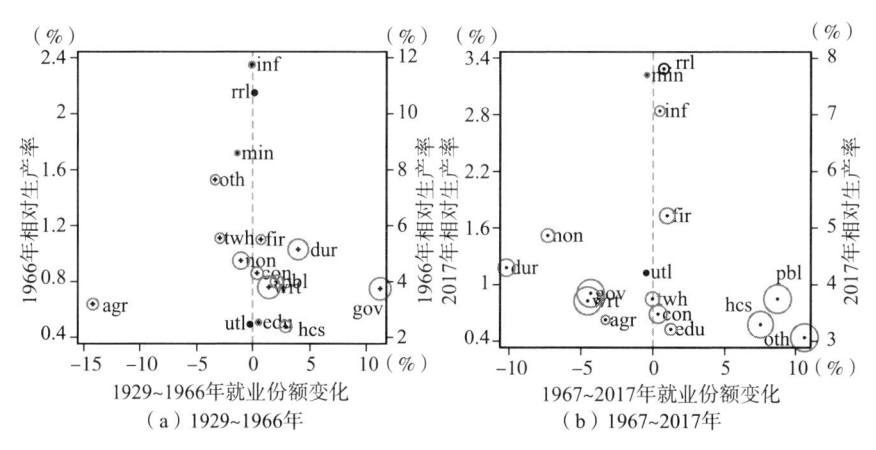

图 4.7　1929～2017 年美国各行业就业份额变化和相对生产率（分阶段）

注：相对生产率是指各行业与总体生产率的比例，图中的圆环表示 1966 年和 2017 年的就业份额，房地产及租赁（rrl）和水电气供应（utl）的相对生产率较高，用副坐标轴表示。

资料来源：作者根据美国商务部经济分析局（BEA）相关资料整理所得。

美国产业结构分阶段变化的结果显示，产业结构变化对美国总生产率的提高做出了正向贡献，只有当经济发展到较高阶段时才开始去工业化。另外，除了个别就业份额极低的行业具有较高的生产率，大多数行业的生产率差距并不大，根据产业结构转型理论，这种部门生产率增长模式对产业结构转型产生了极为有利的影响。

本部分的分析表明，美国一个世纪以来产业结构的变化过程呈现出以下几个主要特征：第一，无论是就业还是增加值，农业在经济中的比重都持续下降到极低水平，2017年的就业和增加值份额分别为1.4%和0.9%。第二，美国产业结构在经历了较长时期的工业化过程后才开始去工业化，即第二产业（主要是制造业）在经济中达到了较高份额且保持了较长时间。由于建筑业、采掘业和水电气供应行业的就业份额较低且十分稳定，因此，制造业在第二产业中占据主导地位，正是耐用品制造业就业份额的变化过程决定了制造业进而决定第二产业就业份额的倒"U"型模式。第三，劳动力最终流入那些旨在提高人们生活质量的服务行业。目前，美国服务业的就业和增加值份额都超过了80%，而服务业的劳动力又主要集中于批发零售业，专业服务，医疗及社会救助，政府及主要包括了艺术、娱乐和食宿提供的其他服务业。第四，美国各产业的就业份额与增加值份额长期保持高度一致，即各产业的劳动生产率非常接近。较高的农业和服务业生产率增速，使得各部门之间的生产率差距保持在一个较小的范围，保证了美国充分的工业化过程。这与产业结构转型理论预测的结果一致，产业结构合理转型的关键在于各行业的生产率不能出现较大差距（Duarte and Restuccia，2010；周克，2018）。

4.2 美国产业结构转型对中国的启示[①]

4.2.1 中美产业结构转型异同

前面章节已经详细分析了中国各省份产业结构的转型过程，基于如下两个原因，本部分以中国的产业结构转型为代表来观察三次产业以及制造业发展中存在的问题：第一，中国的制造业就业份额数据可以从GGDC数据库获取，各省份的数据则难以获得；第二，中国的数据来自各省份的平

---

① 除特别注明外，该部分数据资料均来自1994~2018年《中国统计年鉴》和GGDC数据库。

均,因此更具有代表性。图 4.8 给出了 1978~2017 年中国三次产业以及制造业的就业份额和增加值份额的变化过程,表 4.2 给出了 2005~2016 年各具体行业的增加值和就业份额。

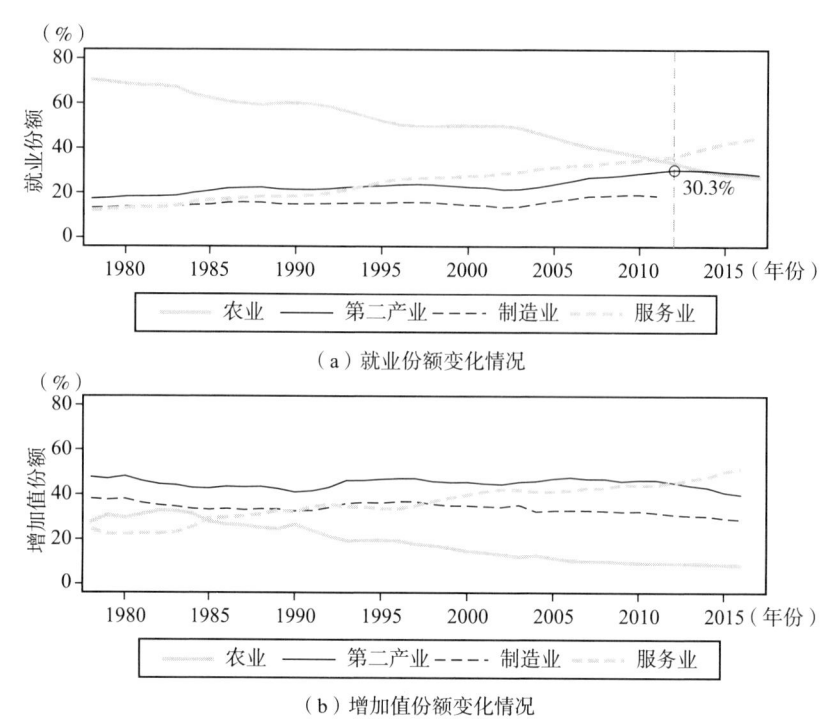

(a) 就业份额变化情况

(b) 增加值份额变化情况

图 4.8　1978~2017 年中国产业结构转型过程

资料来源:《中国统计年鉴》(1994~2018);GGDC 数据库。

表 4.2　　　2005~2016 年中国各行业增加值和就业份额　　　单位:%

项目	2005 年	2010 年	2015 年	2016 年
第一产业	12.2 (44.8)	10.1 (36.7)	9.1 (28.3)	8.9 (27.7)
第二产业	47.7 (23.8)	46.7 (28.7)	41.1 (29.3)	40.0 (28.8)
制造业	32.8 (16.4)	32.5 (19.2)	29.4	28.8
采掘业	5.6 (1.2)	5.2 (1.3)	2.8	2.5
水电气供应	3.7 (0.5)	2.4 (0.5)	2.2	2.1
建筑业	5.5 (5.7)	6.6 (7.8)	6.8	6.7
第三产业	40.1 (31.4)	43.2 (34.6)	49.8 (42.4)	51.1 (43.5)

续表

项目	2005 年	2010 年	2015 年	2016 年
批发和零售业	7.4	8.9	9.6	9.6
交通运输、仓储和邮政业	5.9	4.8	4.4	4.4
住宿和餐饮业	2.3	2.0	1.8	1.8
信息传输、软件和信息技术服务业	2.6	2.2	2.7	2.9
金融业	3.4	5.2	8.4	8.2
房地产业	4.5	5.7	6.1	6.5
租赁和商务服务业	1.6	1.9	2.5	2.6
科学研究和技术服务业	1.1	1.4	2.0	2.0
水利、环境和公共设施管理业	0.5	0.4	0.6	0.6
居民服务、修理和其他服务业	1.7	1.5	1.6	1.7
教育	3.1	3.0	3.5	3.6
卫生和社会工作	1.6	1.5	2.2	2.3
文化、体育和娱乐业	0.6	0.6	0.7	0.7
公共管理、社会保障和社会组织	3.7	4.0	3.9	4.1

注：小括号中数据为对应行业的就业份额，2005 年和 2010 年第二产业具体行业的就业数据来自 GGDC。

资料来源：《中国统计年鉴》（2006~2018）；GGDC 数据库。

中国的产业结构转型过程在以下几个方面与美国一致：第一，农业在经济中的份额持续下降，就业和增加值份额分别从 1978 年的 70.5% 和 27.7% 下降到 2017 年的 27% 和 7.9%。中国的农业就业份额在 40 年时间里下降了 44 个百分点，大约是美国下降速度的 2 倍，但是中国经济持续稳定增长的时间较短，因此，以实际人均 GDP 为尺度，中国 2017 年农业就业份额是美国在相同发展阶段的 2 倍，从这个角度看，中国农业就业份额还有较大的下降空间。第二，服务业在经济中的比重持续上升，就业和增加值份额分别从 1978 年的 12.2% 和 24.6% 上升到 2017 年的 44.9% 和 51.6%。第三，制造业在第二产业中占据主导地位，二者的就业和增加值份额变化趋势一致，且差距较小。中国的产业结构变化历程也验证了第二产业中的采掘业、建筑业和水电气供应等三个行业在经济中的比重较低，并且非常稳定。

对比图 4.1，中国产业结构转型过程在以下两点与美国显著不同：第一，各产业的就业份额和增加值份额存在较大差异；第二，第二产业和制造业的就业份额较低且增长缓慢。实际上，这两个表面看似无关的差异背后具有相同的原因，本部分将对此进行说明，然后借此寻找更合理的产业发展路径。

前面的分析表明，如果各部门劳动生产率非常接近，就业结构和增加值结构就基本一致，否则就会产生差异。美国部门生产率发展状况属于前者（见图4.5），中国则属于后者。图4.9给出了1978~2017年中国三次产业和制造业生产率与总体生产率的比例。与美国的相对生产率状况形成鲜明对比，中国的农业生产率远远低于其他部门，并差距仍在扩大，与总体的相对生产率从1978年的0.39下降到2017年的0.29。较低的生产率使得农业虽然拥有较高的就业份额，但是增加值份额却极低（见图4.8）。服务业劳动生产率虽然高于均值，但是与第二产业和制造业仍有较大差距，而美国的服务业和第二产业生产率长期保持一致。随着经济发展，中国第二产业和服务业的劳动生产率都向均值收敛。这与国际经济发展经验一致，资源的跨部门流动会使各个部门的生产率趋于一致。

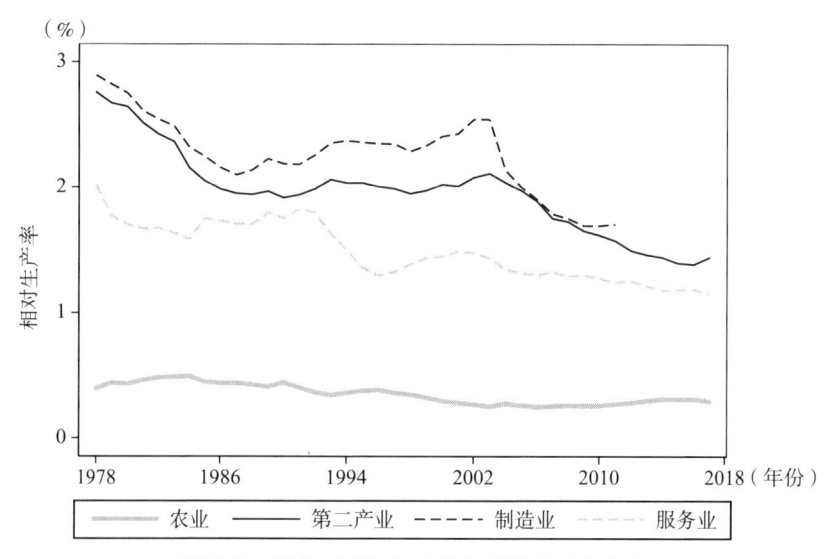

图 4.9 1978~2017 年中国各部门相对生产率

资料来源：《中国统计年鉴》（1994~2018）；GGDC 数据库。

接着来分析第二点差异，与美国不同，中国第二产业和制造业的就业份额较低且上升速度缓慢。从1978年的17.3%到2017年的28.1%，中国第二产业就业份额在40年里只提高了10.8%，制造业就业份额从1978年的13.2%上升到2011年的18.7%，34年间仅仅提高了5.5%。虽然美国第二产业和制造业的就业份额从1966年开始持续下降，但是到了1979年仍然高达30%和22%，从1929年到1979年的半个世纪里，这两个部门就业份额的均值分别为32%和24%。需要强调的是，美国第二产业和制造业的就业份额在1900年就分别达到了39%和22%（Stigler，1947；1956）。因此，美国第二产业和制造业在近一个世纪里分别吸纳了整个就业的1/3和1/4。1966年，美国的人均实际GDP为21930美元（2011年美元购买力平价表示），而中国2017年的实际人均GDP为13043美元①。因此，如果考虑到发展阶段，中国第二产业和制造业就业份额更需要大幅度提升。

美国第二产业和制造业就业份额能够保持较高的原因主要有两个：一个是生产率提高推动农业劳动力大量流出，使第二产业和服务业就业量都较快增加；另一个是在经济发展初期阶段，从农业部门流出的劳动力主要进入了第二产业，1870～1920年，美国农业就业份额下降了23.9%，第二产业和服务业就业份额分别提高了15%和8%，前者几乎是后者的两倍（Stigler，1956）。美国的产业结构转型为什么会出现这些特征呢？我们接着分析产业结构转型的推动力。

4.2.2 产业结构差异的原因及对经济增长的影响

随着经济发展，产业结构也将发生变化，其中一个重要原因就是各种产品的需求收入弹性不同。一般来说，农产品的需求收入弹性小于1，因此，农产品上的支出在收入中所占的比例随着收入提高而下降，导致农业在经济中的比重也越来越低。这就是恩格尔法则。与农业相反，服务业在经济中的比重逐渐上升，这个就是克拉克法则。但是，克拉克没有说明服务业上升的形成机制，斯蒂格勒（1956）对此进行了进一步解释，认为随着城市化进程、教育水平的提高和人口老龄化，人们对服务业的需求也在不断增加。随后的研究者更加具体地解释了收入效应，认为不同部门的产品具有不同的收入需求弹性，随着收入的提高，人们会更多地消费那些具有更高收入弹性

---

① 根据PWT9.1中实际GDP和人口计算得到。如果用2005年购买力平价美元表示，美国1966年的实际人均GDP为19141美元（来自PWT8.0），中国2017年的为11154美元（根据2018年中国统计年鉴首先将2017年的人均GDP转换为2005年价格表示的实际GDP，然后使用世界银行WDI2018年中的购买力平价汇率计算）。

的商品，从而导致资源在不同部门之间的重新配置（Matsuyama，1992；Echevarria，1997；Laitner，2000；Kongsamut et al.，2001；Boppart，2011）。

除了收入，各个部门生产率增长及其差异也会对产业结构产生影响（Rogerson，2008；Duarte and Restuccia，2010；Herrendorf et al.，2013a、b；周克，2018）。由于对农产品的需求缺乏弹性，农业劳动生产率提高将会促使劳动力从农业部门流入非农部门，而第二产业和服务业吸纳劳动力的多少取决于这两个部门的相对生产率以及替代效应和收入效应，其中，替代效应占据了主导地位（周克，2018）。如果第二产业和服务业的商品之间具有较低的替代弹性，那么劳动力会流入生产率增长较慢的部门，反之，则流入生产率增长较快的部门。对于绝大多数经济体来说，这两个部门产品之间的替代弹性较低。在经济发展初期，制造业刚刚起步，劳动生产率低于服务业，替代效应使劳动力更多地流入制造业，使其就业份额上升。随着经济发展，制造业生产率开始提高，逐渐超过服务业生产率，另外，随着经济发展，对服务业的需求收入弹性也在提高，收入效应和替代效应一起使劳动力流入服务业，使其劳动份额上升。最终各部门生产率趋于收敛，服务业就业份额的上升完全取决于收入效应。上述过程意味着，随着经济增长，制造业就业份额首先上升然后下降，即呈现倒"U"型变化模式。

上述理论分析表明，农业和服务业生产率保持较高增速对产业结构转型将会产生极其重要的影响。农业生产率增长较慢将会减缓农业劳动力的流出速度，而服务业生产率增长较慢则会使其吸纳更多的劳动力，两种因素都会使流入第二产业和制造业的劳动力数量减少。这就意味着，农业和服务业生产率与第二产业生产率差距越大，第二产业（尤其是制造业）的就业份额就倾向于越低。图4.10中34个经济体在1950~2012年的发展经历证明了上述结论。我们采用整个样本期变异系数均值来衡量各个经济体在该时期内三次产业发展的不平衡程度，而选择倒"U"型顶点的就业份额来衡量第二产业和制造业的发展程度[①]。从图4.10中可以看出，各个经济体第二产业和制造业转折点处的就业份额与变异系数之间呈现显著的负相关关系，而且具有较高的判定系数。平均来说，三次产业生产率的变异系数均值每提高1%，第二产业和制造业转折点处的就业份额分别下降0.32%和0.30%，部门生产率之间的差异幅度解释了34个经济体第二产业和制造业转折点处就业份额差异的约50%。一国的产业政策、发展战略、

[①] 由于第二产业和制造业就业份额先上升后下降，因此，不适宜使用均值来衡量发展程度。

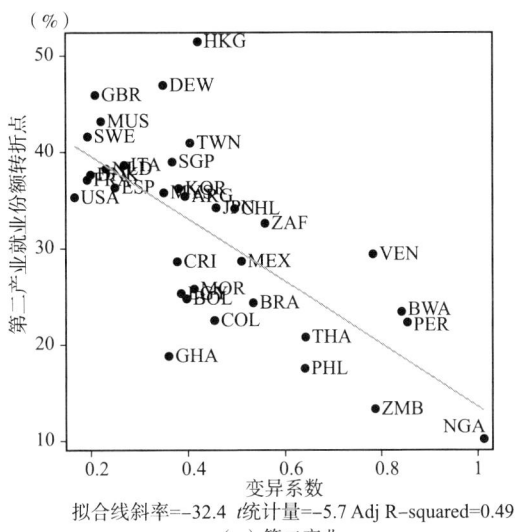

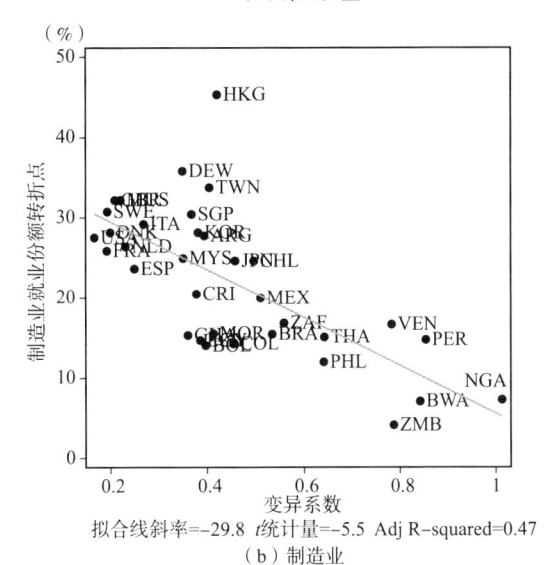

图 4.10　变异系数与第二产业和制造业就业份额转折点

注：34 个经济体分别来自撒哈拉以南非洲（博茨瓦纳 BWA、加纳 GHA、毛里求斯 MUS、尼日利亚 NGA、南非 ZAF 和赞比亚 ZMB）、北非（埃及 EGY 和摩洛哥 MOR）、亚洲（中国香港 HKG、中国台湾 TWN、日本 JPN、韩国 KOR、新加坡 SGP、马来西亚 MYS、泰国 THA 和菲律宾 PHL）、拉丁美洲（阿根廷 AGR、玻利维亚 BOL、巴西 BRA、墨西哥 MEX、智利 CHL、哥伦比亚 COL、秘鲁 PER、哥斯达黎加 CRI 和委内瑞拉 VEN）、北美洲（美国 USA）和欧洲（西德 DEW、丹麦 DNK、西班牙 ESP、法国 FRA、英国 GBR、意大利 ITA、荷兰 NLD 和瑞典 SWE）。

资料来源：就业份额数据来自 GGDC 数据库；劳动生产率（2011 年美元购买力平价计量）数据来自 PWT9.1；作者的计算。

制度环境等因素也会对产业结构产生影响，但是，本部分的实证结果表明，产业结构转型的内在机制占据了主导地位。因此，产业政策的制定应该遵循产业发展的内在规律才会更加有效率。

对于绝大多数经济体，制造业部门具有较高的生产力，并通过技术溢出，推动了整个经济增长。另外，制造业通过生产性联系，间接地在其他部门创造了大量就业。以制造业为基础的生产性服务的快速发展也吸纳了大量就业，因此，制造业被称为经济增长的发动机。与此同时，产业结构变化本身也会对总生产率产生影响，劳动力从生产率较低的农业和服务业流入到生产率较高的第二产业（主要是制造业），会提高总体生产率（Timmer et al.，2009；McMillan et al.，2014；周克，2019）。这意味着，第二产业和制造业充分发展的经济体也具有较高的生产率水平。图 4.11 验证了该结论，34 个经济体在 2017 年的实际劳动生产率与第二产业和制造业转折点处的就业份额之间呈现显著的正相关关系。实证结果显示，第二产业（或是制造业）转折点处的就业份额每提高一个百分点，2017 年的劳动生产率平均上升 6%（6%），第二产业（或是制造业）就业份额的差距解释了 2017 年实际劳动生产率差距的 71%（64%）。这与理论分析一致，各个经济体的表现主要取决于制造业的发展状况。

本部分的分析表明，第二产业（主要是制造业）的发展差异是各个经济体生产率水平差异的主要原因，而农业和服务业生产率增速较慢，则是制造业没有充分发展的主要原因，34 个经济体的发展实践为理论分析提供了支持。这为理解"中等收入陷阱"提供了一种新的思路，即部门生产率增长越不平衡，制造业的就业份额就倾向于越低，经济增长也会越慢。当然，制造业自身生产率变化也会影响经济增长，联合国工业组织的研究显示，没有成功地推动制造业部门从低技术水平向高技术水平转移，在很大程度上导致一些发展中经济体陷入"中等收入陷阱"（UNIDO，2013）。

4.2.3 对中国产业结构转型的启示

基于近 20 年发展的产业结构转型理论，本部分分析了美国自 20 世纪初期以来产业结构变化的详细过程，以观察就业变化的长期趋势及推动力，并探索经济稳定持续增长的结构性原因，主要的结论和政策建议如下：

第一，美国三次产业就业份额和增加值份额长期保持一致。这意味着

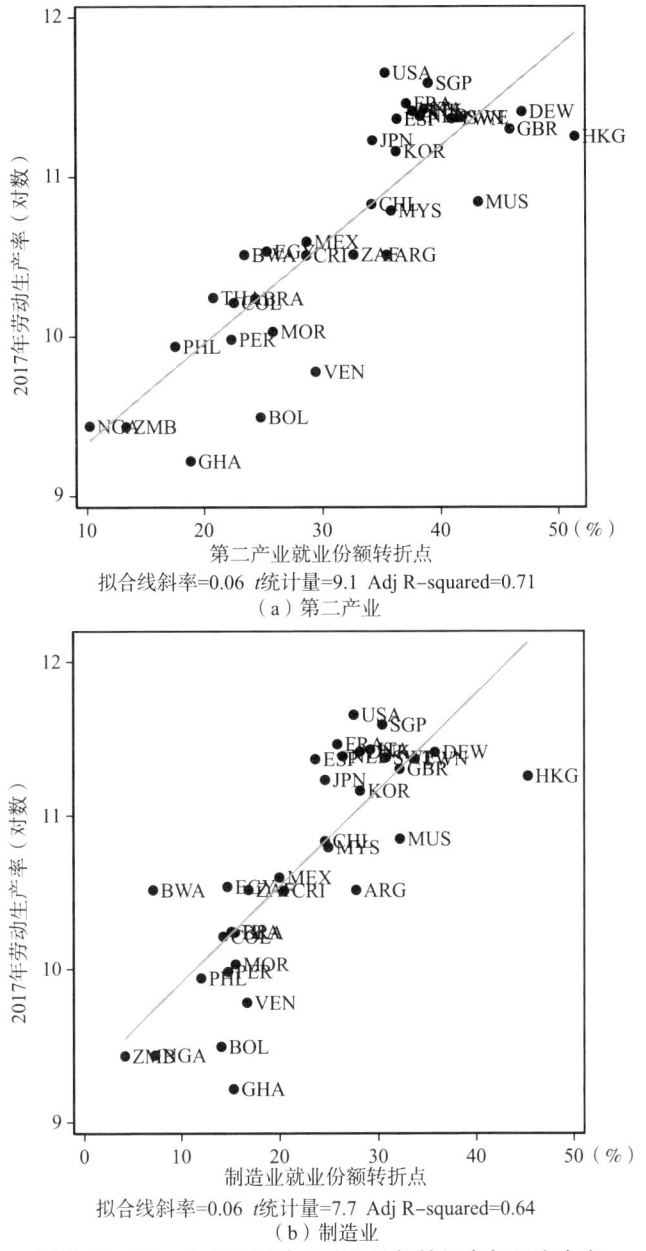

拟合线斜率=0.06 *t*统计量=9.1 Adj R-squared=0.71
（a）第二产业

拟合线斜率=0.06 *t*统计量=7.7 Adj R-squared=0.64
（b）制造业

图 4.11　第二产业和制造业就业份额转折点与总生产率

注：34 个经济体同图 4.10。

资料来源：就业份额数据来自 GGDC 数据库；劳动生产率（2011 年美元购买力平价）数据来自 PWT9.1；作者的计算。

各产业的劳动生产率非常接近，都位于总体均值附近。各部门生产率平衡发展是一个世纪以来美国产业发展最为关键的特征，对产业结构转型产生了重要影响。

第二，虽然美国第二产业和制造业的就业份额从 1966 年开始持续下降，但是到了 1979 年仍然高达 30% 和 22%。实际上，它们的就业份额在 1900 年就分别达到了 39% 和 22%，因此，美国第二产业和制造业在近一个世纪里分别吸纳了整个就业的 1/3 和 1/4。另外，美国的人均实际 GDP 在 1966 年为 21930 美元（2011 年美元购买力平价），这意味着，美国是在经历了充分的工业化过程后才开始去工业化。其中，耐用品制造业经历了更长时期的发展，其就业份额的变化过程决定了制造业进而决定第二产业就业份额的倒"U"型模式。

第三，无论是就业还是增加值，农业在美国经济中的比重都持续下降到了极低水平，2017 年的就业和增加值份额分别为 1.4% 和 0.9%。从农业部门流出的劳动力最初主要进入了第二产业（主要是制造业），最终，绝大多数劳动力都流入了那些旨在提高人们生活质量的专业服务行业。目前，美国服务业的就业和增加值份额都超过了 80%，而服务业的劳动力又主要集中在批发零售业，专业服务，医疗及社会救助，政府和主要包括了艺术、娱乐和食宿提供的其他服务业。

第四，中国与美国产业结构转型最显著的差异有两点：一个是各部门生产率差距巨大；另一个是第二产业和制造业的就业份额较低且增长缓慢，正是前者导致了后者。

第五，部门生产率增长及其差异所产生的收入效应和替代效应不仅解释了各个产业就业份额的变化趋势，也解释了制造业就业份额的倒"U"型变化过程。部门生产率差距越大，第二产业（主要是制造业）的就业份额就倾向于越低，经济增长也将越慢。34 个经济体自 1950 年以来的发展实践对此提供了支持：部门生产率差距每扩大 1%，制造业就业份额就下降 0.3%，部门生产率差异解释了这些经济体制造业就业份额差异的 50%；而制造业就业份额每下降 1%，生产率水平就减少 6%，制造业就业份额差异解释了各经济体生产率差异的 64%。部门生产率差距通过影响制造业的就业份额，抑制了经济增长。这为理解"中等收入陷阱"提供了一种新的思路。

总之，对于中国（各省份同样如此）当前的发展阶段来说，第二产业（主要是制造业）的就业份额还应该在较长时期内保持在较高水平，这样才能为经济持续增长提供动力。而提高农业和服务业生产率以缩小部门生产率差距，是实现该目标的关键。

4.3 产业发展路径的选择

使用不同的分析方法，第 2 章和第 3 章都得到了相同的结论，农业和服务业，尤其是服务业生产率较低是导致中国各省份经济增长差异的主要原因，本章对美国产业发展经历的详细分析也证明了这一结论。因此，要促进低增长地区的经济发展，应该提高农业和服务业的生产率，减少与工业生产率的差距。那么，农业和服务业生产率水平提高多少比较合理呢？本节将根据高收入经济体的发展经验，为各省份农业和服务业生产率发展提出具体目标。

4.3.1 部门生产率关系的国际经验

各国的部门生产率增长经验表明，由于资本密集度较高，采掘业和水电气供应等非制造业工业具有最高的劳动生产率，其次是制造业，然后是服务业，而农业的劳动生产率最低。但是，在经济发展初期，制造业发展刚刚起步，服务业的劳动生产率会高于制造业，随后慢慢收敛（UNIDO，2013）。大多数文献的分析结果显示，农业与非农的生产率差距随着收入提高而下降（Caselli，2005；Restuccia et al.，2008；Gollin et al.，2013），但是，杨格（Young，2013）在加入撒哈拉以南的非洲国家后发现，这种关系消失了。这意味着，农业生产率差距与收入的负相关关系更适用于收入相对较高的国家，基于这个原因，我们选择高收入经济体的发展历程作为中国各省份部门生产率关系的参照标准。

图 4.12 给出了 1950～2010 年 14 个高收入经济体农业和服务业与工业的相对生产率，横轴采用总体生产率（对数），是为了观察不同发展阶段部门相对生产率的特征。图 4.12（a）显示，农业与工业的相对生产率与总生产率之间存在微弱的正相关关系，换言之，随着生产率提高，农业生产率差距缓慢减少。高收入经济体农业与工业的相对生产率达到了 60% 左右。从图 4.12（b）可以看出，服务业与工业的相对生产率随经济增长下降较快，当总生产率水平较低时，服务业生产率远高于工业，随着经济

增长逐渐收敛到工业生产率水平。14 个高收入经济体农业和服务业与工业相对生产率的估计关系如下：

$$ram = \underset{(0.240)}{-0.411} + \underset{(0.022)}{0.076} \times \log(y) \tag{4.1}$$

$$rsm = \underset{(0.386)}{6.641} - \underset{(0.036)}{0.516} \times \log(y) \tag{4.2}$$

其中，ram 和 rsm 分别表示农业和服务业与工业的相对生产率，总劳动生产率（y）用 2011 年美元表示，$\log(y)$ 表示取自然对数。农业与工业相对生产率的系数虽然显著，但是数值非常小，因此，对于高收入经济体来说，农业的相对生产率比较稳定。这意味着，这些经济体农业生产率增长率不低于工业生产率增速。服务业相对生产率则以较快的速度下降，表示服务业生产率增长率低于工业生产率增速。

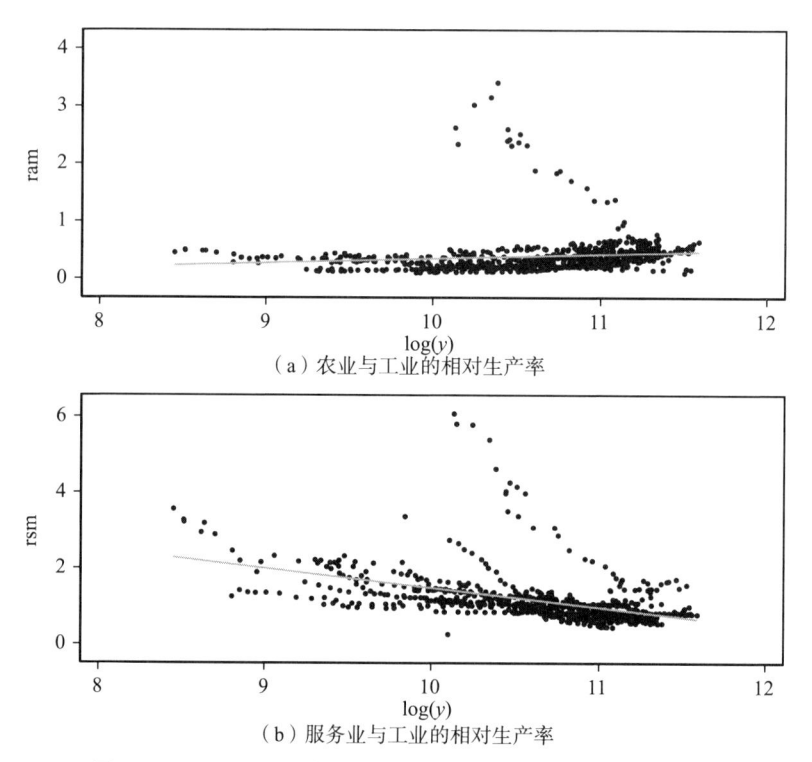

图 4.12　1950～2010 年 14 个高收入经济体的部门相对生产率

注：部门劳动生产率按照 2005 年不变价格计算，ram 和 rsm 分别表示农业和服务业与工业的相对生产率，总劳动生产率（y）用 2011 年美元表示，$\log(y)$ 表示取自然对数；14 个高收入经济体分别是中国香港、中国台湾、韩国、新加坡、日本、美国、英国、德国、法国、意大利、瑞士、荷兰、西班牙和丹麦。

资料来源：GDDC 数据库；佩恩表 9.0（PWT9.0）。

4.3.2 中国各省份部门生产率增长关系

图 4.13（a）和图 4.13（b）显示，1978~2015 年，各省份的部门相对生产率变化呈现两个非常显著的特征：第一，随着经济增长，几乎所有地区的农业和服务业与工业的相对生产率都大幅下降。具体来说，除了甘肃，其他省份农业与工业的生产率差距都在扩大，平均相对生产率从 0.34

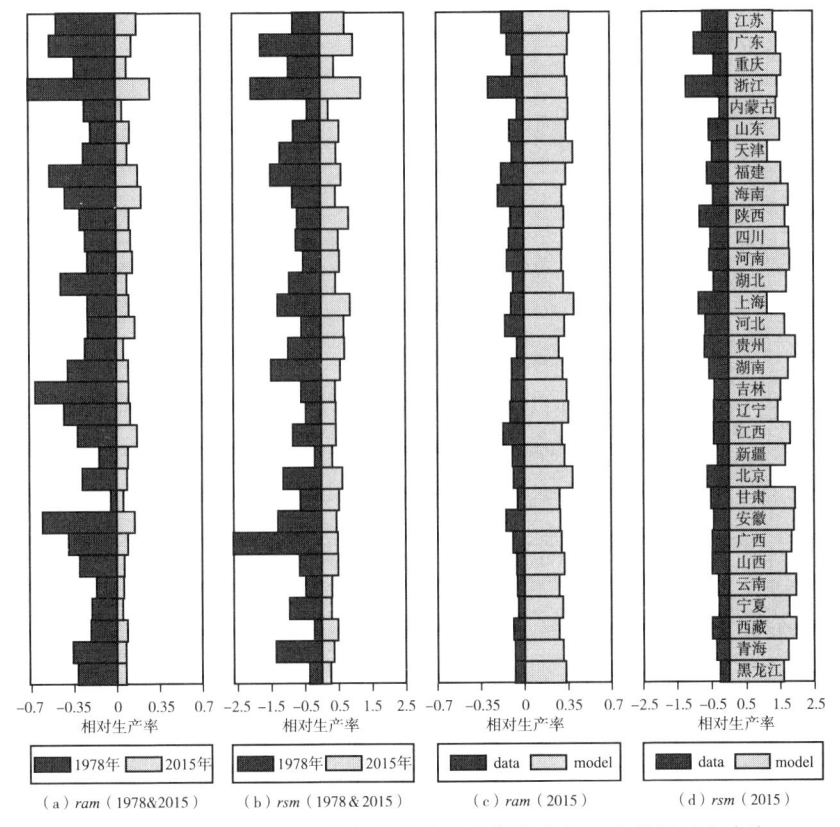

图 4.13　1978 年和 2015 年各省份农业和服务业与工业的相对生产率

注：各省份按照实际生产率增长率从高到低依次排列，部门生产率选择 2005 年为基期并进行了 HP 滤波，因此，实际生产率增长率与各省份统计年鉴公布的实际增长率略有差别。ram 和 rsm 分别表示农业和服务业与工业的相对生产率，data 表示各省份相对生产率的真实值，model 是将各省份 2015 年实际总生产率（用 2011 年美元表示）代入前面的拟合线方程得到的比例。浙江农业和服务业相对生产率在 1978 年较高，图形中取其 1/3。

资料来源：各省份统计年鉴（1983~2017）。

下降到 0.11（见表 4.3 最后一行）。除了陕西、河南、河北、新疆和西藏，其他各省份服务业相对生产率也都在下降，平均值从 0.96 下降到 0.53。第二，总生产率增长越慢的地区，农业和服务业与工业的相对生产率越低，这种趋势在 2015 年增强了。部门生产率增长及模式都会对产业结构转型从而对总生产率产生影响，因此，低增长地区的这种部门生产率关系将导致产业结构转型不合理并妨碍总生产率增长。

表 4.3　　1978 年和 2015 年各省份部门相对生产率

地区	实际值				理论值	
	农业/工业		服务业/工业		农业/工业	服务业/工业
	1978 年	2015 年	1978 年	2015 年	2015 年	2015 年
江苏	0.49	0.17	0.82	0.72	0.37	1.33
广东	0.54	0.13	1.78	0.97	0.36	1.42
重庆	0.34	0.09	0.96	0.40	0.34	1.56
浙江	2.15	0.28	6.21	1.20	0.35	1.45
内蒙古	0.26	0.05	0.40	0.24	0.36	1.41
山东	0.21	0.11	0.82	0.55	0.34	1.52
福建	0.54	0.18	1.50	0.61	0.34	1.55
海南	0.42	0.21	0.85	0.44	0.31	1.76
陕西	0.30	0.11	0.71	0.82	0.32	1.66
四川	0.26	0.12	0.75	0.52	0.31	1.77
天津	0.27	0.09	1.22	0.46	0.40	1.15
河南	0.24	0.13	0.53	0.55	0.30	1.80
湖北	0.46	0.09	0.95	0.43	0.32	1.70
上海	0.24	0.10	1.30	0.86	0.40	1.12
河北	0.24	0.15	0.59	0.67	0.32	1.64
贵州	0.26	0.06	0.99	0.69	0.28	1.96
湖南	0.40	0.10	1.50	0.56	0.31	1.74
吉林	0.67	0.10	0.60	0.41	0.34	1.52
辽宁	0.43	0.11	0.46	0.43	0.35	1.44
江西	0.32	0.17	0.85	0.44	0.30	1.80

续表

地区	实际值				理论值	
	农业/工业		服务业/工业		农业/工业	服务业/工业
	1978年	2015年	1978年	2015年	2015年	2015年
新疆	0.14	0.09	0.20	0.32	0.32	1.66
北京	0.28	0.09	1.14	0.62	0.39	1.21
甘肃	0.05	0.06	0.64	0.52	0.28	1.94
安徽	0.61	0.15	1.31	0.44	0.29	1.90
广西	0.40	0.09	2.63	0.48	0.30	1.83
山西	0.31	0.06	0.67	0.49	0.32	1.68
云南	0.17	0.06	0.48	0.31	0.28	1.96
宁夏	0.21	0.05	0.97	0.29	0.31	1.77
西藏	0.21	0.09	0.22	0.48	0.28	1.97
青海	0.36	0.08	1.37	0.36	0.31	1.74
黑龙江	0.32	0.08	0.37	0.27	0.33	1.60
均值	0.34	0.11	0.96	0.53	0.33	1.63

资料来源：各省份历年统计年鉴（1978～2015年）；作者的计算。

图4.13（c）和图4.13（d）给出了2015年各省份农业和服务业与工业相对生产率的实际值和理论值，理论值是指将各省份2015年实际总生产率（用2011年美元购买力平价表示）代入前面的拟合线方程得到的比例。我们得到的农业相对生产率的理论值与戈林等（Gollin et al.，2013）使用151个经济体的计算结果非常接近，在当前的生产率水平，各省份农业与工业的相对生产率应该在1/3左右，但是，除了浙江，其他所有省份的农业相对生产率都远远低于理论值。农业生产率增长缓慢不仅会延迟工业化进程（Gollin et al.，2002），也是导致收入不平等的主要原因（Young，2013）。根据国际经验，各省份当前的服务业生产率水平应该不低于工业生产率，然而除了广东、浙江和上海，其他省份的服务业生产率与工业之间仍存在较大差距。另外，除了浙江和上海，其他所有地区的服务业相对生产率也远低于理论值。总之，对于中国的绝大多数省份来说，农业和服务业与工业的生产率差距太大了。

4.3.3 部门生产率收敛对生产率的影响

我们使用第 3 章校准所得到的基准模型来分析农业和服务业与工业的相对生产率收敛到图 4.13 所示的理论值对各省份产业结构转型和总生产率增长的影响。几乎所有省份农业和服务业的相对生产率都远远低于理论值，因此收敛到理论值意味着农业和服务生产率提高了。结果总结在图 4.14、表 4.4 和图 4.15 中。

农业生产率增长率提高会促使农业劳动力流入到工业和服务业［见图 4.14（a）和表 4.4］，农业相对生产率收敛到理论值使农业劳动份额进一步下降 4%，由于服务业的需求收入弹性较高，因此有较多的农业劳动力流入服务业，结果使各地区总生产率增长率平均值从 8.6% 上升到 9.1%，提高了 6.5%（见表 4.4）。农业生产率提高会使农业劳动力减少以及农业生产率水平降低，因此对总生产率影响不大。从图 4.14（b）看出，服务业生产率提高对农业劳动份额影响不大，但是对工业和服务业影响较大，较低的替代弹性使服务业吸收的劳动力大幅下降，更多的劳动力流入工业，结果使总生产率增长率平均值上升到 10.4%，提高了 21%。如果农业和服务的生产率同时收敛到理论值，将会使更多的农业劳动力流出并使服务业吸纳的劳动力下降，使总生产率增长率均值上升到 10.7%，提高 26%。其中，服务业生产率收敛解释了总生产率上升的绝大部分，因此，提高服务业生产率增长率对各省份产业结构和总生产率将会产生重要影响。

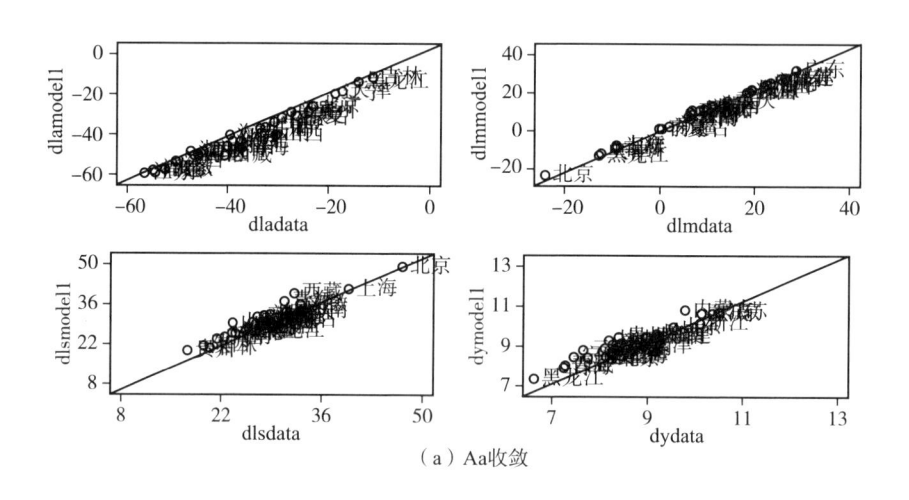

（a）Aa 收敛

(b）As 收敛

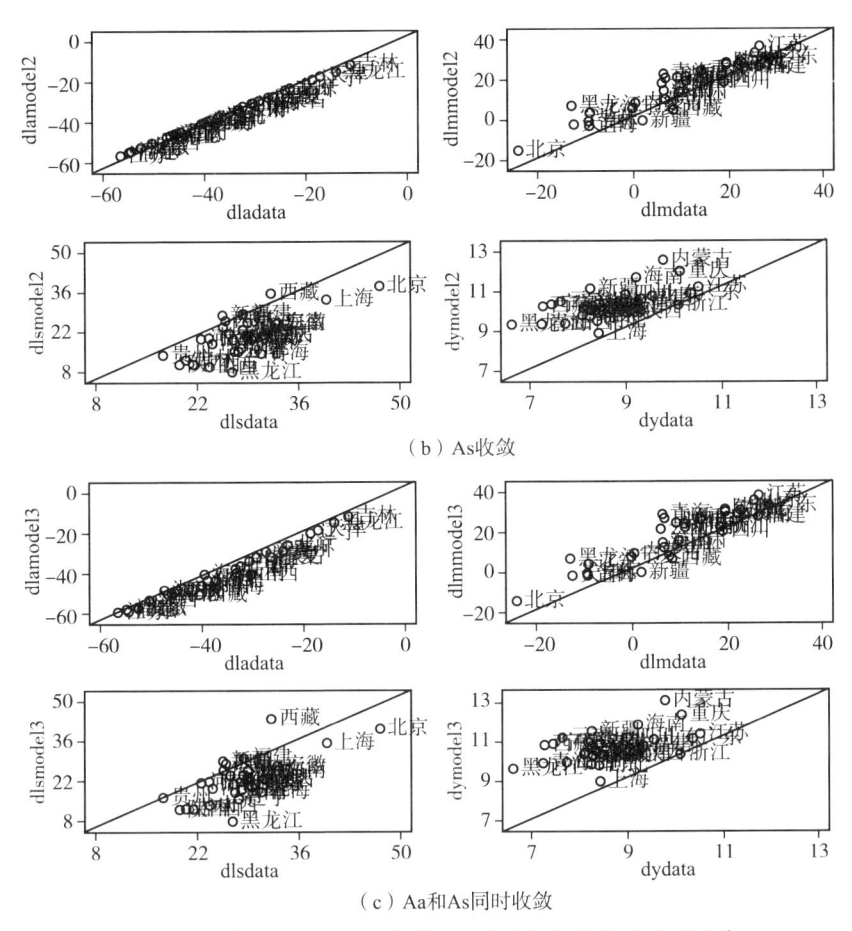

(c）Aa 和 As 同时收敛

图 4.14　部门劳动生产率收敛对劳动份额和总生产率的影响

注：图中的 dlamodeli、dlmmodeli、dlsmodeli 和 dymodeli 分别表示第 i（$i=1, 2, 3, 4$）种假设下农业、工业和服务业劳动份额变化量以及相对生产率增长率的模型值，dladata、dlmdata、dlsdata 和 rdydata 分别表示农业、工业、服务业劳动份额变化量和相对生产率增长率的真实值，γ_i（$i=a, m, s$）和 γ^{AV} 分别表示农业、工业和服务业的生产率增长率及其总生产率增长率的平均值。

资料来源：作者据各省份统计年鉴计算所得。

由于低增长地区服务业与工业的生产率差距更大，因此，部门生产率收敛使总生产率提高的幅度更大。例如，服务业与工业生产率比例收敛到理论值将分别使高增长地区和低增长地区的总生产率增长率均值分别提高 14.5% 和 25%（见表 4.4）。

表 4.4　　部门生产率收敛对产业结构和总生产率的影响　　单位：%

项目			劳动份额变化			生产率变化	
			农业	工业	服务业	增长率	变化率
全部地区 (31)	真实值		-36.6	8.8	27.9	8.6	—
	校准值		-36.6	8.9	27.7	8.6	—
	实验	Aa 收敛	-40.5	10.4	30.1	9.1	6.5
		As 收敛	-36.8	16.2	20.5	10.4	21.3
		同时收敛	-40.7	18.3	22.4	10.7	25.7
高增长组 (11)	真实值		-43.7	15.7	28.0	9.6	—
	校准值		-43.7	15.9	27.8	9.6	—
	实验	Aa 收敛	-46.6	17.3	29.4	10.0	3.8
		As 收敛	-43.7	22.0	21.7	11.0	14.5
		同时收敛	-46.7	23.6	23.1	11.3	17.2
均值增长组 (1)	真实值		-45.9	23.4	22.5	8.5	—
	校准值		-45.9	23.4	22.5	8.5	—
	实验	Aa 收敛	-50.1	25.5	24.5	8.9	5.0
		As 收敛	-45.9	26.4	19.5	10.0	17.3
		同时收敛	-50.1	28.8	21.3	10.3	21.4
低增长组 (19)	真实值		-32.8	5.0	27.8	8.0	—
	校准值		-32.8	5.0	27.7	8.0	—
	实验	Aa 收敛	-37.2	6.7	30.5	8.6	7.9
		As 收敛	-33.0	13.1	19.9	10.0	25.0
		同时收敛	-37.4	15.3	22.1	10.4	30.4
高替代弹性组 (2)	真实值		-34.0	5.1	28.9	7.8	—
	校准值		-34.0	5.1	28.9	7.8	—
	实验	Aa 收敛	-39.8	6.6	33.2	8.6	10.1
		As 收敛	-34.1	2.4	31.8	10.7	37.9
		同时收敛	-39.9	3.5	36.4	11.2	44.3

续表

项目			劳动份额变化			生产率变化	
			农业	工业	服务业	增长率	变化率
结构减速组(5)	真实值		-19.5	-12.9	32.4	8.0	—
	校准值		-19.5	-12.7	32.3	8.0	—
	实验	Aa 收敛	-20.9	-12.3	33.2	8.4	4.9
		As 收敛	-19.9	-1.5	21.4	9.7	21.9
		同时收敛	-21.2	-1.0	22.2	9.9	24.5
其他地区(12)	真实值		-37.0	10.9	26.1	8.0	—
	校准值		-37.0	10.9	26.1	8.0	—
	实验	Aa 收敛	-42.5	13.0	29.5	8.8	9.2
		As 收敛	-37.1	19.9	17.3	10.0	24.7
		同时收敛	-42.7	23.0	19.7	10.5	31.2

注：Aa 和 As 分别表示农业和服务业劳动生产率。
资料来源：作者据省份历年统计年鉴计算所得。

从总体上看，部门生产率收敛使低增长地区生产率增速提高的幅度约为高增长地区提高幅度的两倍。正是这个原因，省内部门之间生产率收敛有助于减少省际增长率差距，这从图 4.14（c）中可以直观地看出。农业和服务业生产率同时收敛时，高增长地区总生产率增长率比均值只高了 0.6%（实际高 1.1%），而所有低增长地区的总生产率增长率只低了 0.3%（实际低 0.6%），因此，农业和服务业与工业的相对生产率收敛到理论值将会分别使高增长地区和低增长地区与均值的差距减少了近 50%，同时也使高增长地区总生产率增长率均值和低增长地区的差距减少了近一半。

图 4.15 给出了 1978~2015 年所有省份总生产率与平均总生产率比例的真实值和实验值。相对于总生产率均值，一些省份经历了持续高增长，一些地区在高速增长后减速，而另外一些地区则持续下降。除了陕西和贵州，农业生产率提高总体上对各省份的总生产率不会产生较大影响，而且随着农业劳动力的流出，这种影响也不会持续。由于上海和浙江的服务业相对生产率非常接近理论值从而意味着服务业生产率增速没有提高，因此实验值与实际值差别不大。实际上，这两个地区的服务业劳动份额较高且

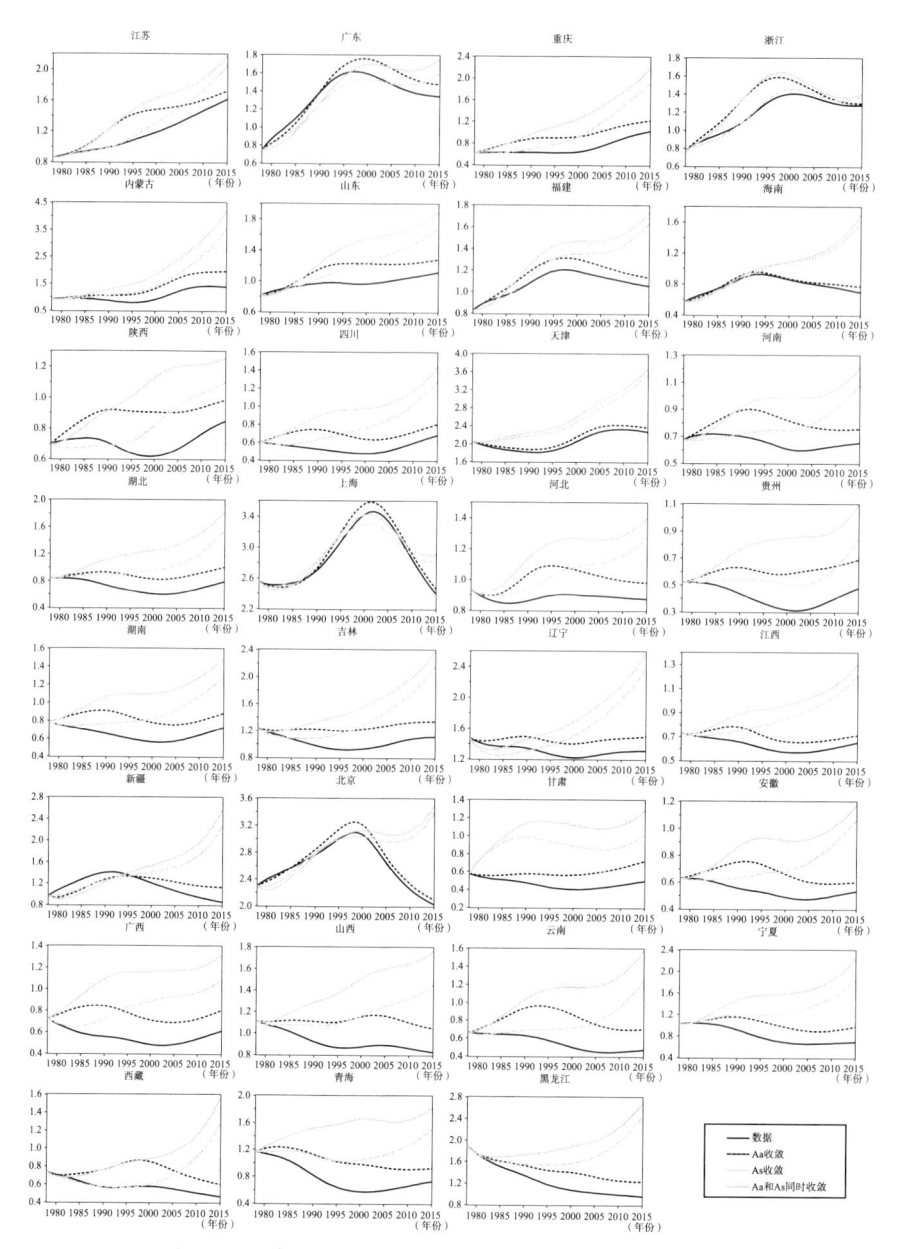

图 4.15　部门劳动生产率收敛对总相对生产率的影响

注：纵轴表示各省份总生产率与平均总生产率比例，横轴表示年份（1978～2015 年）；Aa 和 As 分别表示农业和服务业劳动生产率。

资料来源：作者据历年统计年鉴计算而得。

替代弹性极低，提高服务业生产率增长率将会大幅度促进总生产率增长。除了这两个省份，服务业生产率提高就对其他所有地区总生产率产生了较大且持久的影响，不仅消除了一些省份的增长减速，也使低增长地区保持快速持续的增长。换言之，提高服务业生产率增长率可以使所有省份保持持续增长。如果农业和服务业与工业的相对生产率同时收敛到理论值，则会使总相对生产率更大幅度的提高。

4.4 本章小结

自1978年至今，在中国各省份经济高速增长的同时，每个省份部门之间发展的不平衡程度也日益加剧。一方面，农业和服务业与工业劳动生产率之间的差距随时间的流逝越来越大，31个省份农业和服务与工业相对生产率的平均值分别从1978年的0.34和0.96下降到2015年的0.11和0.53；另一方面，总生产率增长越慢的省份，部门间生产率差距越大。而高收入经济体的发展经验显示，随着总生产率提高，农业与工业的生产率差距缓慢减少，服务业生产率从较高水平逐渐收敛到工业生产率水平。中国绝大多数省份的部门生产率差距远远超过了当前发展阶段应有的水平。

使用第3章校准所得到的基准模型，本章分析了农业和服务业生产率提高到当前收入应该达到的水平对产业结构和总生产率的影响。部门生产率收敛，尤其是服务业生产率收敛，对所有地区总生产率产生了较大且持久的影响，不仅消除了一些省份的增长减速，也使低增长地区保持快速持续的增长。农业生产率与工业相对生产率收敛到当前发展阶段的平均水平将会使各省份总生产率增速平均提高7%，服务业收敛使其提高21%，同时收敛则提高26%。由于低增长地区的部门生产率差距更大，生产率收敛使低增长地区总生产率增速提高的幅度约为高增长地区的两倍，因此，省内的部门间生产率收敛有助于减少省际增长率差距。农业和服务业与工业的相对生产率收敛到理论值将会使高增长地区总生产率增长率均值和低增长地区的差距减少了近一半。

总之，部门生产率增长及增长模式都会对产业结构转型和总生产率增长产生重要影响，因此，部门之间的平衡发展有助于各省份产业结构合理转型从而保持经济稳定增长。

附录4 对数计量方法及系数的含义

本章和前几章都用了对数计量，本附录对三种对数计量形式进行总结，并说明系数的含义。

形式一：因变量和自变量都是对数。

这种形式下的回归方程为：

$$\ln y = \beta_0 + \beta_1 \ln x + \varepsilon \tag{1}$$

其中的 y 和 x 分别表示被解释变量和解释变量，β_0 和 β_1 是参数，ε 是误差项。这种形式的计量在实际中应用的比较普遍，系数衡量了 y 对 x 变化的敏感程度，即代表弹性。

式（1）等式两边对 $\ln x$ 取一阶导数得到系数的表达式为：

$$\beta_1 = \frac{d\ln y}{d\ln x} \approx \frac{\Delta y / y}{\Delta x / x} \tag{2}$$

在解释其含义时，将上式的分子分母同乘以 100，就转为百分比的形式：

$$\beta_1 = \frac{(\Delta y / y) \times 100}{(\Delta x / x) \times 100} \tag{3}$$

因此，该种回归形式下的系数表示：x 每变化 1%，y 变化 β_1%。

形式二：因变量是对数，自变量是水平值。

这种形式下的回归方程为：

$$\ln y = \beta_0 + \beta_1 x + \varepsilon \tag{4}$$

等式两边对 x 取一阶导数得到系数的表达式为：

$$\beta_1 = \frac{d\ln y}{dx} \approx \frac{\Delta y / y}{\Delta x} \tag{5}$$

由于变量 x 采用的是水平值，那么，在解释系数含义时需要区分不同的情况。

情形1：如果 x 可以用百分数表示（例如利率、就业变化百分比），分子分母同乘以 100，就转为百分比的形式：

$$\beta_1 = \frac{(\Delta y / y) \times 100}{\Delta x \times 100} \tag{6}$$

因此，系数表示：x 每变化 1%，y 变化 β_1%。

情形2：如果 x 已经采用了百分比，那么：

$$\beta_1 \times 100 = \frac{(\Delta y/y) \times 100}{\Delta x} \tag{7}$$

此时系数表示：x 每变化 1%，y 变化 $100\beta_1\%$。

情形 3：如果 x 不能采用百分比形式，则：

$$\beta_1 \times 100 = \frac{(\Delta y/y) \times 100}{\Delta x} \tag{8}$$

此时系数表示：x 每变化 1 个单位，y 变化 $100\beta_1\%$。

形式三：因变量是水平值，自变量是对数。

这种形式下的回归方程为：

$$y = \beta_0 + \beta_1 \ln x + \varepsilon \tag{9}$$

等式两边对 $\ln x$ 取一阶导数得到系数的表达式为：

$$\beta_1 = \frac{dy}{d\ln x} \approx \frac{\Delta y}{\Delta x/x} \tag{10}$$

与第二种形式类似，由于变量 y 采用的是水平值，因此，在解释系数含义时仍然需要区分不同的情况。

情形 1：如果 y 可以用百分数表示（例如利率、就业变化百分比），分子分母同乘以 100，就转为百分比的形式：

$$\beta_1 = \frac{\Delta y \times 100}{(\Delta x/x) \times 100} \tag{11}$$

因此，系数表示：x 每变化 1%，y 变化 $\beta_1\%$。

情形 2：如果 y 已经采用了百分比，那么：

$$\frac{\beta_1}{100} = \frac{\Delta y}{(\Delta x/x) \times 100} \tag{12}$$

此时系数表示：x 每变化 1%，y 变化 $\beta_1/100\%$。

情形 3：如果 y 不能采用百分比形式，则：

$$\frac{\beta_1}{100} = \frac{\Delta y}{(\Delta x/x) \times 100} \tag{13}$$

此时系数表示：x 每变化 1%，y 变化 $\beta_1/100$ 单位。

结 束 语

产业结构理论在近年来的新发展为理解产业结构转型提供了新的方法和视角，正是受益于这些理论的发展，本书才得以完成。中国各省份产业发展经验为这些理论提供了强有力的支持，这是本书的一个重要发现。这个发现意味着，尽管一个地区的产业结构受到产业政策和制度环境的影响，但是，产业结构转型最终仍然取决于自身的运行机制——替代效应和收入效应。市场力量在产业结构转型过程中得以充分体现。这也意味着，产业政策的制定应该与产业发展规律一致，才能有效地防止资源错配以及产业发展扭曲。

产业结构的不同在很大程度上影响了经济表现，其中一个重要原因就是制造业在经济中比重的差异。国内外经济发展的长期经验都证明了：制造业是经济增长的发动机。当使用产业结构理论去解释中国各省份产业结构转型的差异时，一个结论清晰地浮现出来，那就是三次产业劳动生产率平衡增长有助于保证充分的工业化过程，单纯强调制造业发展反而会导致制造业萎缩。这是本书的另外一个重要发现，即找到了经济持续稳定增长的结构性原因。借用统计学的术语，该结论是稳健的，因为本书使用不同的分析方法都对这结论提供了支持。美国自 20 世纪初期以来产业结构转型的一个重要特征就是部门生产率长期保持平衡增长，使其制造业就业份额在长达 80 年的时间里维持在 20% 以上的较高水平。这个发现为各省份的产业发展提供了一条路径，即提高农业和服务业的生产率，缩小与制造业的差距，这样有助于提高制造业的就业份额，从而促进总生产率稳定快速增长。

本书的不足在于，虽然发现了产业结构转型的推动力以及产业合理转型的途径，即保持部门生产率的平衡发展，但是没有具体说明提高农业和服务业生产率的方法。从这个角度看，本书更多的是为产业发展方向提供了一个理论基础，具体措施还需要进一步深入研究。

感谢西南民族大学 2019 年中央高校基本科研业务费专项资金对本研究提供的资助，项目编号：2019SYB53，项目名称：产业结构转型的内在机制及在地区经济发展不平衡中的作用研究。

参考文献

[1] 巴罗和萨拉—伊—马丁著,夏俊译. 经济增长(第2版)[M]. 上海:格致出版社,上海人民出版社,2010.

[2] 蔡昉,都阳. 中国地区经济增长的趋同与差异对西部开发战略的启示[J]. 经济研究,2000(10):30-37.

[3] 蔡昉,王德文. 中国经济增长可持续性与劳动贡献[J]. 经济研究,1999(10):62-68.

[4] 蔡昉,王德文,都阳. 劳动力市场扭曲对区域差距的影响[J]. 中国社会科学,2001(2):4-14.

[5] 陈体标. 经济结构变化和经济增长[J]. 经济学(季刊),2007,6(4):1053-1074.

[6] 陈体标. 技术增长率的部门差异和经济增长率的"驼峰形"变化[J]. 经济研究,2008(11):102-111.

[7] 陈晓光,龚六堂. 经济结构变化和经济增长[J]. 经济学(季刊),2005,4(3):583-604.

[8] 戴觅,茅锐. 产业异质性、产业结构与中国省际经济收敛[J]. 管理世界,2015(6):34-46.

[9] 干春晖,郑若谷. 改革开放以来产业结构演进与生产率增长研究——对中国1978~2007年"结构红利假说"的检验[J]. 中国工业经济,2009(2):55-65.

[10] 干春晖,郑若谷,余典范. 中国产业结构变迁对经济增长和波动的影响[J]. 经济研究,2011(5):4-16.

[11] 郭凯明,航静,颜色. 中国改革开放以来产业结构转型的影响因素[J]. 经济研究,2017(3):32-46.

[12] 郭克莎. 三次产业增长因素及其变动特点分析[J]. 经济研究,1992(2):51-61.

[13] 胡向婷,张璐. 地方保护主义对地区产业结构的影响——理论

与实证分析 [J]. 经济研究, 2005 (2): 102-112.

[14] 胡永泰. 中国全要素生产率: 来自农业部门劳动力再配置的首要作用 [J]. 经济研究, 1998 (3): 31-39.

[15] 黄茂兴, 李军军. 技术选择、产业结构升级与经济增长 [J]. 经济研究, 2009 (7): 143-151.

[16] 刘黄金. 地区间生产率差异与收敛——基于中国各产业的分析 [J]. 数量经济技术经济研究, 2006 (11): 50-58.

[17] 刘强. 中国经济增长的收敛性分析 [J]. 经济研究, 2001 (6): 70-77.

[18] 刘宇. 外商直接投资对我国产业结构影响的实证分析——基于面板数据模型的研究 [J]. 南开经济研究, 2007 (1): 125-134.

[19] 李光泗, 徐翔. 技术引进与地区经济收敛 [J]. 经济学 (季刊), 2008, 7 (3): 983-996.

[20] 李小平, 陈勇. 劳动力流动、资本转移和生产率增长——对中国工业"结构红利假说"的实证检验 [J]. 统计研究, 2007 (7): 53-59.

[21] 刘伟, 张辉. 中国经济增长中的产业结构变迁和技术进步 [J]. 经济研究, 2011 (11): 4-15.

[22] 吕铁. 制造业结构变化对生产率增长的影响研究 [J]. 管理世界, 2002 (2): 87-94.

[23] 彭国华. 中国地区经济增长及差距的来源 [J]. 世界经济, 2005 (9): 42-50.

[24] 沈坤荣, 马俊. 中国经济增长的"俱乐部收敛"特征及其成因研究 [J]. 经济研究, 2002 (1): 33-39.

[25] 石磊, 高帆. 地区经济差距: 一个基于经济结构转变的实证研究 [J]. 管理世界, 2006 (5): 35-44.

[26] 谢千里, 罗斯基, 张轶凡. 中国工业生产率的增长与收敛 [J]. 经济学 (季刊), 2008 (3): 809-826.

[27] 徐朝阳. 工业化与后工业化: "倒U型"产业结构变迁 [J]. 世界经济, 2010 (12): 67-88.

[28] 张国强, 温军, 汤向俊. 中国人力资本、人力资本结构与产业结构升级 [J]. 中国人口·资源与环境, 2011 (10): 138-146.

[29] 郑江淮, 沈春苗. 部门生产率收敛: 国际经验与中国现实 [J].

中国工业经济, 2016 (6): 57-72.

[30] 周克. 当前人民币均衡汇率估算——基于 Balassa—Samuelson 效应扩展的购买力平价方法 [J]. 经济科学, 2011 (2): 55-62.

[31] 周克. 结构变化、生产率波动与中国经济增长减速 [J]. 宏观质量研究, 2017 (1): 1-10.

[32] 周克. 产业结构变化对生产率增长及其波动趋势的影响——基于中国各省 1978-2016 年发展经验的分析 [J]. 宏观质量研究, 2019 (1): 43-59.

[33] 周克. 部门生产率增长、产业结构转型与省际经济增长差异 [C]. 中国产业发展新动力：中国工业经济学术年会论文集, 史丹主编, 南京：南京大学出版社, 2018: 27-54.

[34] Acemoglu, Daron and Veronica Guerrieri. Capital Deepening and Non—Balanced Economic Growth [J]. Journal of Political Economy, 2008 (116): 467-498.

[35] Barger, Harold and Hans H. Landsberg American Agriculture, 1899-1939: A Study of Output, Employment and Productivity, New York: National Bureau of Economic Research, 1942.

[36] Baumol, William J. and W. G. Bowen., On the Performing Arts: The Anatomy of Their Economic Problem [J]. American Economic Review, 1965, 55 (1/2): 495-502.

[37] Baumol, William J.. Macroeconomics of Unbalanced Growth: The Anatomy of the Urban Crisis [J]. American Economic Review, 1967, 57: 415-426.

[38] Baumol W J. The cost disease [M]. New Haven: Yale University Press, 2012.

[39] Bernard A, Jones C I. Productivity across industries and countries: time series theory and evidence [J]. Review of Economics and Statistics, 1996, 78 (1): 135-146.

[40] Boppart, Timo. Structural Change and the Kaldor Facts in a Growth Model with Relative Price Effects and Non—Gorman Preferences [R]. Working Paper 2, University of Zurich, 2011.

[41] Broadberry S, and N Crafts. UK productivity performance from 1950 to 1979: a restatement of the Broadberry—Crafts view [J]. Economic History

Review, 2003, 56 (4): 718 - 735.

[42] Caselli, Francesco, and Wilbur John Coleman. The U. S. Structural Transformation and Regional Convergence: A Reinterpretation [J]. Journal of Political Economy, 2001 (109): 584 - 616.

[43] Caselli F. Accounting for cross-country income differences [C]. In handbook of economic growth, edited by P. Aghion and S. Durlauf, 2005.

[44] Chenery, Hollis B. Patterns of Industrial Growth [J]. American Economic Review, September 1960 (50): 624 - 654.

[45] Chenery, Hollis B., and Taylor, L. Development Patterns: Among Countries and Over Time [J]. Review of Economics and Statistics, 1968, 50 (4): 391 - 416.

[46] Chenery, H. B. and M. Syrquin. Patterns of development 1950 - 1970 [M]. Oxford University Press, London, 1975.

[47] Chenery H., Robinson S., and Syrquin M. Industrialization and growth: a comparative study [M]. Oxford University Press, New York, 1986.

[48] Duarte, Margarida, and Diego Restuccia. The Productivity of Nations [J]. Federal Reserve Bank of Richmond Economic Quarterly, 2006 (92): 195 - 223.

[49] Duarte, Margarida, and Diego Restuccia. The Role of the Structural Transformation in Aggregate Productivity [J]. The Quarterly Journal of Economics, 2010, 126 (1): 129 - 173.

[50] Echevarria, Cristina. Changes in Sectoral Composition Associated with Economic Growth [J]. International Economic Review, 1997 (38): 431 - 452.

[51] Eichengreen, B., Park, D., and Kwanho Shin. Growth Slowdowns Redux: New Evidence on the Middle - Income Trap [J]. NBER Working Paper, January 2013.

[52] Fabricant S. Employment in Manufacturing, 1899 - 1939 [M]. NBER, New York, 1942.

[53] Feenstra, Robert C., Robert Inklaar and Marcel P. Timmer. The Next Generation of the Penn World Table [J]. American Economic Review, 2015, 105 (10): 3150 - 3182.

[54] Gereffi, Gary. The global economy: Organization, governance and

development [R]. PP. 160 – 182 in Neil J. Smelser and Richard Swedberg (eds.), Handbook of Economic Sociology, 2nd ed. Princeton, NJ: Princeton University Press and Russell Sage Foundation, 2005.

[55] Gollin D, Lagakos D, Waugh M E. The agricultural productivity gap [J]. Quarterly Journal of Economics, 2014, 129 (2): 939 – 993.

[56] Gollin D, Parente S L and Rogenson R. The role of agriculture in development [J]. American Economic Review Papers and Proceedings, 2002, 92 (2): 160 – 164.

[57] Gollin, D, Parente S L and Rogenson R. Farm work, home work and international productivity differences [J]. Review of Economic Dynamics, 2004 (7): 827 – 850.

[58] Haraguchi, Nobuya and Gorazd Rezonja. Patterns of Manufacturing Development Revisited [C]. Working Paper 22/2009, United Nations Industrial Development Organization, Vienna, 2010.

[59] Herrendorf B., Rogerson R., and ákos Valentinyi. Growth and Structural Transformation [R]. NBER Working Paper, No. 18996, 2013a.

[60] Herrendorf B., Rogerson R., and ákos Valentinyi. Growth and Structural Transformation [R]. Handbook of Economic Growth, 2014 (2): 855 – 941.

[61] Herrendorf B., Rogerson R., and ákos Valentinyi. Two Perspectives on Preferences and Structural Transformation [J]. The American Economic Review, 2013b, 103 (7): 2752 – 2789.

[62] Kongsamut, Piyabha, Sérgio Rebelo, and Danyang Xie. Beyond Balanced Growth [J]. Review of Economic Studies, 2001 (68): 869 – 882.

[63] Kuznets Simon. Economic growth of nations: total output and production structure [M]. Harvard University Press, 1971.

[64] Kuznets, Simon. Modern Economic Growth: Findings and Reflections [J]. Amercian Economic Review, 1973 (63): 247 – 258.

[65] Laitner, John. Structural Change and Economic Growth [J]. Review of Economic Studies, 2000 (67): 545 – 561.

[66] Lavopa, A., and Szirmai, A.. Industrialization, Employment and Poverty [C]. UNU – MERIT Working Paper Series 2012 – 081, 2012. Maastricht, The Netherlands: United Nations University, Maastricht Economic and

Social Research Institute on Innovation and Technology.

[67] Lewis, W. Arthur, Economic Development with Unlimited Supplies of Labor [J]. The Manchester School of Economic and Social Studies, 1954 (22): 139 – 191.

[68] Matsuyama, K. Agricultural Productivity, Comparative Advantage and Economic Growth [J]. Journal of Economic Theory, 1992: 317 – 334.

[69] Matsuyama, K. Structural Change [C]. in Steven N. Durlauf and Lawrence E. Blume, eds. , The New Palgrave Dictionary of Economics, 2 ed. , Palgrave Macmillan, 2008.

[70] McMillan, M. , Rodrik, D and Inigo Verduzco – Gallo. Globalization, Structural Change and Productivity Growth, with an Update on Africa [J]. World Development, 2014 (63): 11 – 32.

[71] McMillan, M. , D. Rodrik, and C. Sepulveda. Structural Change, Fundamentals, and Growth: A Framework and Country Studies [C]. NBER Working Paper, 2017.

[72] Ngai, L. Rachel and Chrisopher A. Pissarides. Structural Change in a Multisector Model of Growth [J]. American Economic Review, 2007 (97): 429 – 443.

[73] Ngai, L. Rachel and Chrisopher A. Pissarides. Trends in Hours and Economic Growth [J]. Review of Economic Dynamics, 2008 (11): 239 – 256.

[74] Ocampo, J. A. The Quest for Dynamic Efficiency: Structural Dynamics and Economic Growth in Developing Countries [R]. In Beyond Reforms: Structural Dynamics and Macroeconomic Vulnerability, ed. Ocampo, J. A, 2005.

[75] Restuccia D, Yang D T, Zhu X D. Agriculture and aggregate productivity: A quantitative cross – country analysis [J]. Journal of Monetary Economics, 2008, 55 (2): 234 – 250.

[76] Rodrik, D. Premature Deindustrialization [J]. J Econ Growth, 2016 (21): 1 – 33.

[77] Rogerson, Richard. Structural Transformation and the Deterioriation of Euro – pean Labor Market Outcomes [J]. Journal of Political Economy, 2008 (116): 235 – 259.

[78] Rosenstein – Rodan P. Problems of industrialisation of eastern and

south-eastern Europe [J]. The Economic Journal, 1943, 53 (210): 202 – 211.

[79] Solow, R. M. A contribution to the theory of economic growth [J]. Quarterly Journal of Economics, 1956 (70): 65 – 94.

[80] Stigler, George J. Trends in Employment in the Service Industries, Princeton University Press, 1956.

[81] Syrquin, M. Patterns of Structural Change [R]. in H. Chenery and T. N. Srinavasan, eds., Handbook of Development Economics, North Holland, Amsterdam, 1988: 203 – 273.

[82] Timmer, M. P., and Gaaitzen J. de Vries. A cross-country database for sectoral employment and productivity in Asia and Latin America, 1950 – 2005 [C]. GGDC Research Memorandum GD – 98, 2007. Groningen: University of Groningen.

[83] Timmer, M. P., and G. J. de Vries. Structural Change and Growth Accelerations in Asia and Latin America: A New Sectoral Data Set [R]. Cliometrica, 2009, 3 (2): 165 – 190.

[84] Timmer, M. P., G. J. de Vries, and K. de Vries, Patterns of Structural Change in Developing Countries [C]. In J. Weiss, & M. Tribe (Eds.), Routledge Handbook of Industry and Development. 2015: 65 – 83.

[85] UNIDO (United Nations Industrial Development Organization). Sustaining Employment Growth: The Role of Manufacturing and Structural Change [R]. Industrial Development Report, 2013.

[86] Young A. Inequality, the urban-rural gap and migration [J]. Quarterly Journal of Economics, 2013, 128 (4): 1727 – 1785.